JOURNAL DU CORSAIRE

JEAN DOUBLET

DE HONFLEUR

LIEUTENANT DE FRÉGATE SOUS LOUIS XIV

PUBLIÉ D'APRÈS

LE MANUSCRIT AUTOGRAPHE

AVEC INTRODUCTION, NOTES ET ADDITIONS

PAR

CHARLES BRÉARD

PARIS

LIBRAIRIE ACADÉMIQUE DIDIER

PERRIN ET Cⁱᵉ, LIBRAIRES-ÉDITEURS

35, QUAI DES GRANDS-AUGUSTINS, 35

—

1887

Tous droits réservés.

JOURNAL DU CORSAIRE

JEAN DOUBLET

DE HONFLEUR

TOUS DROITS RÉSERVÉS

INTRODUCTION

I

Jean-François Doublet (1) naquit à Honfleur au milieu du dix-septième siècle. Nous n'avons pas la date de sa naissance; son baptistaire ne se retrouve point dans les anciens registres des paroisses de sa ville natale, à côté de ceux des autres enfants de François Doublet et de Madeleine Fontaine, ses père et mère. Il résulte de là que l'on n'a point d'autre moyen pour déterminer cette date inconnue que d'accepter l'indication fournie par Doublet lui-même lorsqu'il parle de son âge à l'époque de son premier embarquement. Il avait sept ans et trois mois, dit-il, lorsque brûlant d'accompagner son père au Canada il se cacha dans l'entrepont du navire qui emportait vers la Nouvelle-France la fortune et les espérances de sa famille. D'après cette donnée, il faut reporter la naissance de notre marin au mois de novembre 1655.

L'obscurité qui enveloppe la naissance de Doublet n'entoure heureusement pas sa parenté. Les registres municipaux, les minutes des anciens tabellionages d'Auge, de Grestain et de Roncheville et des papiers de famille nous ont mis à portée de

(1) Voyez la *Revue historique*, tome XII, p. 48 et 314.

recueillir sur elle des informations nombreuses et précises. On en pourra juger par les notes déjà publiées dans la *Revue historique* et par celles qui nous restent encore à donner. Mais notre intention n'est pas de reproduire tous les renseignements biographiques ou généalogiques qu'une recherche patiente nous a permis de rassembler ; nous ferons un choix dans nos matériaux.

Doublet appartenait à une bonne famille de moyenne bourgeoisie qui comptait plusieurs de ses membres dans les conseils de la ville depuis le commencement du dix-septième siècle. Lorsque, soupçonné de piraterie et interrogé d'un ton hautain par le duc d'York, — plus-tard Jacques II, — Doublet répondit : « Monseigneur, je suis de bonne naissance, » il ne se vantait aucunement, il énonçait simplement la vérité. Il paraîtrait même que les emplois en la possession de sa famille, ou la propriété de la moitié d'une sergenterie et garde-noble située en la forêt de Touques, (1) lui avaient fait obtenir l'anoblissement. Doublet est dit noble homme dans l'acte de son mariage que nous donnons plus loin (2); il est qualifié d'écuyer dans l'acte du décés de sa femme (3), mais ce détail est de peu d'importance.

C'était l'un des seize enfants d'un bourgeois de Honfleur, maître François Doublet, qui pratiqua pendant plus de trente-cinq ans l'art de l'apothicaire (4), devint capitaine-marchand, arma et équipa des navires, rêva la fortune et chercha un climat et un destin meilleurs. Sa mère, Madeleine Fontaine,

(1) Dép. du Calvados, arr. de Pont-l'Evêque.
(2) Voy. aux additions, pièce n° 3.
(3) Reg. de l'etat civil de Honfleur, 12 avril 1722.
(4) Acte de notoriété du 24 mai 1679. Arch. munic., Délibér., reg. n° 57, fol. 20 r°

était fille d'un Jacques Fontaine décédé vers 1652 et qui laissa une autre fille, Marie Fontaine, marié à Guillaume de Valsemé, tabellion royal en la vicomté d'Auge, fils d'Olivier de Valsemé, tabellion en 1604, conseiller de ville en 1622, échevin de 1626 à 1639. — Parmi la tribu des Doublet, nous citerons Louis Doublet, chirurgien, lieutenant du premier barbier du roi en 1664, premier échevin en 1666 et 1668; Nicolas-Claude Doublet du Rousseau, président et receveur du grenier à sel en 1680; Pierre Doublet, sergent en la vicomté de Blangy ; Guillaume Doublet, sieur des Bords, bourgeois, vivant en 1650. — Son aïeul paternel avait épousé Marguerite Auber, et était ainsi entré dans l'alliance d'une famille très-considérée parmi les bourgeois de Honfleur. Voici quelques-uns de ses membres que nous ont fait connaître des documents des XVIe et XVIIe siècles. Un Nicolas Auber était procureur-sindic des bourgeois en l'année 1550. Le bisaïeul maternel de Doublet se nommait Richard Auber; il remplissait les fonctions de receveur du duc d'Orléans pour le domaine de Roncheville. Ses deux grands-oncles, Jacques Auber l'aîné et Jacques Auber le jeune, furent receveurs des deniers municipaux de l'année 1621 à l'année 1674; leur habitation se voit encore (1) avec sa porte basse en pierre, ses pilastres, ses bossages et ses murs en damier dans le goût qui régnait au temps de Louis XIII. Son cousin germain, Louis Auber, sieur des Rocquettes, était premier échevin en 1672; un autre cousin, Jean-Baptiste Auber, occupait l'office de procureur du roi au siége de l'amirauté, en 1656. On trouvera plus loin, dans un tableau généalogique, le nom de plusieurs de ses frères et de

(1) Rue des Capucins, n° 25.

ses sœurs. Doublet, comme on le verra, n'a donné que très peu de renseignements sur sa famille. Le devoir de son biographe était donc sinon de rechercher à fond la filiation du corsaire normand, du moins de rassembler et de présenter quelques notes à ce sujet. Nous pourrions nous en tenir là. Mais de nouvelles recherches nous ayant permis de rectifier certaines indications déjà données et de suivre les ramifications de la descendance de Doublet, nous ajouterons les détails qui suivent.

Jean-François Doublet se maria à Saint-Malo en 1692. De son union avec Françoise Fossard, naquit un premier enfant, Jeanne-Rose Doublet, qui vint au monde en cette ville vers la fin de l'année 1693, et fut élevée à Honfleur où sa mère s'était fixée au milieu de la famille de son mari. A l'âge de dix-neuf ans, le 13 mars 1712, Jeanne-Rose Doublet épousa Me Thomas Quillet, conseiller du roi, lieutenant général en la vicomté de Roncheville. Elle entrait dans l'alliance d'une famille de marchands aisés qui n'avaient eu d'autre ambition que celle de faire de leur fils un officier du roi, en lui achetant une charge à laquelle d'importants privilèges étaient attachés. L'achat de cet office pour un modeste marchand de dentelles ou de draperie a été en partie — soit dit en passant — la source de la fortune de ces vaniteux Quillet qui détenaient encore les principales charges du bailliage de Honfleur à l'époque de la révolution.

Du mariage de Jeanne-Rose Doublet et de Me Thomas Quillet sortirent cinq enfants. Un seul nous intéresse particulièrement parce qu'il nous fournira la descendance du corsaire Doublet jusqu'à nos jours. Ce fut Françoise-Marguerite-Rose Quillet, née à Honfleur, le 25 décembre 1712. Par l'alliance de sa fille, Doublet avait vu sa famille s'unir à la bourgoisie aristocratique, un second mariage devait donner à celle-ci accès dans la noblesse. En effet à vingt ans, en 1733, le 23 juin, Rose Quillet épousa un gentilhomme, messire Alexandre de Naguet, écuyer, sieur de Saint-Georges, descendant d'une famille qui mérite de nous arrêter un moment.

Les de Naguet dont le nom est aujourd'hui éteint faisaient jadis quelque figure. Leur race était ancienne et elle était, ce semble, assez vigoureuse ; à la fin du siècle dernier, elle formait quatre ou cinq rameaux qui s'étaient étendus aux environs de Honfleur. La tige nous en est connue, mais c'est dans la bourgeoisie marchande, parmi les armateurs honfleurais du quinzième siècle et non dans la noblesse qu'elle avait jeté ses racines. Ainsi, certaines pièces des archives municipales (1) font mention d'un Jacques Naguet qui prenait rang parmi les conseillers-élus de la cité en l'année 1499. A ses côtés figurent d'autres bourgeois du même nom : Guillaume Naguet et Jean Naguet. Le premier, Jacques Naguet, se qualifiait avocat ; il fut en effet, « avocat de la communauté. » Mais il est certain qu'en réalité il exerçait la profession de marchand-armateur, qu'il « faisoit, ainsi que s'exprime un ancien document (2), » train et trafic de marchandises par terre et par mer. » Il fut anobli par lettres-patentes de février 1522, et ses fils, Adrien et Louis dits Naguet, produisirent en 1540 l'anoblissement donné à leur père (3). A une époque antérieure à cette date, les Naguet avaient fait l'acquisition d'une terre située

---

(1) Actes de l'Hôtel-de-Ville des 17 novembre 1499, 15 mai 1502, février 1522.

(2) *Recherche faite en 1540 par les Elus de Lisieux*, (Caen, 1827.)

(3) Id. p. 112 et 118.

en la paroisse de Pennedepie. On connaît bien aujourd'hui encore la maison qu'ils habitaient. Le manoir sieurial de Saint-Georges se voit sur la droite en faisant route de Honfleur à Trouville, au milieu d'un vaste verger, à deux pas d'un moulin qui, depuis plus de trois cents ans, « fait de bled farine ». La façade, avec ses cordons de briques de couleur claire mélangés de cailloux noirs posés en damier, a encore bon air, sinon grand air. A l'intérieur, si l'on excepte le mobilier qui a disparu, rien n'a été changé. Mais nous croyons que si les de Naguet revenaient au monde, et que si leur prenait fantaisie de revenir habiter le berceau de la famille, ils ne s'y trouveraient point logés suivant leur rang.

C'est dans cette maison que la petite-fille du corsaire Doublet devenue Madame de Saint-Georges, mit au monde un fils, le 12 septembre 1739 (1). Ce dernier, nommé Robert-Jacques-Alexandre de Naguet, servit d'abord dans la marine royale, puis il entra au régiment d'Auvergne. Il en sortit avec le grade de capitaine et la croix de St-Louis ; il fut plus tard lieutenant de MM. les maréchaux de France. De son mariage il eut un fils qui, le 5 octobre 1767, reçut comme son père et comme son aïeul le prénom d'Alexandre. Notre époque a connu cet Alexandre de Naguet de St-Georges menant à Honfleur une existence très retirée et tant soit peu étrange. Le rameau qu'il représentait s'éteignit en lui quant au nom. Il ne laissa qu'une fille. Ses arrière-petits-enfants portent de nos jours des noms qui appartiennent à la haute noblesse. Ce sont Madame la marquise de Caulaincourt et Madame la comtesse d'Andigné. Or, ces deux noms représentent dans la ligne féminine la descendance du corsaire normand Jean-François Doublet.

(1) Arc. de Pennedepie, reg. de l'état-civil.

TABLEAU GÉNÉALOGIQUE DE LA FAMILLE DOUBLET

RICHARD AUBER, receveur du domaine de Roncheville.

FRANÇOIS DOUBLET, ép. vers 1620, Marguerite Auber.

Enfants de Richard Auber :

- **JACQUES AUBER L'AÎNÉ**, receveur de la ville, de 1621 à 1657 ; épousa en 1619, Suzanne Esnault.
- **NICOLAS AUBER**
- **MARGUERITE AUBER**, ép. 1° François Doublet ; 2° Constant Patin, procureur du roi en l'amirauté.

Enfants de Jacques Auber l'Aîné :

- **FRANÇOISE AUBER**, ép. Olivier Sanson, sr du Monarque, capit. de navire.
- **JACQUES AUBER**, marchand, receveur de la ville de 1657 à 1660, de 1670 à 1674.
- **JEAN-BAPTe AUBER**, procureur en l'amirauté.
- **LOUIS AUBER**, sr des Rocquettes ; échevin de 1670 à 1673.

Descendance de Françoise Auber :
- **OLIVIER SANSON**, capitaine de navire ; ép. vers 1680, Catherine Godard.
- **JACQUES SANSON**, capitaine de navire.
  - **MARIE FRANÇOISE SANSON**, morte en 1752 ; ép. vers 1717, Charles Miard, sieur des Hogues.
    - **MARIE-CATHERINE MIARD DES HOGUES**, ép. en 1751, Jean-Baptiste Lelièvre, capitaine de navire.
      - **CHARLES-LOUIS LELIÈVRE**, capitaine de navire, mort en l'an VI ; ép. en 1785, Henriette Liébart.
        - **PIERRE-CHARLES LELIÈVRE DES HOGUES** (1786-1859), contrôleur des Douanes.

FRANÇOIS DOUBLET, apothicaire (1640), capne de navire (1663), mort avant 1678 ; ép. Madeleine Fontaine. (16 enfants dont entr'autres :)

- **LOUIS DOUBLET**, mre apothicaire, receveur de la vil. en 1695.
  - **CONSTANT PATIN**, avocat du roi en l'amirauté.
- **JEAN-BAPTISTE DOUBLET**, clerc tonsuré.
- **JEAN-FRANÇOIS DOUBLET**, lieutenant de frégate, né en 1655 ; ép. en 1692, Françoise Fossard, morte en 1722.
  - **JEANNE-ROSE DOUBLET**, née à St-Malo en 1603 ; ép. en 1712, Thomas Quillet, conseiller du roi, lieutenant général de la vicomté de Roncheville, mort en 1726.
- **CONSTANT-FRANÇOIS DOUBLET**, bapt. 31 mars 1660.
- **JACQUELINE DOUBLET**, bapt. 22 janvier 1666.
- **MARIE-MADELEINE DOUBLET**, bapt. 27 août 1699.
- **FRANÇOISE-LOUISE-MARGUERITE DOUBLET**, bapt. 10 février 1704.

Enfants de Jeanne-Rose Doublet et Thomas Quillet :

- **FRANÇOISE-MARGUERITE-ROSE QUILLET**, née en 1712 ; morte en 1764 ; ép. en 1733, Alexandre de Naguet, écuyer, sieur de Saint-Georges, mort en 1758.
- **RENÉ-FRANÇOISE QUILLET**, née en 1714.
- **NICOLAS-FRANÇOIS-THOMAS QUILLET**, né en 1715.
- **JEAN-BAPTe QUILLET**, né en 1716.
- **JEAN-THOMAS QUILLET**, né en 1722.

Enfants de Françoise-Marguerite-Rose Quillet :

- **FRANÇOISE-AIMÉE**, née le 18 juin 1734.
- **ROBERT-JACQUES-ALEXAND. DE NAGUET DE ST-GEORGES**, officier au régiment d'Auvergne, né en 1739, mort en 1773 ; ép. en 1765 Thérèse-Victoire Quillet, morte en 1777.
- **ANDRÉE-ALEXANDRE**, né le 28 novemb. 1742.
- **ROSE-HENRIET.-ÉLISAB.**, ép. en 1772 Ch.-Franç. Gabr. Dandel, écuyer, seigneur d'Asseville.

Descendance de Robert-Jacques-Alexand. de Naguet :

- **ALEXANDRE DE NAGUET DE ST-GEORGES**, chevalier de St-Louis, né le 5 octobre 1767, ép. Delle Chauffer de Barneville.
- **ALEXANDRE DE NAGUET DE ST-GEORGES**, né le 5 mai 1770.
- **VICTOIRE-CONSTANCE DE NAGUET DE ST-G.**, née le 21 janvier 1772, ép. Jacques Foubert.
  - **ÉLISABETH-ANTOINETTE FOUBERT**, ép. Georges-Marie de Pracomtal.

- **VICTOIRE-ALEXANDRINE-SOPHIE DE NAGUET DE ST-GEORGES**, ép. M. de Pieffort.
  - **BLANCHE DE PIEFFORT**, ép. M. le marquis de Croix.
    - Mme LA Mise DE CAULAINCOURT.
    - Mme LA Cesse D'ANDIGNÉ.

II

Le détail des voyages de découvertes et des essais de colonisation où la Normandie engagea durant deux siècles la fortune de ses marins et de ses armateurs manque à l'histoire maritime. Quelques noms ont cependant survécu et on sait que les navires normands trafiquaient dans l'Inde, au Brésil, à la Floride, sur les côtes des futurs Etats-Unis, sur le banc et dans les baies de Terre-Neuve, mais s'il nous reste de ces voyages des témoignagnes non douteux, on n'a pas encore montré le lien qui les rattache les uns aux autres. A ce point de vue, le journal de Doublet s'ouvre par des renseignements d'un grand intérêt. On y voit les négociants de Rouen et de Honfleur poursuivre librement leurs projets de commerce extérieur et de colonisation. La compagnie d'associés agit pour son propre compte et avec ses seules ressources. Le créateur de l'entreprise, animé de l'esprit de son temps et de son pays, avait su réunir des sommes importantes et faire partager à ses amis l'espérance d'un succès certain. L'association eut une triste fin. On y vit, comme dans tant d'autres entreprises de cette époque, l'initiative privée s'user, faiblir et finalement se décourager, faute de protection. La relation de Doublet n'en établit pas moins la chaîne non interrompue des traditions. Elle montre la marine marchande de Normandie continuer ses pratiques de navigation comme au temps où Champlain était venu lui demander des matelots et des colons. Elle a donc une valeur historique.

A sept ans et demi, Doublet fit les premiers pas dans l'aventureuse carrière qu'il devait poursuivre pendant près de cinquante années. Quand l'heure du repos eut plus tard sonné, quand assis au foyer d'un voisin qui avait comme lui navigué dans le golfe et les bouches du Saint-Laurent, longé les banquises de glace des mers du Nord, mesuré du regard Ténériffe, échappé aux pirates de Salé et combattu les frégates d'Angleterre et de Hollande, Doublet charmait la veillée par ses récits, l'auditoire l'exhortait à les écrire. Quoique très peu clerc, le corsaire se mit à l'œuvre, il voulut « satisfaire sa famille » et ses intimes amis, nous dit-il, lesquels l'avoient souvent » prié de leur laisser un manuscrit de ses voyages. » Il travailla sur ce qui lui restait de ses journaux de bord, et d'une main moins habile à tenir la plume qu'à manier l'esponton ou le sabre d'abordage il commença sa narration. Tour à tour volontaire, matelot, second capitaine au commerce, pilote sur les vaisseaux du roi, lieutenant puis commandant de barques longues, enfin lieutenant de frégate, il n'eut qu'à évoquer du fond sa mémoire des souvenirs déjà lointains pour se remettre de nouveau en mouvement, pour raconter ses croisières et ses stratagèmes, énumérer ses prises, expliquer ses entrevues avec le duc d'York, Engil de Ruyter, Jean Bart, Tourville, Seignelay, le roi de Danemark et tant d'autres personnages dont il s'honorait d'avoir conquis l'estime.

Doublet raconte avec simplicité, avec bonhomie, sans prétention d'aucune sorte. Mais il faut quelque habitude pour le suivre dans ses longues explications. Il est sincère, crédule, impartial et bavard. Il abonde en digressions. Il s'embrouille dans des périodes interminables; ses yeux si attentifs « à observer les constellations régulièrement monter et descendre les dégrés de la voûte céleste, » sont impuissants à surveiller l'arrangement des mots. Le secret de jalonner sa route sur les flots lui était plus familier que l'art d'écrire. D'ailleurs il fait dès les premieres pages l'aveu de son inexpérience. On aurait donc mauvaise grâce à lui reprocher son ignorance des procédés de composition les plus simples. Il y a plus d'intérêt à considérer le *journal* de Doublet comme un tableau d'histoire. Il fournit en effet plus d'un détail expressif et parmi les faits qu'il renferme il en est de nouveaux.

Esprit méthodique et laborieux, Doublet s'était initié aux pratiques du pilotage, à la connaissance des marées, des bancs, des courants, des écueils. Sur le rivage comme en mer, toujours la sonde en main, il explorait les chenaux, il multipliait les observations et il composait pour son usage un de ces livres qu'on nomme routiers. Il devint ainsi un modeste mais précieux auxiliaire des chefs d'escadre. Même avant d'avoir satisfait aux examens exigés, on le citait à Dunkerque comme un pilote des plus habiles. Les capitaines Delattre et Panetié, Jean Bart et d'autres commandants se disputaient à qui l'embarquerait à son bord. Cette faveur est l'éloge de celui qui en était l'objet, mais au point de vue de l'histoire ne prouve-t-elle pas autre chose ? Ne voit-on pas dans cet empressement à s'assurer les services d'un jeune homme inconnu mais qui passe pour expérimenté, combien les officiers de la marine royale étaient alors étrangers à la science du pilotage et à celle de l'hydrographie ? Répandre l'instruction pratique dans la classe des officiers fut, en effet, un des premiers et des plus graves problèmes que Colbert eut à résoudre lorsqu'il prit en main les affaires de la marine. Comment parvint-il à doter la France d'un enseignement fécond et durable ? C'est ce qu'a révelé une suite d'études récemment publiées, où se trouvent rassemblés les faits les plus précis et les plus nouveaux (1). On y peut apprécier la sollicitude du puissant secrétaire d'Etat secondant l'initiative privée et sa persévérance à exposer aux intendants dans des instructions nombreuses et étendues ses vues de réforme et de progrès. Justement désireux de voir prospérer la petite école créée à Dieppe par le bon abbé Denys, Colbert la prit sous sa protection et prodigua maints encouragements au professeur dieppois. Joignant les moyens d'action aux recommandations, il ordonna la fondation d'écoles d'hyprographie dans les ports militaires et dans les ports marchands, ne voulant plus demander de pilotes à l'étranger.

On verra Doublet pour se perfectionner dans l'astronomie nautique, choisir l'école de Dieppe, et il ne passera point inaperçu que son professeur, l'abbé Guillaume Denys, surpris autant que flatté des succès de son élève se l'adjoingnit pendant quelque temps en qualité de répétiteur. Notre corsaire n'avait donc pas seulement les qualités brillantes d'un marin audacieux et brave, il gardait et on retrouvait en lui les mérites plus solides qui distinguaient ses compatriotes, tout cet héritage de connaissances que les « nobles et gentilz mariniers » de Honfleur avaient mis à profit depuis le XVe siècle. En résumé, le vrai titre d'honneur de Doublet, ce qui le recommanda aux chefs d'escadre dès le début de sa carrière, c'est qu'il était un

---

(1) Les historiens n'ont pas manqué depuis un siècle à la marine française, mais tout ce qui, au point de vue historique, concerne la transformation de ses institutions est resté généralement ignoré. Dans une série d'articles parus dans la *Revue maritime* M. Didier Neuville a commencé à combler cette lacune, en étudiant les *Etablissements scientifiques* dans leur origine et leur développement. On y trouvera notamment exposé clairement tout ce qu'on connaît jusqu'ici sur la création des écoles d'hydrographie.

pilote, c'est-à-dire le guide sûr de ces vaisseaux bâtis à grand frais et qui étaient l'objet des soins incessants de Colbert.

La vie de Doublet se partagea en deux périodes distinctes : dans l'une, officier marinier et capitaine marchand, il trafiqua avec des chances diverses; dans l'autre, corsaire et commandant une de ces barques longues connues alors sous le nom frégates, il fut l'adversaire redoutable du commerce ennemi. Au temps où se préparaient les grands armements de guerre, Doublet rentrait au port où l'on pouvait tenter les entreprises les plus avantageuses. Un ordre du roi autorisait-il les particuliers à armer en course, Doublet était des premiers à offrir ses services et bientôt il prenait la mer sur une fine frégate. C'est ici l'époque on pourrait dire la plus brillante de sa vie, celle où l'on le voit s'élancer sur les convois et les amariner, porter l'épouvante sur les côtes d'Angleterre, — comme ce marin havrais qui fit descente, en 1692, entre le cap Lezard et Falmouth, avec cinquante hommes de son équipage et brûla un village de trente maisons.

Doublet est à Brest à l'heure où Seignelay surveille l'arrivée de la flotte de Tourville et presse les armements destinés à la restauration des Stuarts. Il est accueilli dans l'état-major du ministre; sa longue pratique des côtes de la Manche et de l'Océan lui permet de s'y faire une toute petite place, et le cercle de ses relations s'en trouve étendu.

La guerre finie, Doublet recouvrait sa liberté d'action. On louait ses services au moment du besoin, on le licenciait la campagne terminée non sans toutefois le récompenser. Mais songeant que le brevet de lieutenant de frégate qu'il a obtenu ne le mènerait à rien, que ce brevet n'était pas de nature à le tirer des rangs secondaires, Doublet renonce à ce grade et s'adonne au commerce. Il apparaît alors dans les colonies espagnoles et portugaises comme un marchand plein d'honnêteté mais peu endurant, gagnant la confiance des consuls et se faisant un devoir d'user de son crédit pour déjouer les fraudes des Juifs et des Marocains. Par certains traits de son caractère droit et ferme où le pilote, le corsaire et le marchand s'unissent, Doublet fait songer parfois à Robert Surcouf. Rien n'est plus curieux, par exemple, que de le voir exiger le salut des vaisseaux portugais et des flûtes de Hollande, et rien ne fait mieux ressortir la dignité et l'élévation de ses sentiments que la conduite qu'il tint devant le Grand Conseil de Danemark. On ne lira pas avec moins d'intérêt les autres épisodes qu'il a pris plaisir à raconter au milieu de détails sans nombre : tels sont le bombardement de Saint-Malo, l'histoire de dom Garcia d'une sincérité de sentiment singulière, le portrait de ce juge qui pesait les sacs à procès, la défense du consulat de la Havane et cent récits ingénieux ou bizarres.

Le journal de Doublet se termine en 1707. Il nous reste à faire connaître comment prit fin la carrière de ce marin. Comme il le dit, il accepta le commandement d'un navire de 500 tonneaux, le *Saint-Jean-Baptiste*, portant 36 canons et 175 hommes d'équipage, et armé à Marseille pour un voyage de découvertes dans les mers du Sud. L'expédition dura plus de trois années et elle se termina le 22 avril 1711. Quant au commandant Doublet, résolu à ne plus retourner sur la mer, il se retira à Honfleur. Afin de jouir des privilèges accordés aux officiers commensaux de la maison du roi et des maisons royales, il se fit pourvoir par lettres du 5 septembre 1711 d'une charge de capitaine-exempt d'une compagnie de gardes-suisses du duc d'Orléans. Il décéda le 20ᵉ de décembre 1728 et fut inhumé dans l'église de Barneville-la-Bertran (1).

Maintenant que l'on a fait connaissance avec le personnage, nous prions le lecteur de parcourir les récits qui suivent. La composition, nous l'avons déjà dit, n'en vaut guère mieux que le style, mais le caractère du corsaire y est bien mis en relief et l'on y saisit, pour ainsi dire, dans l'action même, les qualités qui ont attiré sur lui l'attention des premiers marins de son temps. Doublet, né dans un rang obscur, fut intrépide, éclairé, avide d'entreprises hasardeuses. Il joignait à la promptitude de la décision, la fécondité de ressources et l'habilité de l'exécution. Aussi attaché à ses devoirs qu'attentif à faire observer une exacte discipline, il se montrait sévère sans être rigide, d'un courage poussé jusqu'à la témérité, plein de bon sens et d'honnêteté. En outre il savait porter les sentiments de l'honneur à un haut point et ne point se laisser surprendre par aucun malheur. On aime à penser que si ce marin eût vécu un siècle plus tard, au milieu des événements qui ont transformé la société, la fortune l'aurait appelé dans de nouvelles routes. La solide barrière qui séparait les officiers proprement dits des officiers mariniers s'étant abaissée, on peut présumer avec quelque certitude que Doublet serait devenu l'un des meilleurs capitaines de vaisseau des armées navales de la République.

(1) Reg. des délib. munic. 29 septembre 1711 21 janvier, 15 février et 1ᵉʳ octobre 1712, 4 septembre 1725, 9 décembre 1726 et 18 décembre 1728. Reg. de l'état civil de Barneville, 21 déc. 1728.

III

Le manuscrit original du journal que nous publions est conservé à Rouen dans les archives départementales de la Seine-Inférieure. L'éminent archiviste, M. de Beaurepaire, a bien voulu nous dire que ce manuscrit a été rencontré par lui chez un bouquiniste, qu'il en fit l'acquisition et en fit don au dépôt départemental.

C'est un registre grand in-folio, d'un papier vergé fort, à dos et couverture de parchemin. Les feuillets paginés de 1 à 136 et de 1 à 65 sont sans réglure. Chaque page porte une marge de 30 millimètres et renferme 40 lignes environ. L'écriture est fine, nette, très-lisible. On en pourra juger par le spécimen que nous présentons. C'est la signature de Doublet à l'époque même où il se décida, lui le plus simple et le moins ambitieux des hommes, à raconter le bruit qu'il avait fait dans le monde.

Le petit nombre de ratures et de changements que le manuscrit contient, indique que l'on a sous les yeux la transcription faite par l'auteur lui-même d'une première rédaction. D'ailleurs Doublet expose dans une note (n° 46) qu'il avait égaré l'original de ses voyages.

Le manuscrit se divise en deux parties. La première, dont nous avons principalement à nous occuper forme le texte de la présente publication, elle n'a point de titre. Elle contient seulement des notes marginales que l'auteur a placées de loin en loin pour indiquer soit les dates de ses embarquements, soit les passages principaux de son récit. Nous les avons supprimées en raison des erreurs chronologiques qu'elles contiennent, mais on les trouvera en substance dans le sommaire des chapitres.

Sur deux points nous nous sommes écartés du texte du manuscrit : la chronologie et la division du récit. Les dates, en effet, sont fautives en plusieurs passages ; nous les avons rétablies à l'aide des documents du dépôt de la Marine. La narration de Doublet offre très peu d'alinéas ; l'auteur a écrit quatre ou cinq pages, c'est-à-dire la valeur d'au moins cent cinquante lignes, sans coupures tranchées. Nous avons cru à propos de distribuer le *Journal* en morceaux afin d'en faciliter la lecture. On y a également introduit une ponctuation qui fait absolument défaut dans l'original ; pour marquer les pauses, Doublet ne se sert que des deux points et du point et il les place au hasard.

Pour l'établissement du texte, nous avons dû nous préoccuper de l'orthographe, qui est des plus défectueuses. Nous l'avons maintenue malgré les irrégularités, les bizarreries qu'elle présente et parce qu'au demeurant elle vaut celle des meilleurs écrivains du dix-septième siècle. Elle offre du reste plusieurs particularités curieuses. On remarquera chez Doublet l'accumulation anormale des consonnes et la suppression fréquente des consonnes doubles, une hésitation à distinguer le genre des substantifs, une incertitude à fixer l'accord des verbes, enfin un effort constant à conformer l'orthographe à la prononciation. Par exemple, dans les noms et dans tous les verbes qui se terminent par un *ez*, l'*é* de la dernière syllabe se prononce généralement comme un *é* fermé : *prez, beautez, aimez*. Doublet au contraire écrit ces finales avec un *ees* auquel il donnait probablement le son de l'*é* ouvert. Il semble ainsi reproduire les sons de la prononciation normande qui existent encore dans le parler provincial (1). Nous citerons les mots : *assées, allées, nées, difficultées,* pour *assez, allez, nez, difficultez.* Quant à l'orthographe des noms de personnes et de lieux, tout en en conservant les incorrections dans le texte, nous en avons autant que possible rétabli la forme exacte dans les notes.

Nous avons dit que le manuscrit se composait de deux parties. La seconde que nous ne publierons point comprend 63 feuillets. Elle contient le journal de bord du voyage de Doublet dans les mers du Sud et une quinzaine de cartes coloriées représentant les principales rades et baies que son navire, le *Saint-Jean-Baptiste,* visita : telles que Montevideo, Valparaiso, Coquimbo, Arica, Pisco, Callao de Lima, etc. Le voyage dura quarante-deux mois. Ayant mis à la voile au mois de novembre 1707, Doublet touchait aux Canaries au mois de mai 1708, relevait les côtes du Brésil le 24 juillet suivant, mouillait à Montevideo le 8 août, reconnaissait l'île des États en décembre, passait à une cinquantaine de lieues du cap Horn et jetait l'ancre dans la baie de la Conception (Chili) le 20 janvier 1709. Après un séjour d'un mois, Doublet reprit la mer et toucha successivement à Valparaiso, Coquimbo, Cobica, Chipana, Arica, Callao, visita Lima, dont il donne une description dans son journal (fol. 47), enfin le 23 novembre 1710 il quittait le Chili et faisait voile pour la France. Il débouquait du détroit de Lemaire le 12 janvier 1711 et arrivait à Cayenne le 3 mars. Parti de cette île le 22 mars suivant il entrait dans

(1) Quelquefois il emploie des expressions usitées dans le patois normand. il dit *l'assoirant* qui signifie l'approche du soir ; *s'ivrer* pour s'en ivrer.

le Port-Louis le 22 avril 1711, « et s'est trouvé, dit-il, notre erreur en tout n'estre que de 34 lieues 2/3 que j'étois plus de l'avant que le vaisseau. »

Le retour du *Saint-Jean-Baptiste* au Port-Louis fut annoncé au ministre de la marine par M. Clairambault, ordonnateur à Lorient (1). Ce navire apportait des matières d'or et d'argent montant à la somme de 635,000 piastres. Il avait à son bord, parmi plusieurs personnages de distinction, un seigneur espagnol nommé Don Manuel Feyro de Fossa, porteur de riches présents offerts au roi et à la reine d'Espagne par l'évêque de la Conception (2).

A la suite de ce journal de bord, où il y aurait à glaner plus d'un fait intéressant, Doublet a transcrit deux pages intitulées : *Relation de la nouvelle découverte des îles Cebaldes et à quoy elles pourroient estre utiles* (3). Il y déclare que s'il était moins en âge et que le roi lui voulût accorder la permission d'habiter ces îles, dont l'état lui paraissait meilleur que celui de la Hollande, il s'y établirait, il y fonderait un poste commercial, « veu que l'on en pourroit retirer de grandes utilitées. »

Doublet s'arrête sur ce rêve qu'il caressait alors que depuis dix années il avait renoncé aux voyages sur mer. Mais il en parle avec la même vivacité, la même résolution qu'il apporta dans les tentatives de colonisation par lesquels débutent les récits qui suivent.

---

(1) Voy. aux Additions les pièces nos 6 et 7.
(2) Arch. de la Marine, service général, 22 avril et 4 mai 1711.
(3) Il s'agit des îles *Sebaldines*, dans le détroit de Magellan, découvertes par Sebald de Weerdt, navigateur hollandais, eu 1599.

JOURNAL

AU LECTEUR

Amy lecteur, sy j'ay la témérité de travailler à ce petit ouvrage ce nest par aucune vanité mais plutost pour faire connoistre les Grandeurs d'un Dieu tout puissant, qui du néant dont nous sommes formées il luy a pleu me donner des forces pour soutenir à autant de fatigues et advantures qui me sont arrivées dès ma tendre jeunesse jusqu'à la fin de mes voyages: depuis l'anée 1663 jusqu'à 1711. Ce nest donc que pour satisfaire ma famille et de mes intimes amis lesquels m'ont souvent prié de leurs laisser un manuscrit de mes voyages, et pour les contenter je m'y suis apliqué, ay travailler avec autant d'exatitude et de sincérité que ma mémoire a pü y fournir, ainsy qu'une exacte recherche que j'ay faitte de ce qui m'est resté de mes journaux, desquels j'ay perdu la plus grande partie par les malheurs qui me sont arrivés, comme la suitte en fera mention. Je suplie donc mes amis lecteurs de m'excuser à mes foibles styles et mauvais défauts dans cette espece de relation, veu que je n'ay eu aucunes études que celles pour ma profession de naviger. Et n'ayant en vüe que cecy paroisse au public, j'obmets d'y mettre quantité d'avantures et remarques que j'ay vües et qui feroit un trop long discours qui pouroit ennuyer les amys, et je n'ay mis que simplement les plus essentielles ; ainssy ayez la bonté de pardonner mes deffauts tant sur les mots mal apliquées et discours mal arangées ainssy qu'à l'ortografe lesquels je vous suplie de coriger. Et vous obligerez. Etc.

Puisque pour vous contenter, mes chers enfants, et bons amys, sur ce que vous m'avez témoigné de l'empressement que je vous laisse un recüeil de tous mes voyages, advantures et hazards que j'ay encourus pendant l'espasce de quarante neuf anées sur les élléments du vaste Ocxéan, je me suis vollontiers résoult à vous donner cette satisfaction, mais je vous réitère ma prière que de ne me pas exposer à la critique de ces beaux esprits qui ont leu quantité de belles relations quoy que la plus part sont flattées et amplifiez, je ne manquerois de tomber dans le ridiculle par mes sincéritées et raports simples et autant fidelles que je vous les laisse. Etc.

CHAPITRE PREMIER

Colonisation des îles Brion. — Voyages au Canada. — Destruction de la colonie. — Voyage à Québec; excursion chez les Iroquois. — Voyage à Terre Neuve ; naufrage. — Promenade à Londres. — Doublet est pris par un corsaire d'Ostende. — Voyage au Sénégal. — Entrevue avec le duc d'Yorck. — Autres voyages.

Je ne doute pas que vous n'ayez entendu souvent parler que feu mon père, (1) que Dieu aye à sa gloire, se voyant un grand nombre d'enfants, restant encore saize bien vivants, et en état avec son épouze d'augmenter, n'ayant enssemble que médiocrement des biens en fonds et sa profession pour pouvoir élever une aussy nombreuse famille, mon père se détermina de s'intéresser dans une grande entreprise d'une société avec des M^{rs}. de Paris et de Roüen, dans le dessain d'établir une colonie aux îlles de Brion et de Sainct-Jean, dans la baie de l'Acadie, coste du Canadas (2). Et pour y parvenir, on obtint du Consseil les concessions et pattentes du Roy, avec des privilèges accordés et de porter dans l'écusson de leurs armes ayant pour suports deux sauvages avec leurs massües et le dit écusson remply de textes de Griffon etc., tenant à fief et relevance à sa Majesté. Et il fut permis à mon père de changer les noms des isles Brion en celui de la Madelaine comme se nomoit ma mère.

(1) François Doublet, M^{e} apothicaire, rue Brûlée à Honfleur, né dans les vingt premières années du dix-septième siècle, mort avant l'année 1678 « aux païs estrangers où il étoit employé pour le service du roy. » — Reg. des délib. munic. 24 mai 1679.

(2) Les îles St. Jean, de la Madeleine, Brion et aux Oiseaux forment un groupe d'îlots situés au nord du cap Breton, dans le golfe du fleuve St. Laurent. La compagnie de la Nouvelle France concéda ces îles à François Doublet par lettres du 19 janvier 1663. Voy. aux additions la pièce n° 1.

Et pour commencer, mon père fut député de passer en Holande pour y faire l'achapt d'un navire, du port de trois à quatre cents thonneaux, qui fut nommée le *sainct Michel*, et en mesme tems il fit achapt de plusieurs outils de charpente et autres propres pour deffricher les terres et pour travailler à la pesche des morues et des loups marins pour en tirer des huiles. L'on jugea à propos d'y joindre à cette despence un autre navire de cent cinquante thoneaux nomé *le Grenadin* et l'armement de ces deux navires se comenssa à Honfleur en 1662 avec beaucoup de précautions, et en outre les équipages une augmentation de vingt cinq hommes destinées pour hiverner et tuer des loups marins au commencement du printemps qui est leurs saison, puits viennent abondamment à terre dans les bayes avec leurs petits, puis les hommes leurs coupent chemin du bord de la mer et les frapent sur le museau d'un seul coup de petite massue de bois et tombent morts ; puis on leur lève la peau et on en hache les chairs pour les réduire en cretons dans des chaudières, puis l'on entonne les huiles dans des bariques, mais nous n'eusmes pas cette paine comme le verez cy-après.

Il faut venir au principe de notre départ de Honfleur en février 1663, que mon père chef et commandant sur les navires le *sainct Michel* et le *sainct Jean*, Bérengier sur *le Grenadin* étant disposés à partir d'un beau vent d'amonts propre pour partir, l'on tira un coup de canon dès le matin pour assembler les équipages. Mon père fit célébrer une grande messe à la jettée dans son navire atandant la marée. Les parents et amis y assistèrent pour prendre congé les uns des autres, et quelqu'uns restèrent sur le navire pour acompagner mon père jusque vis-à-vis la chapelle de Notre Dame de Grâce où il se faut absolument se quiter, lorsque les navires ne se doivent pas arester à la rade.

Et ayant le dessein de faire le voyage, quoy que n'ayant que sept ans et trois mois (1), je me futs cacher entre ponts dans une cabane, et me couvrits pardessus la teste pour n'estre pas veu.

---

(1) A défaut de l'acte de baptême, cette indication permet de fixer la date de naissance de Doublet. Suivant lui, il était âgé de sept ans et trois mois en février 1663 ; il faut donc reporter sa naissance au mois de novembre 1655.

J'entendois bien crier lors de la séparation : « Embarque embarque tous ceux qui doivent retourner à terre, les dernières chaloupes vont partir. » Et je ne remüé pas de mon giste quoyque la faim me pressat. Je m'endormis à l'agitation du navire jusqu'à sept ou huit heures du soir qu'un nomé Jean L'espoir qui étoit contre maistre vint pour se coucher dans sa cabane où j'étois. Etant fort fatigué il se jetta de son long sur moy, qui me fit crier : « Vous « m'écrasez ». Et il se releva en grondant : « Qui est-ce qui sets « mis dans ma cabane ? » Et je me fits conoistre. Il me prist entre ses bras et me porta au bord du lict de mon père qui étoit couché ayant esté fatigué. Il fut très-surpris en me voyant et il me demanda d'un ton de colère pourquoy je n'étois pas alé à terre avec les autre. Et je luy dits que je m'étois endormy, et envie de faire le voyage avec luy. Il parut très fasché et dits que si nous rencontrons quelques navires qui aille au pays qu'il m'y renvoira, et il me fit aporter à souper dont je mengé d'apétit sans me sentir ému de la mer, et puis il me fit coucher à ses costées et il fut contrainct de me laisser faire le voyage n'ayant pas rencontré d'ocasion pour me renvoyer.

Et pour ne pas faire une longue narration, de nostre traversée qui fut longue, nous n'arrivasmes qu'à la my-may à la grande ille Brion que nous nomerons la Madelaine, et nous entrasmes les deux navires dans son port qui forme un espesce de bassin, et nous trouvasmes une loge où estoient une vingtaine d'hommes Basques que le Sr Dantès de Bayosne y avoit faits hiverner, et qui avoient bien réussy à la pesche des loups marins soubs la recommandation de M^r. Denis (1) qui habitoit le fort de S^t. Pierre proche de Canceau, à l'ille du cap Breton, lequel S^r. Denis se croyoit maistre absolu de nos illes comme étant adjecentes et proche de luy. Les susdits Basques atendoient leur navire comandé par le capitaine Jean Sopite de S^t. Jean-de-Luz, qui devoit leurs aporter des vivres et faire pendant l'esté sa pesche des morues et emporter leurs huilles qu'ils

---

(1) Nicolas Denis reçut provisions de lieutenant général en Canada le 30 janvier 1654. Il était fils de Mathurin Denis, écuyer, sieur de Fronsac, capitaine des gardes de Henri III.

avoient faittes. A l'abord mon père fit planter une grande croix sur le plus haut cap de l'entrée du port et l'on chanta le *Te Deum*, et les navires tirèrent chacun unze coups de canons, puis on alluma un grand feu en signe de prendre la possession, et on travailla une partie de l'équipage à faire des logements seulement couverts avec des voiles, et l'autre partye du monde disposoient les batteaux et échauffants pour faire la pesche des morues au sec.

Il fut enssuitte quiestion d'examiner le lieu le plus à comodité proche de deux bayes ou l'on peut plus abondamment prendre les loups marins afin d'y faire des logements pour faire hiverner ceux qui y estoient destinés, dont M^r. Philipe Gagnard, (1) bon maistre chirurgien, devoit avoir commandement portant qualité de lieutenant de mon père. L'on découvrit l'endroit le plus comode, à deux lieux et demie éloigné du port où nous étions, et pour y aler on pratiqua un chemin de dix huipt pieds en largeur ; mais l'on faisoit transporter ce qui étoit pesant par un bateau qui débarquoit dans la baye la plus prochaine du cabanage nommé l'habitation. J'y futs, et tout jeune que j'étois je remarqué bien que le dit s^r Gagnard étoit plus propre à la chirurgie qu'à gouverner, en se rendant trop famillier et trop doux envers les travaillants, et en divertissoit plusieurs à faire la chasse à tout gibier qui y ets abondant et dont la pluspart des jours s'écouloient à la bonne chère et ne ménageant pas leurs boissons. Le dit s^r Gagnard et plusieurs syvroient survenant des querelles, et point de subordination ; je revint au port et en advertis mon père qui se transporta sur l'habitation et nota bonne partie de ce que je luy avois dit, mais les gens le tournèrent de ce qu'il ne devoit s'arester aux raports d'un enfant et il n'en vit que trop les mauvais effects.

Sur la fin de may ariva au port le navire du capitaine Sopite, lequel parut très surpris de nous voir ainssy établir, et que mon père luy déclara que pour cette fois il luy permettoit de faire sa pesche

---

(1) Ce Philippe Gaignard établi chirurgien à Rouen avait précédemment résidé à Honfleur. Il était le neveu d'un capitaine de navire de ce port, Thomas Frontin, beau-frère de l'armateur Nicolas Lion de St.-Thibault dont les navires le *Henry* et le *St.-Pierre* effectuaient chaque année un voyage à Terre-Neuve. -- Reg. de l'amirauté. Voy. aux additions la pièce n° 2 du 23 avril 1663.

aux morues seulement, après quoy il retiroit tous ces hommes à moins qu'il ne voulust nous céder un tiers des huiles des loups marins qu'ils feroient pendant l'hiver et le dit capitaine Sopite dépescha une chaloupe où il mit son fils pour donner advis à Mʳ Denis qui étoit à Canceau, et le dit sieur Denis se transporta dans une plus grande chaloupe à luy et alla à son abord, sans faire compliment, usa de menaces et puis fit plusieurs protestations et procès-verbaux et s'il n'avoit esté beaucoup inférieur en force d'hommes on en seroit venu aux mains, mais mon père quoyque très prompt luy représenta qu'il falloit examiner les statuts d'un chacun et se rendre justice à qui auroit plus de fondement, et après le tout examiné le sʳ Denis aquiessa que les gens basques qui hiverneroient donneroient le tiers des huiles. Les morues manquèrent à la fin d'aoust et nos navires n'avoient qu'un peu plus qu'un tiers de leur charge. L'on se fondoit que les principes sont toujours les moins advantageux et qu'on avoit bien perdu des tems à faire les établissements et que dans l'anée suivante on trouveroit de grands avantages par les huiles qu'on espéroit faire pendant l'hiver, et l'on dispoza bien l'habitation de bonnes cazes couvertes de planches et gazons par dessus et autour les enclos. La saison nous pressa de partir sur la fin de septembre, un navire à moitié chargé et l'autre avec un peu moins. Et arrivasmes au port de Honfleur vers la fin de décembre 1663.

L'on commença à réquiper nos deux navires, la sociétté ayant de grandes espérances pour l'avenir (1). Nous partismes du port au commencement de mars 1664 ; nous fusmes très mal traittés par des vents contraires, et n'arivasmes que à la my-juin, au port de l'ille de la Madelaine, et ayant tiré du canon nous fusmes surpris de n'y pas trouver de nos habitants, n'y aucun des basques. Mon père dépescha deux hommes portant de l'eaudevie à ceux de notre ha-

---

(1) Un acte d'association du 1ᵉʳ février 1664 avait été passé entre François Doublet, François Gon sieur de Quincé et Claude de Landemare, marchands à Rouen, pour l'exploitation des îles de la Madeleine. Ce dernier, Claude de Landemare, était déjà intéressé dans l'opération, car il parut devant les tabellions de Honfleur le *30 mars, 1664* et fit ses comptes avec François Doublet. Il lui revenait pour le voyage de 1663, 612 livres 15 sols 3 deniers. -- Reg. du tabellionage de Roncheville.

À la ligne suivante, Doublet a écrit : « nous partismes du port au *commencement de Mars....* » ; dans l'acte cité ci-dessus son père s'engage à partir pour un nouveau voyage à la marée du lendemain, c'est-à-dire le 1ᵉʳ avril.

bitation, et leur dire qu'on leur aportoit de tous vivres et rafraichissements et ordre de venir quelqu'uns pour rendre compte de ce qu'ils avoient fait pendant l'hiver. Mais nos deux hommes étant revenus raportèrent n'y avoir touvé aucuns hommes, ayant trouvé les portes des maisons arières ouvertes et que les vents y avoient poussé les neiges de dans et dont il y en avoit 3 à quatre pieds de haut n'étant encore fondues, et qu'ils croyoient que Mr Denis les auroit fait sacager par des sauvages dont il étoit aimé et auroit fait retirer les basques. D'autres suposoient que ce pouroit être quelque forban, qui auroit fait ces désordres peu après nos départs, enfin on ne sceut que présumer. Et mon père demeura dans une grande consternation offrant ses painps au Seigneur, et fit raporter plusieurs outils et ce qu'on peut ramasser d'utile, et voyant qu'il ne se trouvoit presque pas de morues pour pescher autour de l'ille, il tint conseil où il fut résolu d'aller à l'ille Percée, où les morues y restent plus de tems. Nous abandonnasmes cette entreprise qui avoit donné lieu à de bonnes espérances et nous arivasmes à l'ille Percée vers la my-aoust. Nous y trouvasmes avec plusieurs navires le capitaine Sopiste qui nous raconta avoir passé avant nous à l'ille Madelaine et que, n'y ayant trouvé non plus que nous ses gens ny les nostres, il avoit pris le party de venir à l'ille Percée, où il avoit apris que nos gens avoient monté dans deux de nos barques à Québec peu après nos départs pour France; ils s'ennyvroient tous les jours jouant aux cartes et dez pour des verres de vin et d'eaudevie, et lorsqu'ils n'en eurent du tout plus, ils furent piller toutes celles des Basques, ce qui les fit aussy abandonner, et dont tous se dispercèrent sur chaque des navires qui étoient là présents. Mon père les fit assembler en présence des capitaines et fit dresser le raport de leurs déclarations, et dont il n'y aloit pas moins que de la potence pour nos malheureux coquins, d'avoir mis à ruine une aussy bonne entreprise sy elle avoit esté bien secondée. Enfin l'on pescha ce que l'on peut de morues jusqu'à ce que la saison obligea de nous retirer, et la grande perte qu'il y eut fit rompre cette société et les navires furent vendus à l'ancan. Voilà un beau commencement de voyage pour un enfant qui voyoit un aussy aimable père accablé de pertes et chagrins, et les soutenoit avec grande résignation que je luy entendois souvent dire : « Seigneur que votre saincte volonté soit faite ». Homme sans vices, beau et bien fait et beaucoup d'esprit au récit de tous nos citoyens qui l'on connu et regretté, mais toujours puny de malheurs dans toutes ses entreprises.

En l'anée 1665, mon père fut demandé par la compagnie du Canadas (1), lesquels luy proposèrent que s'il vouloit entreprendre pour eux d'aler à Québec sur un de nos vaisseaux qui armoit au Havre, en quallité de commissaire le long des costes de fleuve de St Laurent, pour y faire creuser un minne de plomb que l'on avoit découverte depuis peu dans les costes de Gasprée (2), et qu'on luy fourniroit soixsante et dix hommes engagés à ce subjet, comme aussy un ingénieur mineur allemand de nation, et qu'on leur fourniroit un interprestre pour s'entendre, tous aux gages de la dite compagnie, qui fourniroit généralement tous les instruments et vivres ainsy que les barques nécessaires. Mon père avoit 3000 fr. par an et 4 pour cent de ce qu'on retireroit de plomb ; l'ingénieur avoit 4000 fr. et l'interprestre 600 fr. ; les forgeurs et autres à proportion. Mon père accepta le party, ce qu'il n'auroit pas fait sans les pertes cy-devant. Lorsque le navire fut à la rade du Havre prest à partir, une chaloupe vint pour y porter mon père qui se tenoit tout prest ; je fits sy bien en sorte que je le gagné et ma mère pour me laisser aler avec luy, et nous fusmes conduits au bord de ce navire que commandoit le fameux capitaine Poulet (3), de Diepe. Nous trou-

---

(1) Il s'agit de la compagnie de la Terre ferme d'Amérique réorganisée par un édit du 28 mai 1664 sous le nom de compagnie des Indes Occidentales.

(2) La découverte de cette mine coincida avec le départ de l'intendant Talon pour le Canada. Jugeant que la découverte des minéraux ou riches ou de basse estoffé était un point essentiel aux affaires du roi, Talon obtint l'envoi au Canada de quarante travailleurs. La compagnie les recruta en Normandie et elle en confia la conduite à François Doublet. En outre de plomb, l'ingénieur-fondeur prétendait trouver de l'argent à la côte de Gaspée; » cette prétention paroist fondée, » écrivait Talon. — Arch. de la marine, Canada, 22 avril, 27 avril et 4 octobre 1665.

(3) Ce marin originaire de Normandie, est resté inconnu. Toutefois la correspondance de Talon, intendant au Canada, et les dépêches de Colbert en font mention. Au mois de novembre 1670, le capitaine Poulet ou Poullet se trouvait à Québec. « Cet homme savant par une longue habitude et une expérience acquise de bas aage et devenu habile navigateur, » proposa de tenter la découverte de la communication de la mer du Sud et de celle du Nord par le détroit de Davis, « ou par le détroit de Magellan pour après avoir doublé tout le revers de l'Amérique jusqu'au Califourny reprendre les vents de l'Ouest et à

vasmes ce navire extrêmement embarrassé par 18 cavales et deux étalons des harnois du Roy (1) et dont les foins pour les norir ocupoient toutes les places ; dans l'entre pont étoient quatre-vingts filles d'honneur pour estre mariées à nostre arrivée à Québec, et puis nos 70 travaillants avec équipage formoit une arche de Noé.

Notre traversée fut assez heureuse, quoyqu'elle dura trois mois et dix jours pour arriver au dit Québec. Mr. de Tracy (2) étoit vice-roy, Mr. de Courselles (3), gouverneur, Mr. Talon (4), intendant, Mr. de la Chesnée-Aubert (5), commissaire général de la compagnie. Lorsque mon père eut communiqué ses ordres, on équipa une barque de 70 à 80 thonneaux de port affin de nous porter, avec tout le nécessaire pour les minnes. Le 13, nous arivasmes et nous débarquasmes au dit Gaspée, et nous travaillasmes à nos logemens et fourneaux. Dès le 28e, nous commencasmes de percer dans le roc du costé du midy qui étoit la première découverte qu'en firent les sauvages naturels du pais, qui en faisant leur feu pour leurs chaudronnées mirent une de ces roches à servir de chenet, il en découla du plomb qu'ils trouvèrent après l'étainte de leur feu et en aportèrent à Mr. De la Chesnée, qui l'envoya en France et qui occassionna l'entreprise, croyant qu'il se troveroit beaucoup de ce métail comme en Angleterre. Le six de septembre l'on mit le feu à la dite mine après l'avoir creuzée de 32 pieds en profondeur

---

leur faveur rentrer par la baie d'Hudson. » Son dessein, en outre, était de percer jusqu'à la Chine par l'un ou l'autre de ces endroits. Arch. de la Marine, Mémoire de Talon, 10 novembre 1670; Lettre de Colbert, février 1671. (Colonies, Canada).

(1) Le débarquement des chevaux que le roi envoyait au Canada causa un grand enthousiasme parmi les habitants. A l'exception d'un cheval donné à M. de Montmagny près de vingt auparavant, c'étaient les premiers qu'on y voyait. -- Ferland, *Histoire du Canada*, t. II, p. 36.

(2) Alexandre de Pourville, marquis de Tracy, reçut le 19 novembre 1663 la commission de lieutenant-général des armées du roi et les fonctions et pouvoirs de vice-roi en Amérique. Décédé gouverneur de Dunkerque le 28 avril 1670.

(3) Daniel de Remy, sieur de Courcelles, reçut commission de lieutenant-général en Canada le 23 mars 1665.

(4) Jean Talon, ancien intendant du Hainaut, l'administrateur le plus éminent que Louis XIV ait envoyé au Canada, reçut la commission d'intendant à la Nouvelle-France le 23 mars 1665.

(5) Auber, sieur de la Chesnée ou Chesnaye. Nous croyons que des liens de parenté l'unissaient à la famille de Doublet, dont le grand père paternel avait épousé Marguerite Auber, fille de Richard Auber, receveur du domaine de Roncheville.

et nous eusmes deux homme tuez et un nomé Doguet, de Rouen, qui eut les deux jambes amportées et trois autres légèrement blessés, fautes à iceux de n'avoir voulu autant s'éloigner qu'on leur avoit indiqué. A deux pieds profonds cette minne promettoit beaucoup, y ayant trouvé huit pouces et 4 lignes de face. Cependant après qu'on l'eut fait sauter et découverte en sa profondeur desdits 32 pieds, elle se trouva au néant, ce qui découragea le sieur Vreiznic notre ingénieur, disant que toutes les minnes qu'il a perçées seulement sur deux à trois lignes de la surface, elles se trouvoient dans la profondeur de 20 pieds plus d'un pied de face sans compter les vaines esparcées en divers endroits.

Du 15ᵉ au 24ᵉ septembre l'on perça du costé du Septentrion. Il se trouva à la surface, après avoir osté les terres de dessus le roc, cinq pouces une ligne ; et après que la minne fut ouverte il ne s'y trouva que deux lignes. Du 27ᵉ au 4ᵉ octobre fut ouvert dans la partie du levant sans pertes ny blessés de nos hommes. Nous eusmes quelques espérances de mieux réussir ayant touvé dans la surface neuf pouces et trois lignes, et en profondeur rien du tout. Et pour n'avoir rien à reproche, le 28ᵉ octobre il fut ouvert du costé du couchant, ou dans la superficie marquoit seulement 2 pouces 1/2 et à 20 pieds fonds rien. La saison nous obligea de nous retirer à Québec, n'étant munis de vivres ny de bons logemens pour résister aux grands froids et neiges nous fusmes contrainct d'abandonner, n'ayant pas retiré plus de huit à neuf milliers pesant de plomb. Nous partismes le jour de la Sᵗ Martin embarqués sur le mesme bastiment qui nous avoit aportés, et la minne mina la bource des mineurs. Nous arrivasmes à Québec le 2ᵉ décembre, dont il étoit grand temps puisque la rivière se glaçoit. Mon père fit son raport à Mʳ. le Vice-roy et autres Mʳˢ. Et on nous donna un logement pour passer notre hiver, mais je fus mis en pension aux Pères Jésuittes 1).

Au printemps 1666, après le débordement des glaces, Mʳ. le Vice-roy et intendant ordonnèrent à mon père de se rembarquer

---

(1) Le séminaire des jésuites de Québec fut fondé par M. de Laval-Montmorency suivant lettres patentes du 26 mars 1663.

sur nostre mesme bastiment en qualité de comissaire des Costes, et que le R. Père Chaumonot (1), jésuite, qui savoit les langues des sauvages, serviroit d'aumosnier et Missionnaire et pour interpréter aux besoins et en faisant sa mission de convertir les sauvages infidelles, dont mon père leur faisoit des présents pour les attirer dans le party de France contre ceux avec qui on avoit la guerre sur les Iroquois. Nous atirasmes dans notre party deux nations les Esquimaux et les Papinachoïs, qui peu de temps après deffirent vers le grand Saquenay plus de deux cents desdits Iroquois. Ce voyage à parcourir les deux costés du fleuve dura plus de cinq mois et traitèrent avec les susdits sauvages et j'étois resté en pension. Il falut encore hiverner, et au printemps mon père désirant retourner en France sur un navire apartenant à M^r. Grignon, de la Rochelle, qui avoit hiverné à Québec, tomba d'accord du prix de son passage et du mien, et pour des pelleteries dont il avoit esté payé pour ses gages. Nous partismes de Québec le 8e de May 1667 et poussasmes nostre navigation jusque entre le banc à vert et le grand banc (2) où nous fusmes environnées d'une quantité de montages de glaces flotantes sur l'eau et nous enfermèrent sans pouvoir nous en dégager. Nous suspendismes nos câbles le long de notre navire pendants entre le bord et les glaces pour empescher que le navire ne fut crevé. Les vœux et prières ne manquoient pas, mais en moins de deux jours les câbles se trouvoient coupés et la partie d'entre les glaces aloit au fond de l'eau. Nous continuasmes d'en mettre jusqu'au dernier bout, et puis nous y mismes ensuite toutes nos voiles de rechange toutes freslées, et en trois jours elles furent aussy consommées, et la réverbération des dites glaces nous causoit des froidures insuportables, et la neufviesme journée, sur le soir, notre navire nous manqua tout d'un coup sous nous et nous débarquasmes sur les dites glaces sans avoir eu le temps de sauver aucunes hardes. Mais mon père avoit sur luy double rechange d'habits et sa robe

---

(1) Pierre-Joseph-Marie Chaumonot, mourut à Québec le 21 février 1693. Il est l'auteur d'une grammaire, d'un dictionnaire et d'un catéchisme en langue huronne; la grammaire seule a été publiée.
(2) Ces termes que Doublet emploiera souvent désignent les bancs situés à l'ouest et au nord de Terre-Neuve.

doublée de castors qui le garantissoit du froid. Le pilote du navire avoit eu la précaution d'emplir deux jours avant la paillasse de pains après en avoir vidé les feures, et la jeta heureusement sur la glace voyant le navire couler au fond, et quelques matelots avoient aussy jetté deux petites voilles des peroquets et deux jambons. Nous fismes une petite tente de nos deux voiles ; on sauva quelques écoutilles et paneaux qui avoient flotté, ce qui nous servit de plancher soubs la tente pour mettre notre pain et nous retirer tour à tour dessous pour y reposer. Nous ne pusmes où alumer du feu. Nous étions reiglés sur chacun 4 onces du pain sauvé, et la nuit les matelots tuoient des loups marins avec des morceaux de bois qu'on avoit trouves de notre débris ; l'on tuoit aussy des mauves et des gros margaux qui dans les commencements nous en sucions les sangs et puis les foix et sur la fin on s'acoutuma à manger leurs chairs crües, et de jour à autre il nous mouroit quelque de nos hommes. Les jours on se disperçoit de tous costés pour découvrir quelque navires, et de plus sy on avoit pas agi à coure le grand froid saisissoit et on étoit gelé. La quatorziesme journée que nous étions sur les glaces, d'un temps très-brun je fus à l'exercisse de marcher avec deux matelots, ayant fait environ deux lieues sur les onze heures le temps s'éclaircit, et j'aperceu un navire pas plus éloigné d'une lieue, qui aparament par la brume n'avoit pas veu le péril où il tomboit car il venoit dessus ; je crié : « navire, navire, mes chers frères ». Les deux matelots et moy s'aprochant de la mer vers le navire nous crions à gorge déployée : « sauvez-nous la vie ». Nous tendions les bras en haut et jettions nos bonnets en l'air pour nous faire voir ; nos gens d'autour se joignirent à nous et crioyoient à force ; le dit navire ayant aperceu les glaces revira du bord pour s'en écarter, ce qui nous cauza de grandes frayeurs qu'il ne nous eust aperceu ou nous vouloir abandoner, les cris et les pleurs redoublèrent et un de nos gens plus advisé dépouilla sa chemise et la mit à un baston en pavillon, la faisant jouer en haut, et on crioit de toute voix. Le dit navire aparement nous aperceu et serra quelque voille se tenan en estat de fuir les glaces. Il envoya son batteau avec deux hommes : la joye s'étend parmy nous, l'on fit embarquer mon pauvre cher père à demy mort, puis le capitaine et six autres avec moy, et étant embarqués au navire nous embrassions nos libérateurs, l'on renvoya la chaloupe reprendre le reste, et puis l'on se retira sur le grand banc. Nous perdismes sur les glaces huit hommes par misère, et trois qui moururent après estre sauvés deux jours après avoir trop mengé du biscuit et trop tost. Ce cher navire qui nous sauva ainssy la vie étoit un olonois pour la pesche des morues et n'en trouvant presque plus n'étant qu'à moitié de sa charge, il couroit au banc à vert et sans l'éclaircie qu'il nous le découvrit, encore moins de demie heure, il auroit esté en grande risque d'estre surpris comme nous dans les glaces.

L'augmentation de 26 hommes que nous fusmes dans ce navire leur faisait grande paine de s'en retourner à my-charge. Nous leurs dismes de nous donner seulement troïs à quatre onces de pain chacun par jour et deux verres de leur boisson ordinaire, ces pauvres gens dirent que nous aurions tout et autant qu'eux, et le firent, et pour les soulager dans leur pesche nous les échangions jour et nuit et Dieu les bénit. Nous trouvasmes des morues à sept et huit cents par jour, et en douze jours il conssoma son sel et prit sa routte pour Nantes où il nous débarqua à Pain Bœuf. Et mon père se voyant dépouillé de tout ce qu'il avoit pu gagner emprunta à un de ses amis à Nantes de quoy nous reconduire au pays. — Après quoy, il fut à Paris pour rendre compte de ses gestions, et contre mon inclination ma mère m'obligeoit de prendre les études du latin soubs un nomé M^r. Chabot prestre, et après quelque temps en 1668, j'appris que mon père s'étoit rengagé dans la compagnie du Sénégal (1), qui ne voulut plus me recevoir avec luy pour me laisser étudier. il prit en ma place un de mes frères âgé d'un an plus que moy. Je les laissé partir et puis je fus prier un de mes proches parents qui comendoit un navire pour la terre neufve de me prendre avec luy, ce qu'il m'accorda; et ma mère ne pouvant rien détourner luy pria de m'estre rigoureux pendant le voyage afin qu'il pust me rebuter de la mer pour que je reprist les études, et mon dit capitaine ne manqua pas d'exécuter ces ordres et de m'exposer à tout ce qu'il y avoit de plus

---

(1) La compagnie du Sénégal établie en 1679, fut réunie à la compagnie des Indes en 1719. Ses districts s'étendaient depuis le cap Blanc jusqu'à la rivière Serra Leone.

fatiguant, et je ne me rebuté nullement et aprenois toujours la maneuvre et la navigation. —

1669 (1). L'un de nos proche voisins qui avoit longtemps commandé un navire à terre neufve où il avoit augmenté sa fortune et se sentant apesantyr par âge et ses fatigues, ayant son fils aisné à peu près de mon âge il luy fit bastir un bon navire et luy en donna le comandement, et ayant esté camarade d'écolle, et que j'étois plus au fait que luy il me proposa d'aler avec luy et que je serois la 3ᵉ perssonne de son navire, et qu'en outre de mon loyer il m'acordoit le tiers sur le sien dont il me passa un écrit secret à cause de sa mère qui n'y auroit pas conssenty étant très avare. Et pour abréger discours, nous fusmes près de sept mois sur le grand banc, et ne peschasmes pas entièrement la moitié de notre charge ; les vivres nous manquant nous obligèrent de revenir, et étant arrivés jusqu'à l'entrée de la Manche, les vents de Nord-Est nous contrarièrent pendant plus d'un mois, à court de tous vivres et boissons, voltigeants d'un bord sur l'autre pendant cet espasce, nous nous rassemblasmes jusqu'à vingt et un navires tous terreneuviers, tant du Havre, Diepe et Honfleur, tous dans la mesme disette sans se pouvoir assister aucuns, et nous faisions tous nos efforts pour relascher fut-ce aux costes d'Angleterre ou à nos costes de Bretagne, et lorsque nous avions aproché de l'un ou de l'autre, le vent y étoit entièrement oposé ; et après avoir bien debatu nous gagnasmes en vüe de l'ille de Wic. L'on prit tous résolution d'y relascher, et il n'y eut entre tous les capitaines qu'un qui dit bien en connoistre l'entrée du port, qui étoit le capitaine Duval, du Havre, qui avoit pour pilotte le sʳ Bougard (2) qui a fait ce bon livre le Petit Flam-

---

(1) Dans le ms. les pages qui suivent sont enregistrées sous la date de 1669. La date exacte est 1676 ; les faits cités permettent de l'établir.

(2) Nommé lieutenant de frégate le 25 octobre 1689 ; capitaine de brûlot le 1ᵉʳ janvier 1693. Tué sur le Bon en mars 1694. Il a publié le Petit Flambeau de la mer où le véritable guide des pilotes côtiers, (Havre, 1731, in-8º).

Une famille du nom de Bougard, et à laquelle le pilote-hydrographe cité par Doublet appartenait peut-être, vivait à Honfleur au milieu du dix-septième siècle : Elle professait la religion réformée. Nous pouvons citer : Marie Bougard mariée à Jacques Lelou, avocat ; Mᵉ Bougard médecin et Judith Le Prevost, sa femme, qui abjurèrent en novembre 1685 ainsi que dix-sept autres religionnaires. — Reg. du tabellionnage d'Auge, 7 octobre 1684 ; Reg. de l'état civil, nov. 1685.

beau de la mer et qui depuis est parvenu à estre un des premiers pilotes des armées navales de Sa Majesté et fait capitaine de brûlot. Nous fusmes tous nos navires soubs la conduitte de ces deux conducteurs pour entrer par la pointe de Ste Heleine de la dite isle et comme c'étoit sur le soir et que la nuit s'aprochoit ils dirent qu'ils alloient alumer un fanal et marcheroient à la teste et sur lesquels nous les suivirions, ce qui fut exécuté. Mais ils se trompèrent aux cours des marées, qui nous transportoient sur les bancs, nomées les *Ours*, où ils eschouèrent et tirèrent un coup de canon qu'un chacun croyoit estre à dessein de marquer que ce soit où il falloit jetter l'ancre, mais c'étoit pour demander du secours, et tous les navires eurent le mesme sort d'échouer comme ces mauvais guides. L'on entendoit de tous costés que cris et lamentations, et par un bonheur les vents calmèrent et la mer, ce qui empescha le perdition totale des corps et biens, et qu'à la marée suivante du lendemain au matin un chacun se rechapèrent de leur mieux de dessus les bancs, où il n'en resta que trois dont les équipages furent sauvés, et cette pauvre flotte regagna à la rade de Ste Helene, puis entra au havre de Porsemuths, où l'on nous y aprist la guerre avec l'Espagne et Holande. Chaque capitaine de nos navires écrivirent à leurs interessées, ce qui était arivé et demandant des lettres de crédit pour avoir le nécessaire.

Dans l'intervale il arriva à la rade de Ste Heleine (1) une escadre holandoise venant du retour du combat de Palerne contre l'armée du Roy comandé par M^r le duc de Vivonne, où M^r l'admiral Ruiter fut tué (2), dont son cercueil en plomb étoit dans la dite escadre, et Mr Angel de Ruiter son fils, qui commandoit l'un des vaisseaux, très beau cavalier, très-affable et parlant bon latin et françois. Et comme nos capitaines atendoient leurs réponses à leurs lettres, nous estions fort à loisir ; nous alions souvent les après-

---

(1) Sur la partie est de l'île de Wight, au large de Portsmouth, au nord du port Brading. Cette rade peut contenir tous les vaisseaux de la marine anglaise.
(2) Le combat de Palerme est du 2 juin 1676 ; 12 vaisseaux hollandais et espagnols furent incendiés, ainsi que la galère réale et quatre autres galères. L'amiral espagnol Florès et l'amiral hollandais de Haën périrent dans les flammes.
Quant à l'amiral Ruyter, ce fut à la bataille du Mont-Gibel livrée par Duquesne le 22 avril 1676 qu'il reçut une blessure dont il mourut le 29 du même mois.

disner aux promenades et aux cabarets boire de la bière ; Mr Ruiter fils entra dans nostre auberge avec un de ses officiers et me demanda sy j'étois l'un des capitaines de ces pauvres terneuviers, et que je les pouvois tous assurer de sa parolle que sy le vent nous venoit favorable, que nous pourions en toute seureté en profiter pour nous rendre chez nous, et qu'aucun de son escadre ne coureroit sur nous ; ce que je raporté à tous nos capitaines. Après quoy nous nous séparasmes et busmes à la santé l'un de l'autre. Et me pria pour le landemain de me trouver à la mesme auberge du *Grand Ours* sur les deux heures d'après midy, et mon capitaine par timidité ny voulut retourner, et je n'y manqué pas, et le trouvé qui m'attendoit. Et après avoir bu une canette de bière il me dits qu'ils prenoit beaucoup de plaisir à parler françois et qu'il les aimoit naturellement, quoyque M.^r son père en avoit esté tué, qu'ils étoient braves et tout ce qu'on peu d'obligeant pour une nation leurs adverses.

Comme nous sortions pour aler à une promenade, on luy dit que Madame la duchesse de Porsemuths (1) venoit d'ariver en ville. Il me dit : Alons la saluer. Je luy dits : « J'ai l'honneur d'estre connu de Madame la contesse de Keroal, sa mère, mais de cette dame non. » Il me pressa fort d'y aler ; et je m'en excusois, disant que je luy ferois deshonneur à luy mesme par mon trop comun habillement. Il me répond : « Bon c'est comme l'on aime les marins. » Et m'engagea d'y aler, Nous la trouvasmes entourée d'une grande cour d'officiers comme étant maitresse du Roy d'Angleterre, et tour à tour elle receut les compliments d'un chacun ainsy de Mr Ruiter qui eut la bonté de luy dire que j'étois connu de Madame sa Mère et qu'il se plaisoit avec moy, quoy qu'en guerre. Cette dame me questionna sur Madame sa Mère et connaissant ma justesse nous fit bien des gracieusetées en la quittant et nous dit un peu bas : « Or ça, il faut demain venir disner avec moy, et ny manquez pas. » Ce que nous ne pusmes refuser.

Nous y fusmes. Après le disner le caffé fut présenté et puis des

---

(1) Louise de Kerhouent, duchesse de Portsmouth, maitresse de Charles II, roi d'Angleterre, avait été amenée de France, en 1670, par Henriette d'Angleterre, duchesse d'Orléans.

tables pour les jeux. Elle demanda à Mr Ruiter s'il avoit vu Londres et la cour, il dit que non. « Et vous, me dit-elle. » « Non madame » — « Ah! vraiment puisque vous en êtes sy proches il faut que vous y alliez. » Nous nous excusions très-fort tous les deux en disant ne pouvoir nous écarter de nos navires, en cas pour moy d'un bon vent. « Hé. bon, bon, dit-elle, ce n'est qu'un voyage de sept à huit jours. Je vous presteray ma chaise à deux et mon cocher, et prendrez logement dans mon hostel. Quoy! des jeunes gens. » — Enfin elle nous gagna par ses belles manières, elle se mit au jeu qui nous donna lieu de sortir sans sérémonie et sans estre aperceus.

Ce seigneur craignoit la dépence comme tous ceux de sa nation et moy pour n'avoir en pareille occasion rien épargné, je n'en avois pas. Il fallut pensser tous les deux comment faire et comment nous dégager. Il me dits qu'il ne pouvoit faire ce voyage qu'incognito, que sy M^rs les Etats Généraux le savent que se sera pour estre disgrascié. Je luy dits que l'odeur de M^r son père étoit forte en Holande et qu'il avoit beau se couvrir, en disant qu'il aloit s'emboucher avec M^r leur Embassadeur qui étoit son oncle, mais que pour moy que j'étois excusable, n'ayant ny argent ny crédit ny de quoy en faire, cependant que s'il payoit les trois quarts de nostre dépence, que je ne l'abandonnerois pas. Et il fut sy bas de me dire que j'en payerois la moitié et à la fin nous acordasmes pour luy les deux tiers. Sur quoy je fut emprunter dix livres sterlins à un marchand nommé Mr Smits, et entreprismes le voyage et estant arivées à Londre M^r L'Angel Ruiter fit toujours servir la chaise de Madame la duchesse à nos promenades du Withals, St Jemes et Winsorts et dont j'en avois honte, et une mexquinerie horible en tout, et après neuf jours et demy nous remerciasmes la dame Duchesse notre bienfaitrice.

Peu de jours ensuitte, il nous arriva à Ste Héleine deux frégattes du Roy de 24 et 18 canons, soubs les comandements de Mrs de Gravansson (1) et St Mars Colbert (2), que les intéressés de

---

(1) Le capitaine Gravenson était originaire de Nantes. Il fut promu lieutenant de vaisseau le 1er janvier 1667; capitaine de frégate en 1671 et capitaine de vaisseau le 1er mars 1673. Noyé au Havre en 1679.

(2) François Colbert de St-Mars, Enseigne en 1672, lieutenant de vaisseau en 1673, capi-

nostre petite flotte avoient obtenües de la cour, pour nous venir escorter jusqu'à la rade du Havre, et nous aconduire deux caravelles de Quilbeuf où estoient des pilotes lamaneurs pour chacun de nous et aussy des vivres pour tous nos équipages, et on nous fit sortir du port de Porsemuts pour nous joindre à la rade de Ste Heleine proche de nos frégates, pour partir du premier bon vent. Je fut prendre congé de Madame la Duchesse et ensuitte de Mr Angel de Ruiter qui en m'embrassant m'apela son frère et son amy, en m'assurant que sy je voulois l'aler trouver lorsqu'il sera arivé en Holande, et que sy je veux il fera mon advancement dans le service de M^{rs} les Etats et sur toutes choses que j'eus à luy donner de mes nouvelles, et que j'assurats M^{rs} les captaines de nos convois de ses civilités, et qu'il ne souffrira aucun de son escadre de coure après nous. Le 16 de janvier, sur le midy, d'un assez beau tems, nous mismes tous soubs les voiles faisant route et pendant la nuit pour la rade du Havre, et sur les huit heures du 17e, au matin, nous eusmes connoissance du cap de la Hève éloigné de 5 à 6 lieux de nous et les deux convois forcèrent de voille et furent mouiller leurs ancres à la rade se persuadant que nous n'avions rien à craindre. Mais sur les dix heures aperceusmes en arrière de nous trois navires qui faisoient nostre mesme route et qui nous aprochoient promptement, ayant leurs pavillons blancs qui nous donnoit lieu de croire que c'étoit des navires pour le Havre; mais nous fusmes bien surpris qu'estant à portée nous aperceusmes leurs canons et leurs équipages prest à nous donner leur décharge sur la moindre de nos résistances, et arborèrent les pavillons d'Ostende et nous sommèrent d'ameiner nos voilles, ce qui fut bien tots obéy, et nous amarinèrent et nous firent tous changer de route, excepté un qui étoit proche la rade comandé par Jean le Comte qui échapa, et M^{rs} de nos convois eurent la confusion de nous voir ainssy enlever à leur vüe. Il est vray que les trois navires d'Ostende étoient beaucoup supérieurs, ayant le vaisseau le *Palleul* de 52 canons, le *Castel-Rodrigue* de 36 et la *Justlice* de 24, qui revenoient de Cadix aporter

---

taine de frégate en 1675, obtint le grade de capitaine de vaisseau le 7 février 1678. Il se retira, le 1er juillet 1721, chef d'escadre honoraire et mourut près de La Rochelle, le 22 janvier 1722.

la paye des troupes d'Espagne en Flandre, et nous conduisirent en Ostende tous bien dépouillés, et ne fusmes que trois jours prisonniers, puis on nous distribua à chacun deux escalins valant quinze sols pour notre conduite. Je n'avois sur moy qu'un justaucorps sans manches raptassé de pièces de thoille godronnée et une pareille culote, des vieux bas de deux couleurs et sans pieds, et de misérables souliers qui m'abandonnèrent à la première lieue, et pour bonnet le haut d'un vieux bas ataché avec une ficelle. Bel équipage dans un rigoureux froid, et réduit à la mandicité qui me causa bien des larmes avant de m'y résoudre, cepandant j'euts quelques bonnes aubeines chez des gens de qualité et qui seroient trop longues à réciter.

1672. — Etant arivé au pays, je fus ataqué d'une rude maladie causée par les fatigues que j'avoie souffertes, et pandant l'été je me rétabli la santé, et il se fit l'armement d'une flûte nomée *le Chasseur*, de douze canons, commandée par le sieur Jacques Sansson mon proche parent (1). Nous fusmes au Sénégal charger 150 nègres et autres effects de la compagnie, et fusmes à l'ille Cayenne débarquer nos neigres et y chargeasmes quelques caisses de sucre, un peu de l'indigot et du rocou et ensuite nous fusmes à l'isle de St Cristofle où nous fusmes frapés d'une branche de houracan quoyque au quatreiesme d'octobre, ce qui fut tout extraordinaire. Nous étions sept bastiments à la rade de la Basse Terre, tous furent péris, échoués à la coste, et bien des hommes noyez excepté nous qui résistèrent sur nos câbles, mais ayant coupé généralement tous nos mâts, et étions tous disposés à revevoir le sort des autres, et après que la tempeste eut cessé nous nous réquipasmes du mieux possible avec les débris des mâts de ceux qui avoient péry et aussy des autres. Il revint d'autres navires dans cette rade, et nous achevasmes nostre chargement de sucre et indigot, et sur la my-novembre nous partismes de cette ille avec six autres navires tous marchands

---

(1) Ordre du roi aux officiers de l'amirauté de Honfleur pour leur dire de donner les congez nécessaires au capitaine du vaisseau le *Chasseur* qui est chargé d'armes et de victuailles destinées, par la compagnie des Indes occidentales, aux colonies françaises du Sénégal et de Cayenne (20 mars 1672.) -- Arch. de la Marine, Colonies, année 1672, fol. 31.

et de peu de force pour un temps de guerre, et étant au débouquement un flûton de la Tremblade, capitaine Chevalier, qui étoit grand voilier prit congé de nous, disant avoir très peu de vivre et qu'il espéroit étant seul de se rendre en France avant 15 jours, et en moins de trois heures il gagna plus de cinq lieues de l'avant de nous, mais tout à coup il fut surpris d'une grande voye d'eau qui combla son navire, et n'ayant aucun canon il fit plusieurs fusées de poudre et serra toutes ses voiles, demandant d'estre promptement secouru. Nous y fusmes et à paine nous n'eusmes loisir que de sauver l'équipage, et le navire coula au fond en très peu de temps. Nous continuasmes nostre route pendant 15 jours et un coup de vent nous sépara, qu'une flûte de la Rochelle de 18 canons, capitaine Merot, qui resta avec nous jusqu'à la sonde de Œssant désirant aler à Brest ; mais nous fusmes rencontrés d'un corssaire de Flessingue de 28 canons, lequel nous ataqua, où le capitaine Merot fut tüé et plusieurs de son équipage, et nous n'ayant que douze canons nous eusmes un de nos passagers nommé Mr Leblanc, de Diepe. Cette frégate ayant esté maltraitée par nous se retira, mais ayant fait rencontre d'un de ses camarades, qui avait 36 canons, le landemain étant proche l'Iroise, à l'entrée de Brest, il nous ratrapèrent et nous prirent sans beaucoup de résistance, et à peine il nous eurent enlevé notre capitaine et les officiers qu'il s'éleva une tempeste qui les sépara d'avec nous et il n'eurent loisir que de nous mettre vingt hommes des leurs pour nous amariner et leur officier qui comandoit étoit très peu au fait de la navigation, et n'avoient presque rien pillé de nostre bord n'ayant eu le loisir. Nous entrasmes dans nostre Manche où cet officier se trouvoit fort embarassé, mais comme il y aloit de la vie, je le radressois sur les sondes qu'il ne connoissoit pas, et à un soir, nous nous trouvasmes proche de Portland en Angleterre. Il aspiroit de relascher à l'ille de Wic, je l'en détourna dans la vüe de nous soulever et de les enlever eux mesmes au Havre ; à cet effect je communiquay le dessain à plusieurs de notre équipage dont nous étions restés encore vingt deux, contre 21 holandois dont la moitié faisoit le cart, j'avois caché six sabres et quatre pistolets et les espontons étoient libres, le tout bien prémédité la chose étoit facile, et les aurions enlevés au Havre en moins de 18 heures. Mais un coquin nomé Nicolas Laloet, de Diepe, qui parloit holandois et de notre équipage nous trahit et fut la cauze que je futs fort mal traitté, ainsy que trois de mes gens auxquels on trouva les armes cachées, et sans que je leur étois utille pour la navigation, ils m'ont juré depuis qu'ils m'auroient jetté dans la mer. Enfin conduisant la route pour Zélande, en passant au Pas de Calais, nous trouvasmes un moyen corssaire qui venoit de sortir du mesme port, il s'aprocha de nous à la voye et il n'oza nous ataquer et il nous auroit enlevées sans coup férir et auroit gagné plus de trois cents mil livres. Le landemain au matin, étant au travers de Dunkerque, deux frégates d'Angleterre de chacque 24 canons ne nous marchandèrent pas, étant d'union avec la France, nous prirent et nous conduirent aux Dunes et nous creusmes en estre beaucoup mieux et soulagées, et ce fut tout le contraire, ils nous redépouillèrent mieux que les Flessinguais et nous enfermèrent dans leur fond de câbles, ne pouvant ou coucher que sur des câbles mouillées et pleins de vaze pendant six jours pour nous oster la connoissance des effects qu'ils enlevoient, se doutant qu'il faudroit rendre notre prise par l'union entre les deux couronnes; mais ils ne se doutoient pas que j'avois dans les poches d'une vieille culote une copie du contenu de tout notre chargement. Ils avoient renvoyé les Holendois le lendemain que nous fusmes pris, et nous ils ne nous débarquèrent aux Dunes que la 7ᵉ journée et dans un pauvre état, et nous fismes trois lieux à pied pour gagner à Douvres, où nous arrivasmes sur les trois heures du soir.

Nous fusmes sur le port pour nous informer à trouver un passage pour Calais et aussy chercher où pouvoir gister. Il survint un gros Seigneur se promener sur le quay, et sans m'informer qui c'étoit je futs le supplier de me faire charité et à mes camarades de nous donner de quoy souper, et de nous procurer le passage pour retourner en France, et sans me questionner, il dit à un de ses gens de nous conduire au palais et qu'on nous fits manger et boire, et qu'à la sortie de la comédie, il nous parleroit. M. Maret étoit notre chirurgien et François de Ville canonier et un nommé Fauché, de Pontlevesque, étoient de ma cabale, et contents de ma hardiesse. Lorqu'on nous régala au palais, nous y aprismes que c'étoit à M. le Duc d'Yorc (1) que je m'étois adressé, et sur les 8 heures qu'il revint de la comédie, il dit : « Qu'on me fasse venir ces 4 françois ». Et commença : « D'où estes-vous et d'où venez-vous ? et pourquoy n'estes-vous pas retournés chez vous ? c'est qu'aparament vous faites les gueux ». — Je luy dits sans m'intimider : « Non, Monseigneur, je suis de bonne famille et proche parent du capitaine avec lequel j'ay esté pris ; j'étois l'écrivain du bord et 2e pilotte ; voilà notre M^e chirurgien et le premier et segond cannonier, et il n'y avoit quatre heures que nous étions débarqués aux Dunes quant j'ay eu l'honneur de parler à votre Royalle Altesse. L'on nous a détenus sept jours, couchant dans la fosse aux câbles pour nous oster la connoissance du grand pillage qu'on a fait dans notre bord, et l'on a débarqué les Holandois deux jours après notre prise, et on nous a dépouillées ce que les holandois nous avoient laissé sur nous ». Il se tourna : « Ho, ho ! je n'ay pas seu cela. Et de quoy étoit chargé votre navire ? » Je tira de ma vieille poche l'état du chargement et il le donna à lire à un officier ou secrétaire, luy disant : « Lisez haut et puis dites comment l'on ne m'a dit, qu'il n'y avoit que du sucre et du coton. Alées vous reposer, mes enfants, et soupez bien et vous aurez un lit à deux et puis dites qu'on serve à souper. » L'on nous conduit en notre premier lieu et bien chaufées et bien traitées, M. Maret et les deux autres étoient tristes et abattus et me disoient : « Ah ! mon cher, cets à un seigneur anglois que vous en avez trop dit. Je ne scay comme nous passerons la nuit ou demain. Cela ne m'étonna pas, je jasois comme un peroquet, tantôt avec un page et tantôts avec le laquais. Et quant ce vint pour nous coucher je dits : « Il n'y a pas d'aparance que comme nous sommes que nous gastions de sy beaux lits, nous nous tiendrons devant le feu ». On le dit à son Altesse et il dit : « Ce jeune homme raisonne bien, qu'on leur donne à chacun une de vos chemises, et vous en aurez d'autres ». Ce qui fut fait et mismes nos garnisons en paquet dans un coin,

---

(1) Plus tard Jacques II, roi d'Angleterre, 1685-1688, 2º fils de Charles Ier et d'Henriette de France. Doublet reviendra bientôt sur le duc d'York et il racontera, plus loin, qu'il aida ce prince à débarquer à Ambleteuse, en 1689.

et je dormis très bien pendant que le pauvre M. Maret faisoit des lamentations. Dès le lendemain matin entre dans notre chambre un tailleur qui prit ma mesure; seul, on m'aporta une robe de chambre, et l'on osta mon régiment et sur les six heures du soir je fus rabillé avec de bonne frize, des bas, souliers et un chapeau, et sur les 8 heures son altesse me fit venir seul et me dits : « Mais les Holandois lorsqu'ils vous prirent pillèrent tout ce qu'il y avoit de bon, et le portèrent à leur bord ». Je dits : « Pardonnez-moy, monseigneur, leurs chaloupes n'ont fait que deux voyages à notre bord, pour enlever notre monde et enfournir à paine dès leur et la tempeste survint, qui nous sépara, et depuis n'y est entré d'autres que vos gens », — Alés, cets assés, et demain je vous feray passer en France sur un yac du Roy qui porte des chevaux pour M. le Dauphin ». Et j'appris que les deux capitaines anglois, furent emprisonnez et cassées. Le lendemain le yac étant prêt à partir l'on nous vint advertir de nous embarquer, mais je voulus pousser la civilité à bout. Je demanda la permission de pouvoir remercier son altesse. Il le permit et on l'habilloit ; il me fit donner six écus de France et m'ordonna, d'aler faire ses compliments à M. le marquis de Courtebon(1), gouverneur à Calais, à quoy à mon arivée. Je ne manquay pas et m'en trouvay très bien, et sur ma route il se passa quelques particularités qui ennuyeroyent trop. Notre capitaine M. Sansson, qui fut conduit en Holande, eut ordre d'aler reprendre son navire aux Dunes et le ramena à Honfleur avec une partye du chargement. Je me suis pas informé comme l'on a traité pour ce qui fut volé,

(1673). Etant de retour à Honfleur que le sieur Sansson eut ramené son navire on luy fit offre du commandement d'un navire de 30 canons nomé le *Florissant* pour la compagnie de la Mérique, il

---

(1) Charles de Calonne, marquis de Courtebourne, d'une famille ancienne du Boulonnais, était lieutenant de roi à Calais et non gouverneur. Le gouverneur particulier de Calais était Armand de Béthune, marquis puis duc de Charost, né en 1640, capitaine des gardes du corps du roi, duc et pair de France, mort en 1717.

Le marquis de Courtebourne servit à Calais jusqu'à sa mort. (octobre 1695). On lui accorda le grade de maréchal de camp par brevet du 26 mars 1652 et par la suite une commission pour commander à Hesdin et la lieutenance de roi au gouvernement de Flandre en 1993. — Pinard, *Chron. hist. mil.*, t. VI, p. 351.

commença à l'équiper et m'engagea pour retourner avec luy, et son navire le *Chasseur* fut donné en commandement au capitaine Berengier dit Vert galant (1). Le *Florissant* presque tout équipé, le sieur Sansson ne le monta pas, soit qu'il eut peur de la guerre qu'il n'aimoit pas ou par sa femme, il se tint à terre, et ce fut le capitaine Acher du Havre, qui eut le commandement et nous fusmes une belle flote de 34 navires ayant pour convoy la frégatte du Roy, le *Hardy* de 36 canons. Depuis notre départ de la rade du Havre nous fusmes batues des mauvais vents contraires, l'espace de deux mois et demy sans pouvoir les vents alizées, ny aussy sans qu'aucun de nous fut divisé de la flotte, quoyque nous rencontrions souvent des corssaires, tout fut consservé jusque proche de l'ille de Madère où nous voulions aler rafreschir et prendre des eaux, mais nous y trouvasme des corssaires de Flessingue, qui nous ataquèrent où le sieur Despestits-Patin, écrivain du Roy sur le *Hardy* fut tué et une vingtaine de matelots, et les corssaires laschèrent pied, et craignant qu'il ne leur arivats quelque renfort, M. de la Roque (2) tint conseil et l'on prits la résolution d'aler à l'ile de Santiago, au Cap-Vert. Y étant arrivés l'on achepta des rafreschissements pendant qu'on faisoit les eaux à la praye, et devant la ville habitée par les portugois presque tous neigres et mûlâtes, jusqu'à leurs moines et prestres, et tous de mauvaise vie et canaille. L'on pognardoit impunément nos pauvres matelots pour les voller ; ils empoissonnèrent toutes nos eaux qui nous causa les diarées et dissenteries dont il nous mourut sur notre flotte plus de deux cens hommes, et j'ay consservé cette maladie deux ans et demy après y avoir bien dépencé de l'argent.

Et après quatre mois de navigation, nous arivassmes aux illes de la Mérique, et nous chargeasmes à celle de Sainct-Cristofle, du sucre et indigot et des cuirs. Nous étions tous prêts et rassemblés

---

(1) Jean Bérenger, capitaine de navire du port de Honfleur, commandait le la *Marie* en 1669 ; le *Chasseur* en 1673 et 1674 ; le *Saint-Pierre* en 1677 ; le *Saint-Antoine* en 1681. — Arch. de l'amirauté de Honfleur. Rapports de mer.

(2) Capitaine de brûlot en 1673 et enseigne de vaisseau la même année, il fut mis à la Bastille le 15 décembre 1679. Elargi trois semaines après, il fut fait lieutenant de vaisseau en 1682, capitaine de frégate le 1er janvier 1693 et capitaine de vaisseau le 1er janvier 1703. Il fut tué au fort de Gambie, en Guinée, le 6 novembre 1703.

soubs nostre mesme convoy, préts à partir pour France, lorsque le temps se prépara à une branche de houragan, quoy qu'au 2ᵉ octobre comme nous avions eu le 4ᵉ l'année précédente. Je dits au capitaine Acher qu'il seroit bon de faire porter au loin notre maitre ancre, sur un bon câble, il me rebuta disant que s'y j'avois peur qu'il me boucheroit le derière d'un fêtu. Je luy dits que j'en aurois moins que luy et il dits : « Bon, nous voilà prêts à partir et je ferois mouiller un câble tout neuf pour le gaster! » Le tourbillon survint peu après, notre navire chassoit, il n'étoit plus à tems de jeter ce maître ancre et nous fusmes donner sur les cayes ou rochers; le navire coula à fonds et puis sauve qui peut. Nous y pérismes 27 hommes. Je me tins avec Michel Cécire, contre-mestre sur la poupe qui ne se rompit pas et deux heures après le vent cessa et la chaloupe du *Hardy* nous sauva, et il n'y eut que notre navire seul de perdu par la faute de notre brutal de capitaine.

Et pour revenir en France, je creu bien faire que de m'embarquer sur le *Chasseur*, capitaine Berengier, que mon père avoit fait cy-devant capitaine et mesme nostre parent. Cet ingrat, Dieu luy pardonne ses fautes, eut la lâcheté deux jours après nostre départ de m'oster de sa chambre et de la table soubs prétexte que ma dissenterie se communiqueroit ou à son fils, me traita à l'ordinaire des matelots, en beuf salé et de l'eau. Le pain et l'eau vint à manquer, et nous fusmes vingt et un jours sans en voir gros comme un poix. L'on mangeoit des cuirs, et j'ay payé pour un rat une piastre valant 68 s. Enfin Dieu ne voulut disposer de moy ; nous allions à dessain d'atérer à Bellille et en étant à 20 lieux nous parlasmes à une caiche angloise qui nous advertit que l'armée de Holande y étoit pour la prendre et sans quoy nous y alions nous livrer plus de 50 navires richement chargés. Nous tournasmes le bord pour Brest ou en deux jours nous y entrions, mais on nous prit pour l'armée d'Holande et de toutes les forteresses l'on tiroit sur nous, sans que M. De la Roque envoya son canot avec le pavillon blanc et advertit qui nous étions, mais les paisants de Bretagne qui vouloient faire révolte arborèrent au haut des clochers des pavillons holandois croyant que nous en étions l'armée ; enfin nous entrasmes à Brest, où je me rétablis un peu avant de me mettre en route pour le pays, après trois malheureux voyages de suitte et resté infirme.

CHAPITRE DEUXIÈME

Doublet embarque sur l'escadre de M. Panetié. — Il enseigne les principes de la navigation à son commandant. — Prise de 22 navires chargés de blé. — Doublet passe second lieutenant sur l'*Alcyon,* commandé part Jean Bart. — Son éloge par M. Panetié. — Son séjour à l'école d'hydrographie de Dieppe. — Il est reçu pilote. — Il commande la *Diligente* ; combats, prises et blessure. — Lettre de M. Engil de Ruyter. — Croisières. — Voyages en Portugal. — Les pirates de Salé.

Cependant j'avois l'ambition de ne vouloir estre à charge à ma merre ny à la famille ; quoy qu'avec mon incommodité je cherchois à voyager. Un nommé M. De Lastre (1) de Dunquerque, qui avoit commandement d'une frégatte du Roy pour estre de l'escadre de M. le Pannetier (2), vint à Honfleur pour y engager sans contrainte des matelots et soldats et volontaires. Je futs le trouver au *Soleil* (3) où il logeoit et m'offrits pour second ou 3me pilotte. Il me dit qu'il en avoit assez et gens connus pour le Nord je lui demandé déstre patron de son canot et il me l'accorda. Je partis d'Honfleur avec une cinquantaine de jeunes gens accordées comme moy pour nous rendre à Dunkerque soubs la conduite de notre capitaine qui nous défraya par terre, et nous trouvasmes l'escadre de M. Pannetier, composée de sept frégates prestes à

---

(1) Ce capitaine, quoique chirurgien de son métier, avait appris l'art de la navigation dans ses voyages maritimes. En 1673, âgé de 28 ans, il commandait une frégate de 10 pièces de canon, équipée de 100 hommes. Arch. de la marine. Service général, corresp. d'Hubert, intendant à Dunkerque.

(2) M. Panetié, brave homme et bon manœuvrier. dit M. Jal, devint capitaine de vaisseau le 31 mars 1665 et chef d'escadre le 1ᵉʳ novembre 1689 ; décédé le 26 avril 1696. Arch. de la Marine.

(3) Auberge « où pend pour enseigne le *Soleil d'Or,* » rue du Puits, à Honfleur (1676).

sortir du port. Nostre frégate s'apeloit la *Vipére*, de 18 canons, et notre capitaine me tint parolle et me posa patron de son canot. Mais lorsque nous fusmes en mer, je fut réduis à la gamelle, ce que je trouvai étrange, croyant estre avec les pilotes. J'en fut très chagrin, et je me trouvois déconcerté que j'en perdois l'apétit, qu'un jour sur l'heure du disner je m'étois acoudé sur le bord du navire que nostre maistre chirurgien nommé M. Prevosts me demanda sy j'étois malade de ce que je ne mangeois pas avec mes camarades. Je soupirois et je m'empressa de luy dire qui me tenoit dans cette tristesse. Un nommé Castor Crestey lui dits que je n'étois pas acoutumé à pareille ordinaire ny compagnie, Il le questionna s'informant qui j'estois et Crestey l'en ayant instruit et nommé mon père, M. Prévost dit. « Ah ! je l'ay connu, et ay esté à son service. » Et en fut entretenir M. De Latre avec lequel il étoit fort familier. M. De Latre luy dits de m'ameiner dans sa chambre, et me demanda qui j'étois et ce que j'avois à me chagriner. Je lui dits que je plaignois mon sort de ce que la fortune m'avoit esté contraire trois années de suite, et que la suivante en m'étoit pas meilleure. Il dits : « Il ne faut pas qu'un jeune homme se rebute. » Il me demanda si je savois les principes de la navigation, et je luy dits que j'en savois plus que les principes, puisque je luy avois demandé un poste de pilote. Il m'engagea à boire un verre de vin avec luy et me demanda si les principes sont dificiles d'apprendre. Je luy dits qu'à un homme d'esprit comme luy, je les luy aprendrois en moins de six semaines, et sur le champ je luy en donna ouverture dès la première reigle. Et il me fit souper à sa table et le lendemain nous commenssasmes à travailler, où il y prit du goût, et me dit que j'avois sa table pendant toute la campagne, il me prit en affection et il me fit faire une cabane dans sa chambre, ce qui me fit un peu plus respecter. Et dans les moments de son loisir, je luy donnois des leçons dont il profitoit très-bien, L'on fit plusieurs prises et dont ma capitainerie du canot qui aloit toujours des premiers au bord des dites prises dont je seut en profiter, me procura de bonnes nipes, dont au retour de notre campagne j'en fits de bon argent, et je m'équipay très-honnestement et modestement et donnois à garder tout mon petit butin à Madamé Delatre son épouse ; ils n'avoient qu'un enfant qui mourut, n'ayant plus d'espérance d'en avoir enssemble quoy qu'encore jeunes. Ils me prirent tous deux sy fortement en affection, qu'ils m'obligèrent de loger et manger chez eux en me disant qu'ils n'avoient d'autre enfant que moy, ainssy j'avois toute la soubmission et complaisance possible pour eux.

En octobre 1673, notre commandant M. le Panetier receut ordre de rarmer promptement son escadre sur des advis que la cour eut que les Holandois attendoient le retour de plusieurs de leurs vaisseaux venant des Indes Orientalles sur quoy M. Delastre de son chef m'honora du poste de segond lieutenant. Je prenois tous les soins possibles à bien remplir mon devoir et de plus sur la navigation et en sondant quatre et cinq fois par quart, écrivant ponctuellement les brasses d'eau et les fonds des sondes à connaîstre les courants des marées qu'il me dits plusieurs fois : Vous vous fatiguez trop et laissées faire cela à nos pilotes qui sont gagées pour cela, c'est leur office, et je continua. Trois semaines après notre départ, étant sur le banq aux Dogres, nous avisasmes deux vaisseaux sur lesquels nous donnasmes la chasse, et en étant aprochées nous les reconusmes estre les convois de Hambourg avec lesquels nous avions aussi guerre. L'un avait 66 canons, l'autre 54. M, notre commandant n'avoit que 36 canons sur la *Droite* et nos autres frégates 30 et 24 et nous 18 ; les forces étaient fort inégalles, et particulièrement la mer qui étoit agitée, nous ne pouvions les aborder sans nous briser comme le pot contre le rocher, cependant nous les suivions hors leurs portées de canons espérant avoir plus de calme, et ils nous conduirent en fesant leur route jusqu'à l'entrée de la rivière d'Elbe, l'entrée de Hambourg.

M. le Panetier se démontoit de les voir nous échaper, prit résolution que nous les fussions attaquer et nous y fusmes à portée du mousquet, malgré leur décharge de leurs gros canons qui nous brisoient an pièces, le vent et la mer s'augmenta et ne pusmes les aborder. Nous perdismes 148 hommes sur notre escadre, sans plus de cent estropiés, où j'euts pour ma part le bras droit rompu en deux par un éclat, qui me prit au travers du costé et me culbuta en bas du château d'avant où j'étois pour sauter à l'abordage ; il nous falut abandonner la partie. Nous fusmes ensuite vers le cap Derneuf, coste de Norvègue; nous y trouvasmes une flotte de Holandois de la mer Baltique, chargée de froment qui étoit très-cher en France, et nous n'en prismes que vingt et deux navires ; leurs convois se sauvèrent et la plus grande partye dans un havre de Norvègue et nous amenasmes à Dunquerque les 22 navires, qui y causèrent bien de la joye et mesme jusque dans Paris.

Nous trouvasmes le fameux M. Jean Bart qui venoit de recevoir son brevet de lieutenant de haut bord (1) auquel le Roy luy donna le comandement de la frégate l'*Alcion* de 40 canons, avec quatre autres frégattes légères formant son escadre de cinq bâtiments, lequel étoit prêt à sortir du Port, et il me fit l'honneur de me demander pour son segond lieutenant. Je n'étois encore bien guéri de mon bras ny de mon costé, je m'excusay sur cela, et que je ne ferois rien sans l'agrément de M. de Lâtre auquel je devois tout. M. Bart en fit ma cour à M. de Lastre et luy dits : « J'aurey plutots finy ma campagne que vous ne serez prets à sortir ; je vous rendray Doublet au retour. Le soir je rentray chés mes bons hostes pour souper, et je ne leur dits rien de la proposition, et sur la fin du repas, la dame me dits ; « Je ne vous croyois pas sy dissimulé vous voulez aller avec Jean Bart et quiter mon mary. »

Je paru estonné crainte que M. Bart n'eut dit que c'étoit moy qui l'eut sollicité. Et M. de Latre prit la parolle et dits :" Non c'est M. Bart qui l'a demandé et a fait une honeste responsce, qui me fait augmenter l'estime que j'ay pour luy. S'il étoit bien guéri, je luy consseillerois d'y aler pourveut qu'au retour il revienne à moy et j'ay mesme donné mon consentement à M. Bart. Et je conssentits.

Le 9 janvier 1674, nous sortismes les cinq frégates du Roy avec trois autres frégates de particuliers et le 20ᵉ du mesme mois nous prismes une grande flûte holandoise venant de Moscovie, richement

---

(1) Jean Bart fut fait lieutenant de vaisseau le 5 janvier 1679 ; capitaine de frégate le 14 août 1686 ; capitaine de vaisseau le 20 juin 1689. Il fut anobli le 3 août 1694 et nommé chef d'escadre le 1ᵉʳ avril 1697. Arch. de la Marine.

chargée, et après quoy nous rencontrasmes le gros de la flotte des bleds que nous avions fait relascher avec M. le Panetier et nous donnasme sur les deux convoys, l'un de 40 et l'autre de 24 canons que nous prismes et toute la flote de 36 grosses flûtes que nous aconduismes au port de Dunquerque ce qui redoubla les joyes des peuples, et les bleds diminuèrent bien de leur haut prix, et notre campagne ne fut que 37 jours. Nous trouvasmes à notre arrivée lescadre et M. le Panetier en état de reprendre la mer, et M. le marquis Damblimonts chef d'escadre et commandant à Dunquerque avoit obtenu de commander l'*Alcion* dont il démonta M. Bart, et on luy donna la *Serpente* de 36 canons, et M. De Lastre monta la *Sorcière* de 30 canons formant cete escadre de M. Le Pannetier de 8 frégattes et M. De Lâtre me prits avec luy comme il étoit convenu, et je fus son premier lieutenant. Nous sortismes le 5 de mars pour aler aux isles Orcades et celles de Féroe, tout au nord d'Ecosse, espérant d'y rencontrer les vaisseaux venant des Indes Orientales. Mais après avoir bien essuyé des tempestes sans rien trouver, nous fusmes à la grande ille de Hitlant (1), ou il y a de très bons hâvres de toutes marées pour nous y espalmer, nos batiments étant très-sales et ne marchoient plus, et là nous y aprismes que les Indiens que nous cherchions y avoient passé il y avoit dix jours et devoient être rendues en Holande. Notre commandant s'arrachoit la barbe de dépit. Ce pays d'Hitlant est habité par des Ecossais tous galeux comme des chiens ; il ne vivent que presque tout poisson et de mauvais pain d'orge et d'avoine ; ils ont quelques troupeaux de moutons et chèvres, la laine ets métisse dont ils font de gros bas et habillement ; ils appellent ville de méchantes bourgades, pauvres maisons basses où leurs bestiaux sont enfermés avec eux et ils puent comme des boucs ; leurs chevaux ne sont pas plus haut que des bourriques ayant une grosse teste, et mal faits de corps, ainsy les beufs et vaches ; ils peschent quantité de morues qu'ils font seicher sans sel, à la gelée, quils nomment Stocfit ou poisson en baston ; les testes étant bien sei-

---

(1) Iles de l'Océan septentrional appartenant à l'Angleterre. Les cartes modernes les nomment Shetland.

chées et les harestes ils les broyent et en donne à menger à leurs bestiaux en guize d'avoine ; il n'y a aucun arbre de quoy faire un menche à baley, etc.

Je reviens à nostre voyage. Lorsque les frégates furent espalmées M. Le Pannetier nous fit remettre à la mer, et fusmes entre le banc des Dogres et le Welles, et d'un beau calme convia tous nos capitaines à disner et pour tenir consseil ; et dans le repas l'on parla de la grande ignorance de nos pillotes pour les bancs, qui ne savent lire ny écrire et seulement d'avoir esté sur les bateaux pescheurs aux harancs, disent conoistre les fonds, M. De Lastre dit bonnement : « J'ay mon lieutenant qui est de Honfleur, qui en quatre ou cinq campagnes que je l'ay avec moy, et cete dernière avec M. Bart. Je croy qu'il a marché soubs les eaux tant il en conoit les fonds, et rend mes pillotes toujours confus, mais aussy il a pris bien des peines à sonder souvent quelque froid qu'il fît et toujours écrit. » M. Pannetier luy dits : « Comment l'apelez-vous ? » Et il me noma et dits : « Je say ce que c'est. Son père a esté mon amy ; envoyez-le chercher, je le veux entendre. » Le conseil détermina que pour sauver les fraix de notre armement que l'escadre seroit divisée en deux, et que celle de M. Baert iroit vers Jarmuth prendre tout ce qu'il trouveroit des pesheurs de harenc holandois, et que M. De Latre seroit avec M. Baert et les deux autres moyennes frégates, que pour luy avec les trois autres il aloit aler à Gronland dans les glaces chercher les baleiniers. Ce fut le coup fatal pour mon capitaine et moy quand je paru et que le commandant m'ordonna d'aler sur le champ apporter à son bord mes hardes et qu'il auroit bien le soin de moy et au retour me feroit avoir un brevet; nous eusmes beau nous deffendre, luy avec un : « je vous ordonne de la part du Roy, » il fallut obeir quoy qu'à contre cœur. Il me donna une chambrette et sa table, et je fut bien mieux que je ne m'étois attendu, quoy que regrettant toujours mon cher et premier capitaine. C'étoit au commencement de juin que nous fusmes arrivées à Spitbergue soubs les 72 degrez latitude Nord, pauvre pays bien froid, et sans aucuns aliments, et sans aucun autres peuples que de pauvres Norvégiens, et sous la domination du Roy de Danemarc. Nous fusmes autour du Gronland parmy les glasses affreuses; nous prismes dix navires hollandois, dont à peine en fismes les chargements de deux, qui étoit lard des balaines et quelques fanons et nous bruslames sept, et un qu'on donna pour reporter les équipages dans leur pays ; les Maloüins y avoient esté qui avoient pis que nous, et en faisant notre retour nous prismes au Nord d'Ecosse un navire holandois de 24 canons venant de Portugal richement chargé, et on nous aprits que M. Baert avec son escadre avoit emmené trente deux bus ou flibots holandois et leurs deux convoys ; ainsy le Roy gagna à ces armements.

Lorsque nous fusmes désarmées et bien payées, je futs obligé de reprendre auberge chez M. de Latre et je luy dits que mon dessein étoit d'aller quelques mois chez M. Denis, prestre et géografe du Roy à Diepe (1), affin de me perfectionner davantage avec un aussy habil homme. Il eut paine à y conssentir, me demandant sy je voulois tenir l'école de Marine. Je luy dits que ce n'étoit pas ma pensée, mais que je peuts devenir estropié et que cela me pouroit servir, et conssentirent à mon départ que je les ferois gardains de mon butin pour m'obliger à retourner avec eux. Je leur fit aconnoistre qu'il n'y avoit pas dautres moyens de me dégager d'avec M. Le Panetier, qui me dits au désarmement qu'il me retenoit pour la prochaine campagne, et ils m'aprouvèrent très-fort.

Je fus à Diepe trouver M. Denis, et m'acordé avec luy de me recevoir en pension à sa table, couché et blanchir moyennant cinquante livres par mois et me fourniroit les livres nécessaires. Il me comença par les principes de la Sphère, les marées, les hauteurs, le quartier de réduction et l'échelle angloise, etc., que je savois parfaitement, ainsy que les sinus, tangentes et lorgaritsmes. Sur quoy il me demanda ce que je venois faire chez luy ayant autant de théorie et d'en savoir les pratiques. Je luy dits que je me voulois perfectionuer avec un aussy habile maistre ; ainsy il eut la

---

(1) Consulter sur l'école d'hydrographie de Dieppe : De Beaurepaire, *Recherches sur l'instruction publique*, etc., t. III. — Didier Neuville. *Etablissements scientifiques de la Marine (Revue maritime)*. — Le Dépôt de la Marine, série des Ordres du Roi, 21 novembre 1671, 30 septembre 1672, 4 janvier 1675, 6 janvier et 4 juillet 1679.

bonté de ne me pas épargner ses soins. Il m'aprit les triangles sphériques et les éllements d'Euclides et les calculations en moins de trois mois, que je voulus le quiter n'ayant pas dessain de m'établir maitre géographe, n'y voulant borner ma petite fortune. Et dans ce tems là, juin 1675, je receu une letre de M. De Lastre, qui me donnoit advis que l'on réarmoit l'escadre, et que M. Le Pannetier luy ordonnoit de me faira retourner pour aler avec luy. Cependant je ne savòis à quoy m'en tenir. L'envie d'aler gagner de quoy et ne pas dépençer ce que j'avois me fit donner lecture de ma lettre à M. Denis et demander à compter. Et il me dits : « Qu'alez-vous faire ? vous alees quiter dans un tems où vous faites bien ; croyez-moy, Monsieur, demeurez encore deux à trois mois ; vous n'avez fait que dévorer ce que vous venez d'aprendre trop promptement pour bien retenir ; servez-moy comme un prévots de sale à mes écoliers, cela vous fortifiera à fonds, et je ne veux rien de votre pension ; ce n'est point l'intherest qui me commande et je trouveray moyen d'éviter d'aler avec M. Pannetier. » Je luy dits que sy je luy faisois plaisir que je resterois en continuant de payer la penssion. Il répliqua : « Vous m'obligerez infiniment en restant, car vous me soulagerez un casse teste avec ce nombre d'écoliers dont la pluspart ont la teste dure comme la pierre. » Enfin je restay encore trois mois ; ce qu'ayant apris mondit sieur le Pannetier montra à M. De Lastre un brevet de lieutenant de frégate qu'il m'avoit obtenu et luy dits : « Puisqu'il n'a voulu s'embarquer avec moy, je le donneray à un autre qui en sera bien aise. »

Et lors qu'au bout de mes six mois de penssion dont j'en avois payé trois, en quitant je vouluts payer les trois autres, il me futs de toute imposibilité de les faire prendre, ny mesme par la sœur de M. Denis qui me proposa qu'avant de la quiter que j'euts à soufrir les examents et me faire recevoir à l'admirauté pour pillote et que cela ne me dérogeroit en rien ains au contraire, et que je luy ferois plaisir et honneur et qu'il en payeroit la dépence. Sur quoy je luy dits quil me l'avoit plus que payée et que je le satisferois en tout ce que je pourois, et fus terminé que trois jours enssuite l'assemblée s'en feroit. Il convia pour moy quatre anciens capitaines et 4 pillottes, qu'ils me quiestionnèrent de tous costés, et à leurs aprobations je fus enregistré devant M^{rs} de l'admirauté. Après quoy nous fusmes tous disner chez M. Denis, qui étoit prestre et n'auroit voulu entrer en auberge, et ne conssentit que je payats que ce qui étoit venu de chez le traiteur et rien de ce qu'il avoit fourny de chez luy. Je creut partir le landemain ayant disposé mon porte manteau, et luy et Madame sa sœur m'arestèrent pour le landemain en disant qu'il faloit que je leur aidats à manger ce qui étoit resté du repas, et à nostre séparation ce fut des amittiez et tendresses réciproques.

Je me rendis à Dunquerque pour la veille des Roys, 1676, chez mon ancien capitaine où nous régalasmes avec les parents et amis, et me conta qu'à sa dernière campagne une de leur frégate périt sur le banc des Ysselles, et que toute l'escadre y penssa périr par l'ignorance de leurs pilotes, et que M. Le Pannetier avoit bien pesté de ce que je n'étois avec luy et qu'il me conseilloit pas de paroistre sitots devant luy, et que luy il avoit quelques propositions à me faire et me tint deux jours en suspend, après quoy il me déclara que par le moyen de ses amys il me vouloit faire capitaine d'une jolie frégate de 14 canons nommée la *Diligente*. Je luy dits que j'étois tout à lui et ferois tout ce qu'il jugeroit à propos, cepandant que je serois fort aise de continuer soubs son comandement, et il me dits : « Je le voudrois bien, mais M. le Pannetier vous en ostera, et ne vous fera plus d'avance étant piqué contre vous, et lorsque vous serez capitaine en chef hors de sa dépendance il ne pourra plus vous nuire ». Ainssy il s'intéressa sur la *Diligente* et me fit agréer par tous les autres intéressés, et après quoy je fus saluer M. l'intendant et M. Le Pannetier, qui me demanda d'où je venois, et que j'avois perdu à être lieutenant de frégate du Roy, qu'il en avoit obtenu le brevet, et que par mon absence il avoit fait placer M. Domain, mais qu'il n'y avoit rien de perdu et que faisant une ou deux campagnes avec luy il récupéreroit ce poste. Je luy dits que j'étois fasché de ne pouvoir plus aller soubs son comandement, et que j'étois engagé pour commander une frégatte que des particuliers m'avoient donnée et qu'ils m'avoient fait venir de Diepe pour le subjet. Il dits : « Cela est beau de quitter le service du Roy pour des particùliers ». Et je me retiray avec profonde révérence.

Je sortis du port le 14 février (1676) avec 92 hommes d'équipage et fut croiser vers le Texel et le Vlye qui est à l'entrée et la sortye des bastiments d'Amsterdam, mais j'en fus chassé par des navires de guerre, et je futs à l'ouvert de la baye de Hull au nord d'Angleterre et dans le dessain d'entrer dans la dite baye. quoyque très-dangereuse pour ses bancs de sables, mais il en sortoit deux moyens bâtiments que je prits tous deux chargés de charbon de terre ; l'un en outre avoit 60 saumons d'étain et 150 de plomb, et l'autre 20 saumons d'étain et 100 de plomb et trois balots de bayette ou flanelles, et les amarinois pour Dunkerque. Et étant au travers de l'Ecluse une frégate qui sortoit de Flesingue de 18 canons voulut m'aracher ma proie, je fis dépasser mes prises en avant de moy et je l'atendis pour la combattre avant qu'elle les peut atraper pour leur donner loisir à s'échapper, et elle m'attaqua vivement et sans m'oser aborder, nous nous chamaillasmes près d'une heure, et elle fut désemparée de son petit mât d'hune. Je tins ferme et s'étant raccomodée elle revint à la charge et sa grande vergue luy tomba, faute à elle, des précautions qu'elle devoit prendre, et je me trouvay blessé au costé gauche de la teste par un coup de fusil, et dont il n'y eut que les chairs emportées et l'os effleuré, à ce que reconnut mon chirurgien par une esquille qu'il en retira, et je ne m'aperceut de ma blessure qu'après le combat et que j'étois remply de sang, j'eus quatre de mes hommes tuez, deux estropiez, l'un d'un bras et l'autre de la cuisse cassée et six moyennement blessés, dont j'étois le 7e. Je courois après mes prises qui avoient déjà dépassé une lieue d'Ostende, où je craignois le plus, il se trouva une corvete de quatre canons sortye de Nieuport qui enleva la plus petite de mes prises avant que je les eût pu joindre et auroit enlevé l'autre sy je m'étois trouvé à tems de l'en empescher ; je la conduit au port où il falut que j'entras avec ma frégate pour la raccomoder des coups de canons qu'elle avoit reçeus et pour me faire guérir et mes blessés.

Pendant mon absence dans ce petit voyage il y eut une lettre de

Holande à mon adresse à la poste ; elle fut portée à M. l'Intendant de la marine, et comme étant un peu rétably de ma playe je le fus saluer. Après quoy il me demanda quelle habitude et relation j'avois en Hollande et avec quy, étant en guerre. Je luy dits que j'avois paine à savoir de quelle part elle me venoit, excepté M. de Ruiter avec lequel j'avois lié amittié en Angleterre. Il la demanda à son secrétaire et me la rendit cachetée dizant : « Voyons ce que l'on vous écrit. » Je lui redonnai sans l'ouvrir, et il me dit : « Ouvrez et la lisez haut. » Je la leut et luy donnai à voir si je n'avois rien déguizé. Elle contenoit de ce que j'avois esté longtemps sans luy écrire et bien des honnestetés et ammittiez et m'ofroit de l'aller trouver, il me procureroit ma fortune en me marquant entre autre que si je n'étois pas pourvu, que j'eus à l'aller trouver et qu'il étoit dans l'état de m'avancer et me donner le commandement d'un vaisseau des Etats. Sur quoy M. l'Intendant me dit : « Voudriez-vous prendre les armes contre le Roy et estre traitre à l'Etat. » Je protestay que non : et il me dits : « Je vous défends d'avoir plus de commerce de lettre avec ce M. » Je lui demanday seulement la permission que je peuts répondre cette fois à ces honnestetez et le prier de ne me plus écrire que la guerre ne futs finie et que cela me feroit préjudice et que je donnerois ma lettre à son secrétaire pour lui communiquer avant de l'envoyer, ce qu'il trouva bon.

Après estre bien guéry et ma frégate bien redoublée et renforcé mon équipage, je sorty du port le 26 de mars et fut droit à l'entrée de la Tamise, entrée de Londres, et le surlandemain je fus bien chassé par deux gardes costes d'Angleterre lesquels nous penssèrent faire périr à force de porter les voiles d'un tens de neige et très rude, et nous avions déjà trois pieds d'eau dans nottre calle quand j'arivé à la rade de Dunkerque où ils m'abandonnèrent, et deux jours après je repris la mer et fut croiser, sur le banc des Dogres où j'en prits un qui avait quarante-deux barils de morue blanche salée ; je l'envoyai au hazard par dix de mes gens et arivèrent heureusement. Six jours après je pris un flûton d'environ 90 thonneaux venant de Portugal avec du sel, 28 pipes d'huile d'olive, 6 balles de laine lavée, et de plusieurs caissons d'orange et de citrons, et je la conduits heureusement à Dunkerque. Nostre biscuit se trouva gasté dans la soute par la grande eau que nous eusmes lorsque les Anglois m'avoient chassé cydevant, il me fallut rentrer et désarmer la frégatte. Je ne pus réquiper ny sortir avec ma frégatte qu'au 10 octobre parcequ'il nous fut fait deffense à tous les particuliers d'engager aucun matelots que M. Bart n'eut acomply les équipages de son escadre, et après quoy je fits en peu de temps la mienne, ainsy que deux autres frégates de mes confrères, et sortismes de compagnie et douze jours après nous fusmes très mal traités des tempestes, qui nous séparèrent. Je couru vers les costes d'Ecosse en vue de trouver quelque abry au risque d'estre prisonnier de guerre plutots que de périr, mais le vent cessa après neuf jours de tourmente ; j'aperceu un moyen navire sur le soir et je fits semblant d'aler une autre route que luy. Et aussi tots qu'il fit bien nuit nous redonnasmes après luy à petite voilure ; et au clair de la lune, sur les 4 heures du matin, nous en eusmes connoissance, et ne l'aprochasmes pas plus près, et le jour venant nous fusmes après iceluy, que nous prismes sur les neuf heures, et c'étoit une grande barque que les Flessinguois avoient prises sur notre nation venant de l'ille Madère, chargée de grosse écorce de citrons confits et du vin ; je la conduisois jusqu'au travers de la Meuze où je futs rencontré par deux frégates de Zélande, l'une de 24 canons et l'autre dix-huit, qui coururent droit à ma prize et s'en empara et celle de 24 me batoit en ruine et m'aborda et ne sauta que 3 de ses hommes dans nous, et nous décrocha ayant son mât de beaupré rompu à l'uny de son étrave, je luy donnay la décharge de nos canons et de mousqueteries, et celle de 18 canons étoit trop soubz le vent pour nous ratraper, j'eus huit hommes tuez et 15 à 16 blessés, sans estre estropiés, et il nous falut rentrer au port bien batus, et sans prise ; nous y aprismes qu'un de ceux qui avoit sorty avec nous avoient péry corps et biens, et que l'autre étoit revenu sans rien faire à sa course, ayant penssé aussy périr par la tempeste que nous eusmes.

En mars, 1677, je ressorty avec ma mesme frégatte ; je fits plusieurs moyennes prises que j'envoyois par mes gens, n'étant de valeur, et elles furent toutes reprises ; je parcouru aux costes de Norvègues sans y rien trouver, et m'en revenant pour désarmer je rencontré plusieurs navires marchands holandois, lesquels avoient trop de force pour que je les peus ataquer, étant affoibly de mon équipage par les petites prises dont j'ay parlé ; cela me dégousta de retourner avec un navire d'aussy peu de force, me ressouvenant des hazards que j'y avois encourus, et lors que je l'eus désarmée, je remerciay MM. les inthéressés par l'advis de mon ancien capitaine qui me promit la place de second capitaine avec luy sur la frégate de 30 canons, dans l'escadre de M. Pannetier qui comandoit l'*Etroitte* de 40 canons.

Nous sortismes six frégates sur la fin de may, nous fusmes cinq mois à croiser sans avoir encontré ny fait rien de remarquable, et après quoy l'on nous désarma tous à notre retour.

En juillet 1678 la cour ordonna à M^{rs} Le Pannetier et Bart de r'armer et de se diviser en mer leur escadre, je retournay avec mon premier capitaine. Nous fusmes aux iles Orcades entre Fulo et Faril y atendre les Indiens dont on avoit advis de leur retour pour Hollande, mais M^{rs} les Etats toujours bien advisés, avoient envoyé audevant plusieurs galiotes bonnes voilières avec des pilotes costiers pour les bancs et des rafreschissements et vivres, nous donasmes plusieurs chasses sur ces galiotes sans en pouvoir atrader ; cela nous tira du bon parage où nous étions. Et y ayant retourné nous aprismes par un bateau pescheur de ces illes que la flotte de dix de ces vaisseaux avoient passé il y avoit trois jours, et que par les maladies ils avoient bien perdu de leurs équipages ; nous courusmes après jusqu'à l'ouvert du Texel sur le Bree Vertin sans rien trouver, cela nous unis tous en consternation. Les vivres aloient nous manquer et prêts à nous en retourner, lorsque sur le banc des Dogres, nous aperçusmes deux gros navires, nous creusmes estre quelque Indiens, nous les atrapasmes en peu de tems à portée de nos canons et ils furent bientots rendus. C'étoit deux pinasses de 7 à 800 thonneaux, avec un 36 canons et l'autre 30, lesquels venoient de Suirinan et Curassao chargés de bonnes marchandises comme sucre, indigo, cuirs, rocou et bois du Brésil et Campesche. Nous les escortasmes soigneusement jusqu'à Dunquerque, où nous désarmasmes tous, et on parloit de la paix, et à la fin du déchargement de la grande prise on trouva 26,000 piastres.

Mʳ Bart avoit rentré au port huit jours avant nous, et y avoit amené 20 buschs avec du haran et en avoit fait brusler 32 et enleva aussy leurs convois qui étoit le *Mars* de 40 canons, et le *Prince Peerls* de 24. Le Roy ne faisoit ces armements qu'en vüe de faire crier les peuples d'Hollande en détruisant leurs flotes des marchands et de la pesche de leurs poissons qui est d'un profit considérable pour la Hollande, et par ces pertes les provoquer à demander la paix.

1679. L'on eut la nouvelle de la paix avec la Hollande et Angleterre. Les deux dernières prises que nous avions amenées étoient d'un trop grand port pour nos marchands de France, le conseil ordonna de les envoyer à Lisbonne en Portugal pour les y vendre, étant très-propres pour les voyages du Brésil; Mʳ de Latre eut cette comission de les conduire et de les vendre, et un parent de Mʳ Bart nommé Corneille Bart comandoit l'autre soubs les ordres du dit sieur de Latre qui me prit pour son segond, et nous partismes de Dunkerque vers la fin de février n'ayant que du lest et un simple équipage seulement pour amariner, et nous arrivasmes devant Lisbonne le 21 mars et peu à peu nos capitaines congédioient nos équipages, pour en épargner la dépence. Mᵗ Desgranges pour lors consul de notre nation et comissaire de marine pour le Roy eut ordre d'en procurer la vente, et il me pria de dresser les inventaires de ce que contenoit les agreits et ustencilles de chaque navire en son particulier, et sy j'avois creu les mauvais consseils j'aurois mis de mon costé à l'écart pour plus de cinq cents pistoles, que cela n'auroit en rien diminué la vente, et qu'on m'offroit et à mon capitaine de nous les transporter à couvert. Je le vits un peu dans ce penchant et luy dits famillièrement : « Qu'avons-nous de plus cher et plus précieux a consserver, que l'honneur ? Sur quoy ayant réfléchy, il me dits : « Mon enfant, tu as bien raison, je t'ay estimé et t'estime d'avantage. » Et je travaillé exactement et très-fidellement aux inventaires, et l'on fut plus de trois semaines à nous acorder du prix que Mʳ Desgranges en souhaitoit. Les marchands portugois ne marquaient pas d'empressement à leurs offres, ce qui déconcertoit un peu nos M^r. Je leurs dits que j'avois en penssée une ruze qui m'étoit venue en l'esprit, qu'il faloit faire sourdement coure le bruit que les marchands de Cadix en ayant eu advis qu'ils en faisoient offrir plus de quinze mil livres qu'on ne nous en offroit, et faire remettre les mâts d'hunne et les voiles en état d'apareiller, et tirer les expéditions pour sortir du port. La choze fut trouvée bonne, et nous travaillasmes à nous réquiper, on nous offroit déjà mil cruzades de plus et puis encore 500. Je dits : « Il faut aler plus haut; il faut faire dessendre nos vaisseaux à Blem (1) qui est la sortye, et au pis aler nous concluerons. » Et deux jours après comme nous étions soubs les voilles, il vint à nos bords une chaloupe avec un ordre de Mr Desgranges de remonter à nos places, sur ce qu'il avoit conclu le marché des deux navires. Nous ne pouvions remonter à cause de la marée que nous avions atendu baisser pour nous dessendre; nous mouillasmes les ancres et dits à Mr Delastre : « Alez trouver M^r le consul et luy demandés s'il a penssé à notre chapeau (2) et que ne l'ayant fait il fasse savoir à ces acheteurs que nous ne conssentons à la vente et que nous irons à Cadix. » Et il conduit Mr de Lastre chez les marchands où ils s'expliquèrent, où nous obtinsmes six cents cruzades de chapeau valant douze cents livres, que nous partageasmes en trois et nous remontasmes le lendemain à marée montante, et secrètement M^r le Consul me donna cent cruzades pour mes paines des inventaires et pour l'advis que j'avois donné. Je présentay mes cent cruzades à mon capitaine, lequel n'en voulut rien prendre et dits seulement : « M^r le Consul devoit honnestement me les délivrer pour que je vous les euts présentées. » Puis l'on me paya mes gages, et Mr Delastre me dit : « Il nous faut chercher un passage

---

(1) Belem, bourg de Portugal, sur le Tage, à deux lieues au-dessous de Lisbonne, au devant duquel on voit une tour. C'est auprès de cette tour que les navires mouillaient en attendant leurs dépêches. Doublet écrit indifféremment *Blem, Bleum, Balem et Belem.*

(1) Terme de commerce maritime. *Chapeau de mérite*, ou simplement et plus ordinairement, *chapeau*, gratification accordée par convention au capitaine d'un bâtiment de commerce, qui remet à bon port les marchandises chargées à fret, (Littré).

pour retourner enssemble à Dunkerque où nous verons ce que nous ferons pour l'advenir. » Mʳ le Consul nous engagea nous deux à souper chez luy, car l'autre capitaine étoit une vraye cruche pour ne pas dire beste ; sur la fin du repas Mʳ Desgranges me demanda si je me proposois de retourner en France, lui disant que ouy, et : « Qu'alez-vous faire au commencement de cette paix où l'on ne sait encore que entreprendre ? Mʳ De Latre prit la parolle : « Il ne sera pas désœuvré. » Et Mʳ Desgranges me dits : « Sy vous voulez commander icy une caravelle où j'ay intérêt, nous luy avons depuis peu fait la poupe en frégate et mastée aussy de mesme elle est bonne voilière, mais elle n'a que six canons et autant de périers, voyez là ; elle est placée devant St-Paul. » Et je luy demandai au lendemain pour luy répondre, afin de savoir les sentiments de mon amy et capitaine qui eut la bonté de m'acompagner à en faire la visite. Je la trouvois à mon gré excepté son peu de déffençe contre les Saletins où l'on est fort exposé ; mon capitaine m'en représentoit les dangers pour m'en dégouster, et il me reconnu y avoir du penchant. Il me dits : « Vous en ferez ce qu'il vous plaira. » Je futs retrouver Mʳ Desgranges pour luy demander à quel voyage il destinoit. Il dits pour aler porter des sucres à Bilbaots et raporter du fer et autre choze. Je voulus aussy savoir soubs quel pavillon et passeports. Il me promit que ce seroit soubs ceux de France, car soubs pavillon de Portugal, je n'aurois pas acxepté. Nous convinmes pour mes gages, ainsy je me séparay de mon capitaine et fits en peu de jours mon équipage et chargement, et fit heureusement le voyage de Biscaye et retour à Lisbonne, et après avoir fait ma décharge l'on m'en proposa un segond et pareil, mais lequel ne fut pas tout à fait aussy heureux, car j'échapay belle d'estre esclave par deux frégates de Saley : lorsque je faisois route pour Biscaye, étant au travers de Tamina, en vue des isles de Bayosne en Galisse, j'aperceus les susdites frégates, qui me donnoient la chasse. Je reviray de bord et prits la fuitte pour me sauver dans la rivière de Vianna (1) et où la barre y est périlleuse, et par malheur la

(1) Port de Portugal sur la Lima, province de Minho. Quatre lieues au-delà est situé

mer y avoit baissé d'une heure et demie; je mits tout au hazard de la vie pour la liberté, car j'étois fort empressé puisque leurs mousqueteries nous frapoient à nostre bort que j'euts mon contre-maistre blessé à la cuisse et un gros dogue que j'avois qui fut tué. Je resté seul sur mon pont à faire gouverner, et j'entray entre deux rochers par-dessus la barre; les pilotes du lieu n'osoient m'aprocher avec leurs chaloupes à cause des boulets de leurs canons qui me surpassoient, mais la forteresse de Vianna tira plusieurs coups sur ces pirates qui les écarta au large, mais par la marée trop basse, je ne peus entrer assées avant dans le port et mon navire échoua presqu'à sec, dont il souffrit beaucoup, et que je le creu perdre et les sucres, car je futs avec la chaloupe tout autour en faire la visite et je remarquay plusieurs coutures entre ouvertes dont l'étoupe en sortoit et point de secours des gens du pays, je me fis aporter des chandelles de suif qui étoient molasses par la chaleur et dont je les couchois en long, les écrasant avec mes pouces dans les coutures et les bouchoirs par ce moyen, et lorsque la marée fut au deux tiers montée mon navire se dressa et flotta, et les coutures se resserèrent sy fort que toutes mes chandelles parurent sur l'eau et que je ne m'arestay pas à les represcher, mais bien à faire pomper deux pieds d'eau qui avoit entré dedans ma calle dont le premir rang d'en bas des caisses de sucre fut endommagées et nous entrasmes au port proche de la ville, quoyque petite qui est une des plus agréables que j'ay vues, étant pavée par de grandes pierres de taille blanche et grisâtes, et à toutes les places de très belles fontaines bouillantes à triple rang et qui maintien une grande propreté des rues. Je fis connoissance avec Mr Michel de Lescole (1), parisien et ingénieur en chef du roy de Portugal, lequel finisoit de fortifier cette ville. J'y fis aussy connoissance avec M^r le Marquis Desminas (2), gouverneur des frontières, et dont le fils est aujourdhuy généralissime des armées du

---

un autre hâvre nommé *Ville del Conde*, et plus loin se trouve *Port-à-Port* dont Doublet citera le nom dans les pages suivantes.

(1) On trouve dans les registres des Ordres du Roi du dépôt de la Marine plusieurs lettres adressées à cet ingénieur. Voyez notamment à la date du 20 juin 1689.

(2) Le marquis de La Mina ou de Las Minas.

Roy de Portugal. Je fus 15 jours avant de pouvoir sortir du dit port, et faisant route pour Bilbao, le travers du Cap Pinas, à un petit matin, j'aperceut un navire qui aparament ne me vit pas; je seray de bord et au jour il me chassa vivement. C'étoit un de ceux qui me fit entrer à Vienne; je poussay au hazard dans la barre des Ribadios dont j'étois proche, et trois jours après je reprits ma route et arrivey à Portugaletto au bas de la rivière de Bilbao, et ensuite montay à St-Mames à demie lieux proche la dite ville qui est encorre très-agréable.

CHAPITRE III

Voyages aux Acores. — Explosion d'un volcan. — Les Pirates d'Alger. — Voyages à Madère. — Découverte d'un banc de rochers. — Naufrage. — Voyage à l'Ile de Ténériffe; excursion dans l'Ile. — Voyages à la côte de Barbarie. — Supplice d'un Juif. — Doublet résiste aux séductions de Mme Thierry. — Autres voyages à Ste-Croix-de-Barbarie. — Les Maures attaquent Mazagan. — Retour à Cadix puis en France.

1681. Pendant cete année j'ay fait plusieurs voyages à toutes les illes Assores pour y charger des bleds froments et les porter à Lisbonne, et dans mon premier en vüe de l'ille de Saint-Michel j'échapay heureusement par adresse d'un piratte de Salé, ce qui seroit ennuyeux à réciter.

Dans le segond, je futs à la Tercère, capitale de toutes les autres, où est un bon évesché et un colège de jésuites et plusieurs beaux couvents, tant Récolets que Religieuses de trois ordres, une bonne citadelle presque imprenable par sa situation ne pouvant estre ataquée que du costé de la ville qui forme un amphitéastre. A la sortie de ce port, je futs au Fayal pour y charger des sucres qui y étoient arrivés du Brésil et finir mon chargement d'excellents vins de l'ille Pico nommés vins *passados* qu'on apelle vins du Fayal, mais il n'y en croit que très peu, tout vient de l'ille du Pic, mais c'est que la rade où posent les navires est devant et proche la ville du Fayal, où pendant que j'y étois un volcan creva au haut de la montagne, et les ruisseaux de feu en dessendoient à un cart de lieux de la ville dans une ravine qui les recevoit, dont on étoit empoisonné des odeurs du souffre et bithume. Notre consul étoit le sieur Gédéon Labat de la Rochelle, qui se convertit pour épouser une demoiselle portuguaize ; le consul pour les Anglois étoit Jacques Ston, et celuy des Holandois Jean Abraham, et il étoit resté chez les Pères jésuites un cordelier françois qui n'avoit voulu se rembarquer sur un navire qui avoir relasché en cette ville. Je fus convié par tous les sus-nommés d'aler avec eux voir autant que possible le dit volcan, et sans quelques affaires qui me survindre à mon bord j'aurois esté de la partie ; et lorsque le soir je retournay à terre j'en apris le succès, qu'ils avoient esté près d'une lieue daus la montagne et qu'il se creva un autre volcan autour d'eux et dont le cordelier y fut englouty sans le plus apercevoir. Abraham le holandois, fort alerte à sauter, en fut quite pour les jambes un peu brulées, ayant sauté des ruisseaux en feu, et le reste furent fort épouvantés et fatigués d'avoir raporté de leur mieux le pauvre Abraham qui ne vécut plus que deux jours. Et je retournay à Lisbonne, et en peu de jours je futs réquipé pour le mesme voyage où de chemin faisant je devois porter à l'ile de la Terciere Don Roberto de Saa, secrétaire d'un nouveau évesque, avec une partie de ses ornements et meubles et de ses domestiques.

Etant environ cent cinquante lieux en mer, je fus rencontré d'une frégate de 36 canons nommé le *Rosier Dargel* (1), et plus de 300 hommes. M'ayant aproché à la voix, il me fit comandement d'abaisser mes voilles et d'aler avec ma chaloupe à son bord, ce qu'il fallut faire. Aussitôt que je fus dans son bord, quatre gros Maures les bras nus jusqu'aux épaules tenant d'une main chacun un sabre clair comme argent me conduisirent au Reys qui étoit assis comme un tailleur sur un beau tapis, fumant de bonne grasce avec une longue pipe, me faisoit questionner par un rénégat de Provence qui étoit son lieutenant. L'on fit aussy embarquer mes 4 hommes, et bien une douzaine de turcs armés furent à mon bord. Il me demanda mon passeport dont j'étois porteur, et après l'avoir bien examiné, il me fit dire que sy je savois avant mon départ que la guerre entre Alger et la France étoit déclarée et que

---

(1) Le *Rosier d'Alger*. Le ms. porte *Dargel* en un seul mot. Plus loin, Doublet écrira correctement *Alger* ; plus loin encore il écrira *Argérins* pour Algériens. Il dit encore *Europiers* pour Européens.

j'étois son esclave avec mes gens. Je luy dits que j'étois certain du contraire et que j'en étois bien informé chez notre ambassadeur. Et pour me mieux intimider, il me fit dépouiller mon justau corps et veste, chapeau et peruque, cela ne laissa pas de m'éfrayer. Et ses gens revindrent de nostre bord et lui dirent avoir trouvé dans ma chambre un prestre portugais malade dans une cabane et qu'il avoit cinq à six valets et neuf à dix chiens de chasse, et qu'il faloit que ce fût un évesque. Je luy dis: « Vos gens ne se trompent pas de beaucoup, car c'est son secrétaire. » Et sur cela, il dits : « Prends garde, crestien, ne me ment pas. » Je dis Faites examiner ses papiers et ses gens et sy je ments jettez-moy à la mer. » — Il répliqua : « Non, non, je te garderay mieux. » — Tout cela m'embarassoit fort, et je croy mon passager et tout le reste ne l'étoit pas moins. Mais à mauvais jeu, bonne minne. Après m'avoir bien tourné sur tous sens, il me fit rabiller, et me donna un verre d'eaudevie et me voulut engager à fumer. Je m'en excusay disant que je n'en avois pas l'usage. Ensuitte il me parla luy mesme en langue franque demy Espagnol et François corompu et que j'entendois très bien. — « Sy tu veux avoir ta liberté, ton équipage et ton navire, il faut que tu conssente par écrit que j'enlève tous tes portugais et leurs bagages seront à toy. » — Je luy dits : « Vous avez la force en main, je ne puis empescher vos volontées, et vous savez mieux que moy que sy je faisois telle action que je serois au moins pendu et que je m'estimerois bien plus heureux d'estre son esclave. » — Il me dit par deux fois : « Tu es malin, prends bien garde à toy, entends-tu ? » — « Oui seigneur, j'entends. Et sy vous m'enlevez, le moindre de mes passagers, il faut aussy m'enlever, sinon jiray droit vous attendre à Argel devant vostre Dey qui me fera justice. » Et le lieutenant renégat me donna un souflet légèrement en disant : « Ets ainssy que tu parles au Reys. » — Je luy enfonça du pied sur l'os de la jambe croyant luy pousser au ventre. Le Reys se leva : « Alons, qu'on donne la bastonnade à ce jeune coco. » L'on s'y préparoit. Je dits au Roy ; « Seigneur, écoutez. Cet homme qui m'a frapé le premier et sans vos ordres n'est pas un turc, cets de ma nation renié. (1). — Il tend les bras vers moy disant : « Il a raison. Va à ton bord et te retire de moy. » Ce que j'aspirois entendre. Ses gens enlevèrent seulement six rôles de tabac de Brézil, qui étoient pour le bureau de la Terciere, dont je fits semblant n'en rien voir ; l'on fit rembarquer mes 4 matelots et nous retournasmes joyeux dans notre petit bâtiment et continuyons notre route. C'étoit sur les 6 heures du soir lorsqu'il nous relascha, et nous en perdismes la vue en peu de temps. C'étoit le beau de voir le secrétaire se lever de sa cabane et me baiser les pieds et aussy ses gens sans m'en pouvoir dégager m'apelant ; *Santo, santo liberator*.

Deux jours après ce malheureux encontre, nous fusmes ataqués des vents de oest et sud-oist tout opozès à nôtre route, et grande tempeste pendant 16 jours ; nos vivres manquoient ; la contagion se mit à mes passagers excepté Mr de Saa ; les autres mouroient au premier et deuxième jour qu'ils estoient pris par un seignement de neez. Mon chirurgien fut le premier des nostres mort la deuxième journée, mon pillote ensuite en un jour ; plus personne ne voulut se hazarder d'aler tirer deux morts entre ponts, j'y fut les atacher à une corde et criois à ceux de haut : « Hisse. » J'en fus pris d'une grande douleur de teste, et sentois comme un feu soubs l'aisselle gauche. Mon contre maistre, vénitien de nation, me pilla du vieil oingt, de l'ail, du sel, de la poudre à canon et m'apliqua sur la douleur qui étoit enflée son emplastre ; j'en penssay perdre l'esprit ayant une fièvre terible ; je m'atachay la teste d'une fine serviette que je faisois étraindre par deux hommes de toute leur force que mes yeux en étoient forcées ; l'abcès creva dès la mesme nuit, et mon vénitien me lava avec du vin presque bouillant ; je me soutint et je faisois pousser vent arière à toute force pour atraper la première terre venue ; j'avois perdu mon point de navigation dans mon mal, je poussois au hazard et en cinq jours par un matin nous apercumes la terre que je reconnuts estre entre Port à port et Viana où j'avois esté. Je poussay dedans en tirant quelques canons et nous trouvasmes une

(1) C'est un renégat de ma nation.

chaloupe de pillotes de la barre qui nous y entrèrent, et je ne permis à aucun d'eux d'entrer dans mon bord crainte de leur communiquer notre contagion, je leur donnay une lettre ouverte et trempay au vinaigre pour M. de l'Escolle, où je luy donnois advis de nostre malheur et le suppliois de sa protection et ses pilotes la receurent ne sachant lire le françois, ny à qui je l'adressois. Ils la portèrent au consul de notre nation, qui la fut communiquer à M^r le Marquis Desminnes, lequel ordonna de nous mettre avec notre bâtiment dans une crique, à deux lieues éloignées de la ville, entre une pénisule de sable déserte de toutes maisons plus d'une lieue autour de nous, lequel me fit dire que lorsque j'aurois quelques besoin de mettre mon pavillon en berne, et que moy ny mes gens ne se communiquats avec ceux par quy il m'envoiroit les secours que l'on débarqueroit sur la pointe et où je metrois mes lettres trempées ou vinaigre au bout d'une gaule. Mr de Saa et moy lui écrivismes une lettre respectueuse le suppliant de nous honorer de sa protection, et il nous fit responsce de bien observer les reigles requizes au pareil cas, et que rien ne nous manquera et que Don Miguel de l'Escole étoit retourné à Lisbonne. Il fit poser des sentinelles pour nous empescher communication avec ces habitants, mais il se fit une cabale pour nous venir brusler dans notre navire, et auxquels nous fismes la peur de tirer dessus, et en donnai advis à Mr Desmines qui me manda de tirer sur ceux qui m'aprocheroient, et il fit redoubler sa garde. Je fits débarquer des voiles sur la pointe de sable et des petits mâts et fits deux tentes l'une pour mes gens et pour Mr de Saa et moy et notre mousse. Il me mourut un matelot au bout de trois jours de notre arivée, et nous l'enssablasmes bien au loin de nous sans le donner à conoistre à ceux du pays, le restant de mes gens se rétablissoient d'un jour à autre, ainssy que Mr de Saa et moy ; il est vray que nous fusmes bien secourus de tous vivres et rafreschissements et les deux communautées de religieuses nous acabloient de confitures et conssomées. Au bout de quinze jours Mr de Saa et moy écrivismes une lettre civile à M^r le Marquis en luy donnant advis que depuis nous estre débarqués sur la péninsule et fait airer notre navire et le laver avec l'eau de la mer tous les jours et nos hardes et brullé les paillasses, que nous jouissions d'une parfaite santé et que nous nous sentions en état de reprendre la mer, ayant repris des vivres et quatre matelots qui me manquoit. Il nous fit réponsce de ne nous pas précipiter et qu'il me faloit rester jusqu'aux 40 jours, et après quoy nous aurons toute satisfaction. Cependant au bout d'un mois il se fit aporter dans une barque couverte avec des tapis et nous aprocha de fort près, à nous entre parler avec facilité, et nous exorta à patienter dix à douze jours, et que je luy envoya un mémoire de tout ce qu'il me faudroit pour mon voyage, qu'il le feroit tenir tout près pour ne me pas retarder d'un moment, et puis il s'adressa au secrétaire de l'évesque luy disant : « Votre seigneur Evesque est mon parent et mon amy ; je vous consseille de vous débarquer après la quarantaine et d'aler à Lisbonne où vous aurez occasion d'un plus gros bastiment ». Mr de Saa luy repliqua : » Monsieur, sy vous saviez ce qui nous est arivé avec un navire turc et comme mon capitaine a agy à me délivrer de la captivité vous seriez surpris, et vous mesmes ne me conseillerez pas de le quitter ». Et luy conta en racourci l'histoire, et dont M^r le Marquis me donna des louanges et qu'il m'avoit cy-devant connu quant j'échapay les deux saletins, et qu'il feroit de son mieux pour nous contenter et il me fit engager par notre consul cinq matelots, qui s'étoient trouvés échoués dans une tartane, à l'entrée de Caminie. Attendant ma quarantaine finie, je receu les provisions du contenu en mon mémoire et le secrétaire fit faire provision de volailles et moutons sans les présents de M^r le Marquis et des nonnes que j'en avois ma chambre remplie. Je livray une lettre de change sur Mr Desgranges au secrétaire de M^r le Marquis pour le montant de ce qu'il avoit fourny en argent et vivres, et le remerciasmes très fort de toutes ses bontées. Mr de Saa luy voulut aussy payer comptant ce qu'il avoit receu, mais M^r le Marquis n'en voulut rien recevoir, s'excusant qu'il s'acomoderoit bien avec le seigneur évesque son cousin. Et la 39e journée de notre détention, comme il faisoit un tems très-favorable pour sortir le port et la barre, obtinmes notre congé étant tous en bonne santé, et en sept jours nous arrivasmes à Angra, ville capitale des Assores, où l'on nous croyoit péris ou esclaves, et ce fut des joyes de nous y voir. Mʳ de Saa en étoit originaire et sa famille qui étoit des plus considérables dans l'ille, après qu'il fut débarqué et raconté nos advantures j'estois caressé et estimé d'un chacun; j'estois acablé de présents de table sans ce qui m'en restoit du départ de Vienna. Ayant en trois jours débarqué ce qui étoit pour le seigneur évesque et secrétaire, je party pour me rendre à l'ille du Fayal et y arriva au landemain n'y ayant que 30 lieux de distance, et au Fayal je trouvay des ordres d'y recevoir seulement 64 caisses du sucre et ensuitte aler à l'ille de Madére y recevoir le reste de mon chargement à 250 lieues éloigné, et fus 17 jours à m'y rendre, et en dix jours j'eus fait mes expéditions. Et ayant party en faisant ma route pour me rendre à Cadix, me trouvant 7 à 8 lieux dans le Nord-Est de Porto-Santo (1), le calme me prit, j'aperceus à une portée de mousquet de mon bord un grand frémillement de la mer, comme d'une forte marée; mes gens croyoient que c'étoit un lit de poissons, cela ne me contenta pas. Je fis mettre la chaloupe à la mer et m'y embarquay avec une ligne et un plomb pour sonder, et en étant proche je trouvay 13 à 14 brasses d'eau, et avançant je ne trouvay plus que onze pieds d'eau et rochers. Je trouvay une grande vergue d'un gros vaisseau qui avoit plus de 60 pieds en longueur taillée sur les 16 carres excepté au bout; sa poulie de grande drisse étoit à trois roüets de gayac et la cheville ayant 7 pouces en grosseur, j'eus de la peine à atirer cette vergue le bout d'un de ses bras étoit acroché au fond ou au corps du vaisseau, et aussy la grande drisse, j'eus peine de les couper et l'entrainay le long de notre bort, mais impossible de la pouvoir embarquer et je n'en eut que la grosse poulie et celle d'un dormant d'un bras; il survint du vent et poursuivi ma route. Cets. de cette découverte que Mʳ Bougard me cite dans son livre intitulé : *Le petit Flambeau de mer* (2).

(1) Ile de l'Afrique portugaise, une des îles Madére.
(2) On lit, en effet, dans le *Petit Flambeau de la Mer*, p. 379 :

Remarque nouvellement découverte.

« Le sieur François Doublet d'Honfleur, m'a dit que lorsqu'il commandoit une petite Frégate en course contre les Hollandois et Espagnols, qu'étant à trois lieuës au Nord-Est

(1682). J'arivé dans la baye de Cadix le 8ᵉ janvier ; je fust à terre trouver M. notre consul, qui me demanda sy je savois que la peste y estoit, Je luy dits que non. — « A qui estes-vous adressé ? » Je luy dits ; il m'y fit conduire. C'étoit à M. Bonfily et Gualanduchy, marchands génois, qui me dirent : « Hé mon Dieu, mon capitaine, retournés au plus vitte à votre bord et mettez soubs voille la peste est icy. Alez-vous en dans la rivière de Siville, où nous vous envoirons des ordres. » Et je part sur-le-champ et mits à la voille, et à minuit j'étois à l'ouvert de cette rivière, et je fist revirer de bord alant vers la mer, atandant que le jour paruts. J'étois extrêmement las et fatigué. Je dits à mon pilote, à qui c'étoit à luy de veiller, de continuer d'aler au large jusqu'au point du jour, mais il n'en eut pas la patience. Sur les deux heurres il fit revirer de bord pour nous aprocher de l'entrée, pendant que je dormois d'un profond sommeil, et sur les trois heures je fus réveillé en sursault, sentant notre navire sauter sur les roches et d'entendre crier : « Nous sommes péris. » Et sortant de ma chambre tout effrayé, je crie : « Ameine les voilles. » Mais je ne trouvay de tout mon équipage qu'un garçon qui me servoit dans ma chambre. Mon coquin de pillotte qui étoit Anglois de nation s'estant jetté dans ma chaloupe avec mes matelots m'abandonnèrent avec ce seul garçon, fils du capitaine Pelvey, d'Honfleur. Et je criay à force de voix à ceux de mon équipage que lorsqu'ils seroient arrivés à terre de m'envoyer la chaloupe et quelque bateau du pays pour me secourir et le navire s'il se peut faire. Je restay ainssy ne sachant mon dernier moment, le navire à demy plein d'eau jusqu'à dix heures du matin, lorsqu'il vint deux barques espagnolles, qui avoient party exprès de San-Lucar de Baraméda, entrée de la rivière de Siville. J'avois avant leur arrivée coupé tous les mâts de crainte que le navire ne se fut ouvert et dépiéssé. Les deux barques sitôt arrivéés attachèrent un câble sur le navire, et leurs équipages sautèrent dans mon bord

---

*« du milieu de l'Isle de Porto-Sancto, il se feroit trouvé fur un Banc de Roches, où il « n'avoit au plus profond que 13 pieds d'eau, et qu'il y trouva encore quelque debris d'un « Navire qui y avoit été perdu, et que ce Banc est de la longueur d'un Cable en largeur, « et autant en longueur ; c'est à quoi ceux qui naviguent à cet endroit doivent avoir « égard. »

et pillèrent toutes mes hardes dans ma chambre et ce qu'ils purent enlever, après quoy déployèrent leurs voiles la mer ayant monté, et arachèrent le navire de dessus le banc de rochers nommé les salmedives de Chipionne (1). Je restay seul dans le navire et lorsqu'il fut hors du banc, il s'enfonssa jusqu'à l'ung des bords. Et cependant les deux barques l'entraîsnèrent dans la rivière de Séville vis-à-vis la chapelle de Bonance où résidoit un moine de l'ordre de St-Jérôme qui me fit conduire dans sa chambre éloignée d'une demie lieue de San-Lucar, dont le consul nommé Jean Boulard, de Bayosne, qui avoit pris le nom de Jean de Hiriarte me vint trouver et promettre tout le secours qui dépendroit de luy. Je me trouvay dénué d'argent, de linge et de hardes. Il m'avanssa dix pistoles pour me réquiper simplement, et aux marées basses l'on sauva bien des sucres, mais à demy fondus et marinés.

Et me trouvant dénüé et ne savoir de quel costé tourner, le sieur Hiriarte me proposa d'aler pour marchand sur une sienne tartane, le patron Louis Gazen, seulement armé d'un petit canon de fonte, dix périer et 14 hommes d'équipage pour aller aux isles de Canaries négossier. J'acxeptai le party sans beaucoup réfléchir aux grands risques qu'il y avoit d'estre pris et esclave des Salletins qui reignent souvent vers ces illes. Je party de San-Lucar le 9 de janvier. Le dix janvier (2) le lendemain de notre départ sur la tartanne le *St-Anthoine* du port de 70 thoneaux armées d'un moyen canon de fonte de trois livres de balle et dix pieriers de fer, quatorze hommes d'équipage et un passager espagnol revenu depuis peu des Indes du Pérou, et moy, composions en tout seize y compris un jeune mousse, le patron intéressé à la dite tartanne nommé Louis Gazan, du Martigue en Provence. En faisant notre route pour les illes Canaries jusqu'au dix de janvier sur le Midi nous fusmes d'un très grand calme et nous (nous) trou-

---

(1) Chipiona, à l'embouchure du Guadalquivir.
(2) Ce qui suit jusqu'au paragraphe commençant par ces mots : « Et le 27ᵉ j'arivé..... » forme un supplément dans le manuscrit. Le feuillet placé entre les pages 28 et 29 porte la note suivante : « Ayant égaré une feuille dans l'original de ce voyage, ce qui m'a fait y « adiouter cette page pour renvoyé avant mon arrivée à Ténérif, sur ce qui m'arriva le « iour d'après mon départ de St-Lucar. »

vions estre à la hauteur de Cadix environ trentre lieux dans le oüest, et nous aperceusmes environ à trois lieux de nous, un bastiment qui à ses voilles nous le reconnusmes pour estre une seitie, sorte d'embarcations qu'on ne fabrique qu'aux costes de la Méditerranée, laquelle nous jugions venir de Portugal pour aler dans le détroit de Gibraltar. Mais nous apercevant qu'elle nous approchait promptement quoyque sans aucun souffle de vent, je prits des lunettes d'approche. Je découvrits qu'elle servoit d'un grand nombre de rames et que sa chaloupe la nageoit à son avant, ce qui me donna beaucoup à penser, vü qu'un tel bâtiment en marchandise ne peut avoir autant de rameurs, et qu'étant en paix excepté les Salletins, je ne savois que préjuger. Et en discourant de la sorte toute notre équipage vouloient assurer que jamais aucun Saletins ne se servoient de ces sortes de bâtiments, mais bien les Argérins (Algériens) qui ne sortoient jamais le détroit avec telles embarcations. Et mon espagnol s'assurant sur leurs discours me dits : « Vous ressemblées à notre Dom Quixotte qui se fait avanture de tout ce qu'il voyoit »; sur ce qu'il me voyoit opiner fortement pour nous disposer au combat. Et je me rendit maistre absolu et commencey par bien charger notre unique canon avec les dix pieriers, ayant remply de mitraille par dessu leur charge. Nous avions en outre huit gros mousquets comme fauconneaux portant trois quarterons de balle, lequels pour affûts étoient montées sur chandeliers de fer en piériers, et on y metoit le feu aussy avec des mesches. Nous avions aussy six bons gros fuzils, et mes deux pistolets crochées à ma ceinture pour me faire mieux obéir. Nous avions aussy douze demie piques, et l'espagnol et moy chacun notre épée. Je fit tirer nos matelots de nos cabanes et les fits atacher en long avec des cloux en dedans de notre bord autour de notre timonier afin de le conserver, et ensuite entre chaque piérier où nous aurions le plus affaire. Et je fits saisir avec une moyenne chaisne de fer notre grande enteîne ou vergue pour l'empescher de tomber au cas que la drisse en futs coupées. Et dans ces intervalles la seitie s'étoit approchées à portée du mousquet, et sans nous tirer aucun coup elle nous envoya sa chaloupe avec six hommes habillées à la provenssale, ayant chacun un chapeau. Et étant à la voix ils nous demandèrent d'où nous étions et où nous allions. Ayant fait réponsce je demandey la mesme chose. Il répondire de Marseille, venant de Portugal alant au détroit, et que nous n'eussions pas peur. Je lenr criay de n'aprocher davantage où que j'alois faire feu sur eux. Ils retournèrent à leur bord où entre temps j'aperceu quelques turbans et Mores. Je fits deffense de tirer aucun coup sans mon ordre. Et dans le moment tous mes gens pleuroient en lamantant, « Adieu, nos libertées ! Et que deviendront nos femmes et enfants ? Je dits : « Il faut bien nous deffendre. Ayons recours à Dieu et à la Ste-Vierge. Et sy nous en échapons, prometons d'y faire dire des messes et y aler nuds pieds au premier endroit où il y aura Eglise. » Et chantasmes un peu bas le *salve regina*. Je voyois mes gens très abatus. Je fis deffonser un baril de poudre à l'ouvert de ma chambrette et mit une mesche alumée à la bouche d'un pistolet, et dits d'un ton de colère ; « Jour de Dieu, si quelqu'un manque à son devoir je le tueray et mettray aussy tots le feu à la poudre. Autant mourir que d'être esclave de ces cruels barbares. » Et incontinent la seitie étant à portée de pistolet tira ces 8 canons et treize pieriers de son costé babord sans ne nous faire mal qu'au corps de notre bâtiment et dans nos voilles, croyant nous faire tirer notre vollée : ce que je deffendits entièrement, les voyant disposées à nous aborder et à quoy je me réservois. Et par une espece de miracle il nous survint un petit vent qui nous mit en état de gouverner, et dont notre timonnier se prévalut sy à propos qu'il nous fit revirer de bord en un instant que l'ennemy nous abordoit et ne nous peut joindre que par la poupe qui est pointüe et ne donna lieu qu'à trois Maures de sauter dans nous, dont je tuay un d'un (coup de) pistolet. Et nos décharges se firent sy à propos que nous leur tuasmes beaucoup des leurs, et que autour d'eux la mer en étoit rougie de sang. Il leur en tomba beaucoup à la mer qui étoient sur leur proüe pour sauter dans nous; nous les voyons repescher avec leur chaloupe, sur quoy nous tirasmes toujours ; et nous les avions désemparées de leur pointe de la voille de misenne ou le trinquet, ce qui les empeschoit de gouverner leur bâtiment pour revenir sur nous. Il y eut un des trois Maures qui avoit sauté dans nous qui se jetta à la mer croyant regagner à son bord, mais je fits tirer dessus et il fut tué, et le 3ᵉ je le fits sauter dans rejoufond de cale. La seitie racomodoit le point d'écoute de sa misenne pour nous revenir à la charge. Je mits en résolution de revirer sur eux pour ne leur donner loisir à se racomoder. L'on me fit un peu d'opposition. Et ayant fait connoistre que si nous leurs donnions ce tems qu'ils n'aloient pas manquer à nous aborder une seconde fois et nous enleveroient, nos forces étant trop inégalles, et que j'aimois autant hasarder la vie que tomber esclave et qu'il n'y auroit de ransson suffisant pour m'en tirer, veu que j'aurois passé pour propriétere des effects que nous avions. Et j'encouragé notre équipage et revirasmes dessus nos ennemis qui nous tiroient du canon mais lentement, ce que je fis remarquer. Et je ne voulu faire tirer que lorsque nous serions à portée d'un bon pistolet, ce qui fut bien exécuté. Et nous les désolâmes, Je continué une seconde décharge, et nous les entendismes crier : « Quartier, quartier, crétiens. » Et sy j'avois eu une trentaine d'hommes, je les aurois enlevées. Mais quelle aparence avec quinze hommes et un mousse de s'y hasarder. Encore trop heureux d'en avoir échapé comme nous fismes. Notre contremestre nommé Anthoine Animou se trouva très blessé à l'épaule droite d'un coup de mousquet, et Pierre Caillau, matelot, d'un demi-pique qu'il receut de moy au costé gauche lorsqu'il voulut se sauver dans la calle, et moy j'en fut quite par une grosse contusion à la cuisse droitte proche l'aine, ayant trouvé la poche de ma culote en fasson de gousset à l'espagnole toute rompue où étoit ma tabattière de vermeil doré toute brisée qu'on n'a pas pu racomoder et à quoy on at atribué m'avoir sauvé la cuisse. — Et quant nous quitasmes l'ennemy, il étoit autour de sept heures du soir, et continuasmes notre route jusque vers les 9 à 10 heures que je fits gouverner en changeant d'un rumb et demy de la bussole, crainte qu'il ne revienne après nous. Et ne dormismes que très peu pandant la nuit. Et au matin nous fusmes très joyeux de ne plus voir nos ennemis. Mon équipage me fit mile caresses, ainsy que l'Espagnol qui me présenta une joli boette d'or à la condition que je donnerois la mienne à la Vierge où nous ferions nos actions de grasces, et je luy promis de plus que ma boette je donnerois un devant d'hautel d'un beau tissu d'or. Ce qui fut exécuté le landemain de notre arrivée à l'ille de Ténérif. Nous fusmes à un monastère de Dominicains où l'église est fondée à Notre-Dame de la Chandeleur, à trois lieux du port, où nous fusmes pieds nuds faire chanter une grande messe, et y fusmes bien traitées par les religieux qui ne manquèrent d'enregistrer nos déclarations atribuées au miracle. Et pendant la route je penssé mes blessés avec du charpy oint de cire blanche neuve fondue en huille d'olive et un jaune d'œuf broyé, ce qui entretint la playe de mon contremestre en bonne supuration, et le coup de pique fut en dix jours guéry, ayant rencontré une côte, et comme je n'avois point de chirurgien ny onguents je fit de mon mieux. Et dès que je fus arrivé à Ténérif, je fis débarquer mon blessé chez un chirurgien bayonois étably là. Il fit plusieurs grandes ouvertures autour de la playe et en tira une balle d'une once qui avoit esté mordüe, ce qui causa bien de la pouriture et long à guérir. Il m'en couta 125 piastres, mais notre Maure nous deffraya, en l'ayant vendu trois cents vingt-cinq piastres à un riche habitant qui avoit son frère esclave à Maroc, en espérant en faire échange pour son frère. Et lorsqu'il se vit vendu il se déclara estre le lieutenant de la sietie, ce qu'il m'avoit toujours caché, et que je le laissey à la gamelle des matelots, et il releva beaucoup les actions de notre conduite dans notre rencontre. Il nous resta trois bons sabres de ceux qui avoient sauté à l'abordage. J'en donnay un à mon passager et un à M^r le vice-roy, lieutenant général de ces illes, et j'en fut fort conssidéré et de la noblesse et des principaux habitants qui n'aimoient pas notre nation.

Et le 27e j'arrivé heureusement à l'ille de Ténérif à la rade et devant la ville de Ste-Croix où je débarqué. Je trouvé sur le rivage un vice-consul de notre nation pour servir de guide et truchement pour bien faire les déclarations tant à la Doane qu'au gouverneur, après quoi l'on loua des chevaux ou des bouriques pour monter en haut de la ville de la Laguna, à deux lieux de chemin, où l'on va chez le consul qui vous conduit chez le Grand

Inquiziteur et puis à l'Evesque et au Général commandant toutes ces illes. L'on fait les déclarations conformes à celles d'en bas.

C'est l'ille où est ce fameux pic ou prémontoire que j'ay découvert en y venant étant éloigné de soixante et six lieux, me trouvant le travers de l'ille de Lancerotte; nous l'avons veu fixement de dessus notre pont quoyque en un petit bâtiment, Ténérif ets où il croits la meilleure malvoizie; puis à l'ille de Palme ets un autre sorte de vin, cependent qu'à douze lieux de distance, etc.

Je fits débarquer nos marchandizes a la Doane pour estre visitées et payer en espesce les droits, et ensuite mis en magasin que j'avois loué, mais je trouvois peu de débit à cause que M^{rs} les négossiants Anglois ont des grands magasins remplis de toutes sortes d'effects et lesquels vendent à crédit aux Espagnols à compte de leurs récoltes des meilleures malvoizies, et aussy sur les retours de trois ou quatre navires qui arrivent d'ordinaire des isles Havana en l'Amérique. Et comme mes ordres portoient de ne vendre qu'en argent, qui y est fort rare, excepté des petits réaux dont il en faut 34 pour pezer une piastre en lieu qu'aux réaux d'Espagne il n'en faut que huit à la piastre, je me trouvay très embarassé, et de faire séjourner le navire qui auroit tout conssomé. J'apris que le trésorier des Bulles pour les dispences de manger des viandes, avoit besoin d'un moyen navire pour en envoyer prendre à Caddix, je luy affrétay ma Tartane et dans la vüe de donner advis à mes marchands de l'état de nos affaires : le fret conclu par quatre cens cinquante piastres pour l'aler et revenir, et dépeschay iucontinent, et restay à Ténérif atandant le retour et des ordres, étant stipulé que mon navire seroit expédié en 15 jours à Cadix, et s'il y est retardé plus, il nous sera compté huit piastres par jour.

Sur la fin de juillet, je me trouvay au port et ville de Lorotava où M^{rs} les Anglois résident ordinairement pour le négosse des bons voisins, Me Jean Penderne, bon gentilhomme Anglois qui parloit bon françois, me fit la proposition d'aler par curiosité sur le sommet du Pic, et qu'il ferait toute la dépense nécessaire pour la noriture et conduite. J'acxepta le party. Il commanda à deux neigres ses deux domestiques de nous préparer des mulles, avec de bonnes provisions et une tente de coitil, et partismes le 7ᵉ aoust. Nous montasmes pendant deux jours sur nos mulles et quelquefois à pied à cause des précipices, mais la troisième à cause du trop rapide nous fusmes à pied, ayant chacun un nègre devant armé d'un baston ferré qu'il piquoit pour s'assurer sa marche, et autour de luy avoit une ceinture dont le bout pendoit derrière luy, que nous entortillons à une de nos mains qui nous atiroit et le suivions pas à pas. Et lors que nous eusmes atrapés la région glaciale qui sont des neiges que le soleil fonds et que la nuit se gellent, forme un verglas fort dur et glissant, mais les neigres avec leur baston ferrés faisoient des trous pour placer leurs pieds où après nous plassions les nostres en les suivant tenant toujours leurs ceintures, ce qui étoit fort ennuyeux et fatiguant. Nous suyons par le corps et le visage, et les oreilles étoient coupées du froid aspre et vif qui nous obligea de nous lier la teste avec notre mouchoir où j'aurois creu perdre mes oreilles. Et après avoir surmonté ces glaces nous trouvasmes une terre aride avec beaucoup de moyennes pierres bruslées remplies de concavitées comme ce qui sort des forges, et à notre troisiesme journée, sur les 4 à 5 heures du soir, nous gagnasmes sur le sommet d'un temps très serein et très clair, mais un froid fin et très piquant. Nous nous mismes à plat cul sur terre pour reposer, contemplant l'air et la mer et les autres illes adjacentes qui nous paraissoient très petites, et les gros navires qui étoient à la rade de Lorotava nous paraissoient comme des corbeaux, et les petits ne les pouvions découvrir qu'avec de bonnes lunettes dont nous étions munis.

Nous trouvasmes le milieu de cette haute éminence creux, apointissant par en bas comme un chapeau pointu d'antiquité renverssé, et sur le haut de sa circonférence plat comme le bord du chapeau renverssé, pouvant contenir en son contour un demy quart de lieux sur cinquante six pieds de largeur, à plat tout autour sans aucune herbe ny arbuste, toujours pierre bruslée et dure. Nous eusmes la curiozité de sonder cette profondeur du creux avec une pierre attachée à une ficelle. Il s'y trouva 62 pieds de profonds, et nous reconnusmes qu'il y avoit eu un volcan, et comme il y en a encore bien audessoubs de la région froide, lesquels continuent et font de grands ravages de temps en temps. Il ets arrivé depuis notre voyage que la petite ville de Guarachico qui est au bord de la mer en a esté ravagée. Mais avant de songer à dessendre ce promontoire, je fus pris de froid et d'une faim canine. M. Penderne ne songeoit qu'à faire des observations, étant amateur des sciences astronomiques, et dont il étoit muny de grandes lunettes et autres instruments, commenssa à s'établir, mais je m'aprochay du neigre qui avoit les provisions de pastées, jambons et langues fumées et bon pain. Je n'ay jamais mengé d'un sy bon apétit et bu mon flacon de malvoisie un peu seiche. Après quoy je luy demanday s'il vouloit dessendre à la tente audessoubs des neiges, et qu'il en étoit tems pour n'estre pas pris de la nuit. Il me dits : « Ho, mon amy, ne me quite pas de ce beau temps; je vais faire des observations très-curieuses. » Je luy dits que la place n'étoit pas tenable, et qu'il me laissats un de ces neigres seulement pour me reconduire juqu'aux neiges où nos pas étoient tracés. Il me dit : « Vous n'avez qu'à le garder, j'en ay assées de l'autre. » Et les quitay à bonne heure car sans le clair de lune j'aurois resté en chemin. Mais comme étant arrivé je fits faire bon feu, je mengeay et bu cinq à six verres de vin et m'endormis très bien. Et sur les quatre heures du matin je renvoyai le neigre qui m'avoit conduit savoir sy mon maitre aloit descendre, et comme il avoit passé la nuit, n'étant curieux de remonter sy haut. Et sur les unze heures aprochant de midi, j'aperceu les deux neigres tenant soubs les bras leur maistre, lequel avoit sa robe de chambre par dessus ses habits, la teste envelopée de serviettes ; j'eus peur qu'il ne fut tombé et blessé, je courus audevant et demanday quel malheur luy étoit arrivé, et à paine put-il me répondre à faute de respiration. Il me dits tenant sa main sur la poitrine ; « C'est l'air trop subtile qui m'a ofusqué les polmonts. » Je fits de mon mieux à luy aider pour le conduire à la tente. Nous fismes bon feu; on lui fit chauffer du vin et du sucre et muscade, et le bien couvrir. Il sua fortement ; nous le changeasmes de linge, mais il fut pris d'une grande douleur de costé droit alant aux reins le long de l'échine. Il nous dits de le reconduire à la ville, ce que nous mismes à l'effect, et nous fusmes quatre autres jours à nous rendre chez luy où tous les médecins furent appelés et ne purent le soulager; ses douleurs augmentoient; il prit luy-mesme la résolution de se faire faire l'opération de l'empiesme et rendit l'âme quarante heures après. J'en fus vivement touché, car c'étoit un très galand et habil homme, ayant son frère ainé Milord d'Angleterre.

Je partis le lendemain de son deceds, pour retourner à la ville de Saincte-Croix y atendre le retour de mon navire, et trois jours après il arriva en rade. Je receu les lettres de mes marchands qui aprouvoient ma conduite et me donnnoient carte blanche de faire comme je trouverois le mieux pour les tirer de perte ; j'empressay la décharge des bulles de mon navire, croyant en peu recevoir le fret dont étions convenús, mais il falut en venir par justice qui malicieusement ordonna mon recours à la saizie des effects. Jugez qu'aurois-je fait des dites bulles ? il n'y a point prize de corps sur les officiers de l'inquizition ny de la Santa-Cruzada. Je portay ma plainte à Don Foelix Nieta de Silva, vice-roy et général et protecteur des nations étrangères. Il me dits: « Vous avez raison de vous plaindre, mais c'est un fripon ; son caractère de trésorier de la da la Saincte-Cruzade m'empesche l'autorité sur luy. » Cela me mit en fureur de lascher mal à propos. Je vis bien qu'il n'y avoit en ce pays aucune justice, et sorty le palais très brusquement, et fus dans la boutique d'un orfèvre françois luy dire mes paines, et dans l'instant entra aussy mon homme qui ne m'apercevois pas et qui comanda quelque ouvrage. Je luy parlay et luy demanday doucement : « Hé bien, monsieur, n'avez-vous pas d'envie de me payer. » Il ne répondit nullement. Et sans mot dire, je sortis à la rüe estant presque midy qui d'ordinaire on ne rencontre perssonne, et je me tins au coin d'une rüe où il ne pouvoit se dispenser de passer. Bien un quart d'heure après je l'aperceut venir, et lorsqu'il fut proche je pars et marche à sa rencontre pour me donner lieu de dire que je l'atendois. Il me salua. Je luy sommé de tirer l'épée; il me tourna le dos. Je le frapé de mon épée sur les épaules et luy tailladé deux coupeures. Il courut à toutes jambes mieux que moy criant à l'aide du Roy, et je fus chez M^r

nostre consul qui étonné de me voir échauffé me quiestionna, et je luy advoüay le fait, et me dits : « J'en suis bien fasché, voilà une méchante affaire. « Dans l'instant un adjudante major et deux soldats armés viennent me demander d'aler chez le vice-Roy. Et d'abord il gronda fort, me menassant de chachots. Je luy dits seulement. « Seigneur, qui perd son bien perd son sang et la raison. Vous m'avez dit cy-devant que vous n'aviez d'autorité sur luy, j'ay cherché par les armes à l'avoir. » Il demeura un peu suspends et me renvoya chez nostre Consul avec ordre d'arêts de n'en sortir de huipt jours, et pandant mon arets il fit venir ma partye et luy dits que j'étois un jeune foux qui le tuera quant il y penssera la moins. Cela l'intimida et par accomodement il me paya 300 piastres, et on nous fit entre embrasser. Après quoy je rembarquay mes effects dispozant d'avoir des vivres et payer ce qui étoit deub à l'équipage.

Et au deux de septembre je payé les gages de mon équipage et rembarquay des vivres, et fit une troque de mes marchandizes de laines excepté quelque pièce de drap fin. Je pris des thoilles en place et avec le peu de piastres que j'avois amassées, ayant aussy changé mes petits réaux pour des piastres en y perdant dix-huit par cent, je me trouvay en fonds de 2,750 piastres et je pris à la grosse du Marquis de Fortavantura 250 piastres à 20 pour cent pour deux mois pour fournir mes 3,000 piastres et pour environ mile piastres de thoile Cambray, Clairs et Bretagne Le 5 de septembre, je party de la rade de Saincte-Croix de Ténérif pour aller à Saincte-Croix en Barbarie, où j'arrivé heureusement en 9 jours ; et dessendit à terre sous le fort de la Fontaine, où aussitôts douze mousquetaires neigres me conduisirent au dit fort pour parler au gouverneur aussy neigre, qui par un interprète me quiestionna d'où je venois, qui j'étois, et ce je venois faire, et après ma réponsse, il me fit conduire à la ville qui est au haut d'une moyenne montagne presque toute ronde. Je fus conduit dans la cour de la Doane où logent les marchands étrangers, qui ne conssiste qu'en deux couloirs, l'un pour ce fameux Mr Thomas Le Gendre, (1) de Rouen, et l'autre pour Mr Holder, de Londre. Je

(1) Riche marchand-armateur intéressé dans les compagnies de commerce fondées au dix-

m'adressay au comptoir françois, où étoit Mr de Bisson, de Caen, et Maurisse, de Roüen, et nous parlasmes de nostre négosse. Le restant des logements dans cette cour de la Doane ets occupé par les officiers qui ont la régie des droits et enssuite par plusieurs juifs négossiants, et je restai avec eux. Cete cour n'a qu'une porte qui ferme tous les soirs à huit heures et n'ouvre qu'à six du matin, de sorte qu'on est emfermé de beau jour. Nous parlasmes avant et après souper de notre négosse, je montrai ma facture dont le plus tentatif étoit mes 3,000 piastres, et nous convinsmes des prix de toutes chozes et qu'en retour de mes effets, j'aurois de bonne cire en brut, du cuivre en rozette tangoult, des vieux chaudrons, des peaux de bouc et chèvres en poil et des amandes en coques, et que dans six jours je serois payé de tout (1).

Mais le lendemain, 15ᵉ du mois, à l'ouverture de la porte, nous fusmes étonnés de voir au bas de la montagne sur la plaine et le rivage, une armée de Maures escadronner et beaucoup de cavalerye montant à la ville. Ils s'en rendirent les maistres sans coup férir; et nous aprismes que c'étoit l'aisné des fils de Moley Ismael, Roy de Fes et Maroque, lequel s'étoit révolté contre son père et qui s'étoit emparé de Saffy et de la ville de Teroudan, capitale du royaume de Sut. Et lorsqu'on luy eut délivré les portes de Saincte-Croix, il y poza garnison et se tint campé avec son armée au bas de la montagne avec des tentes et pavillons, au quartier des Crestiens, et le tout sans aucun bruit ny désordre. Il demanda seule-

---

septième siècle et qui possédait des relations commerciales très étendues. C'était un des principaux négociants de cette époque avec lequel Colbert correspondait. Voy. Arch. de la marine, Ordres du Roi et Commerce, 1675, 1689, etc.

(1) Dans le passage qui suit il s'agit de Muley-Mohammed fils de Muley-Ismael, empereur de Maroc de 1672 à 1727. Le P. Dominique Busnot, religieux de la congrégation réformée de l'Ordre de la Trinité, a consacré un chapitre de son *Histoire du règne de Mouley-Ismael, roi de Maroc, Feʒ. Talifet et Souʒ* (Rouen, 1714), à la vie, aux aventures et à la mort tragique de Muley-Mohammed. D'après un mémoire du consul de France à Salé, en 1699, les négociants français trouvaient de grands avantages au commerce avec la Barbarie. La Provence y envoyait des papiers, des bonnets rouges de laine, du souffre, des toile de Lyon, de la futaine, des fils d'or, du brocart d'or et de soie; le Languedoc y expédiait des draps; les navires de St-Malo, de Rouen et de Nantes y portaient des toiles. On estimait le négoce de la France avec cette région à 400,000 écus. Les marchandises étaient échangées avec celles du pays : cire, laine, cuivre en chaudron; cuivre neuf, étain, dattes, amandes, plumes d'autruche. Onze maisons françaises y étaient établies. Arch. de la Marine.

ment que j'euts de l'aller trouver. Je le fus saluer sans épée n'ayant que ma canne en main. Après m'avoir fait demander ce qui m'amenoit et receu ma réponsce, où je demanday sa protection, il me fit bon acueuil et je luy fit demander s'il voudroit boire de bonne malvoizie. Il dit : « Ma loy me déffend le vin. » Et son grand marabou luy dit : « Ce n'est pas du vin, cets de la Malvoizie. » — « Hé bien, dites à ce reys qu'il m'en envoy. » — J'envoyay à à bord en prendre un quartault, et six flacons pour qu'il ne le perssats dont il auroit trouvé brouillé. Il le receut et en beut jusqu'à moitié du flacon et le trouva bon et m'en fit remerciement. Je fis pescher avec un fillet qu'on nomme en Provence un bourgin et d'un seul coup nous jetasmes sur le sable plus de dix charges de chevaux de toutes sortes de beaux et bons poissons, dont il en fit choix de près d'un demy cent, et il parut très content en me frapant doucement sur l'épaule.

Je fis dès l'après midy débarquer mes marchandizes pour le lendemain recevoir celles du pays. L'on commença par me délivrer le tangoult en rozette et dont je ne peus en faire lessay, ainsy je m'y trouvay en Espagne trompé.

Mais quant ce vint à me livrer la cire en gros pains enveloppés de sacs de spart, j'en fis tirer sur une toile au bord du rivage avant l'embarquer dans ma chaloupe, et avec une hache j'en fis casser par morceaux, et il s'y trouva envelopé des gros cailloux et dans d'autres beaucoup de sable. Je demeuré très surpris. Mrs Buisson et Morisse qui étoient en haut à la ville, lorsqu'ils le seurent venoient me chercher, mais j'étois alé droit au camp du Roy me plaindre à luy. Il prit la peine de venir voir cette tromperie et il me fit diré que je n'y perdrois rien. Ces deux messieurs étoient très chagrains de ma promptitude et ne savoient comme m'aprocher. Cependant ils me dirent : « Ce n'est pas nous qui vous avons trompé, cets Abraham le juif qui est une moitié de votre négosse et que pour sa part ce seroit à luy à fournir la cire et à nous le surplus de ce que nous avons promis. Le Roy les sachant avec moy devant ma chaloupe et la cire rompue, nous fit venir devant luy et gronda fort messieurs Bisson et Morisse. Ils trembloient à faire peur, et dirent comme les choses étoient. Il envoya quérir le juif plus mort que vif et m'ordonna de m'assoir à plat cul sur un tapis, et dont il ne peut s'empescher de rire, voyant que je faisois effort de m'assoir comme luy en tailleur d'abits. Mais je n'y peus tenir. Il reprit son air sérieux, parlant au juif sans interprète. Le juif se jeta la face contre terre et je fus étonné de voir aporter un grand trépied et une grande chaudière et du bois et alumer bon feu. Je penssois : toute ma cire va estre purifiée, comme il arriva aprés. Mais à cette première chaudronnée bouillante l'on prit à quatre le juif et on luy enfonssa les bras jusqu'au dessus des coudes, qu'ils en sortirent et les mains toutes courbées (1). J'eus beau demander son pardon, il essuya cet effort très rigoureux, et on le jetta par terre comme un chien le visage en bas, et toute ma cire fut refondue et passée en serpillère et on me fournit mon poids ce qui me retarda de 4 jours, qui furent bien récompencés. Je partis le 26 aprés midy et le Roy avec son armée avoit décampé la mesme nuit et sans bruit, et en trente cinq jours j'étois de retour de mon voyage à Saincte-Croix de Ténérif. Je fis le lendemain la vente de mes cires et des amendes très advantageusement et comptant, et j'acheptay des cuirs de la Havana et du bois de Campesche, de l'orchilla, qui est une mousse seiche qui croist sur les rochers aprochant du bord de la mer et qui sert aux teintures. J'embarqué le tout dans le navire où le cuivre étoit resté et je renvoyai cette carguaison à mes intéresés à San-Lucar de Barameda, et leur écrivit de m'envoyer incessammeet une tartane que je savois leur appartenir, et que j'avois en main un coup seur pour bien gagner en peu de tems, moyennant qu'ils m'envoyassent quelques effets que je leur demandois, et que la dite Tartane m'étoit plus nécessaire que le navire parce qn'elle étoit plus propre pour louvoyer et gagner au vent. Et mon navire partit de Ténérif le 13 octobre et je restay encore à cette ille.

Dans cet intervale notre consul nommé Thiery (2), de Rouen,

---

(1) Doublet parlera encore de Muley-Mohammed, mais il ne dira pas que ce prince tombé par trahison entre les mains de son père, en 1705, subit le même supplice. On lui coupa le pied et la main, et on plongea ses membres mutilés dans une chaudière pleine de poix et d'huile bouillantes ; il mourut douze jours après.

(2) Raphaël Thierry, négociant de Rouen, nommé au consulat de la nation française aux îles Canaries par provision des 27 avril et 20 mai, 1670. Arch. de la Marine, commerce, t. I, fol. 184, et t. II, fol. 769.

étant fort âgé se disposoit à mourir, et me pria de luy écrire ses dernières volontés, puis il me propoza d'épouzer sa fille unique âgée de treize ans et à laquelle il laissoit de beaux biens en fonds de vignes et bonnes maisons à la ville de Laguna, ayant en horeur que sa fille n'épousats un espagnol, qui ont toujours des maîtresses. Et en mesme tems il me pria de luy écrire une lettre à M^r le Marquis de Seignelay, ministre d'Etat, où il luy rendoit compte de ses dernières jestions dans sa charge, et qu'il prévoyoit qu'il ne pouvoit revenir de cette maladie, et que Sa Grandeur ne pouvoit nommer en sa place, un meilleur subjet et plus au fait que moy pour remplir ce poste. Il dicta le tout avec beaucoup de jugement et signa, et sur la minuit rendit son âme à Dieu après avoir receu tous les sacrements, et le lendemain son corps fut inhumé avec pompe. Et comme j'étois logé chez luy, je fus un des chefs de la cérémonie. Je consolois la veufve et la fille le mesme soir, mais la mère n'en avoit pas bezoin, en me dizant qu'il étoit fort viel, et me dits nettement qu'elle n'effectueroit pas son testament de me donner sa fille, mais que sy je voulois penser pour elle qu'elle me feroit tous les advantages possibles, le bien étant de son costé, et que sa fille n'étoit qu'un enfant, et que pour elle elle n'avoit pas plus de 42 ans et vouloit se remarier. Ces déclarations me refroidirent n'y ayant aucun goût malgré les caresses dont elle me prévenoit et auxquelles je corespondois très mal. Et sept à huit jours après que tous ceux de la maison étoient endormis et moy où j'estois couché dans un salon, je fus surpris de sentir à mon costé une personne, et sans lumière je ne seu que penser. Je tastonné en demandant : « Qui est-ce ? » On me répond par des embrassements, et se déclara m'aimer à la fureur et que je ne pensats nulement à sa fille. Après bien des converssations le jour aloit paroistre ; elle fut obligée de monter à son apartement, et me traita de chien et verssa un torent de pleurs, et éclata ne pouvant disimuler sa rage. Je fus contraint de déloger pour finir tout commerce, afin de me retirer du pays où je n'aurois plus esté en seureté.

Le 17e novembre ma tartane ariva devant Saincte-Croix et m'avoit aporté party de ce que j'avois demandé. Je fits diligence à ramasser mes effets que j'embarquois à fure et mesure et prenois congé de mes amis, et le 28 du mesme mois je mis à la voille et fit la route pour retourner à Saincte-Croix de Barbarie où j'arrivay le 8ᵉ décembre qui n'étoit pas festé en ce lieu là.

Je fus trouver Mʳˢ Bisson et Morisse avec lesquels je traitay dès le 9ᵉ de tout ce que j'avois qui avoit esté sur un mémoire qu'ils m'avoient donné au précédent voyage et les prix fixés de toute choses, ainssy l'expédition en fut prompte, et j'appris que le fils rebelle du Roy de Maroque avoit esté détruit et son armée, dont j'euts regret parce qu'il étoit affable aux négossiants étrangers. Je fus voir les commis anglois du comptoir de Mʳ Holder que je trouvay dans un pitoyable état, ayant reçeu 4 jours avant mon arivée cent coups de baston sur la plante des pieds et cent autres coups sur le ventre, qu'il etoit enflé partout son pauvre corps qu'il en estoit affreux, et son pauvre fondement étoit plus gros que le poing, pour avoir parlé indiscrètement de Mahomet ; ce jeune homme ne pouvoit réchaper.

Le 13ᵉ décembre je reparty de Barbarye toujours cotoyant la vue de ces terres, crainte d'estre pris des Salletins, et le 16 j'avois gagné en vue de Mazagan, place de guerre ou bonne citadelle apartenant au Roy de Portugal depuis plusieurs siècles, et j'aperçeus deux bastiments qui sortoient du dit lieu, cela ne m'épouvanta nulement ains au contraire, je creut qu'ils aloient aux illes Assores chercher du bled comme de coutume. C'étoit deux caravalles du Roy qui avoient chaque 24 canons et bordées de périers, et plains d'hommes, lesquels me croyoient pour un Saletin venoient foncer sur moy qui ne changeoit pas de route ayant mon pavillon blanc arboré. Et lorsqu'ils furent à portée sans me parler ils m'envoyèrent leur bordée de canons, périers et mousqueterie, emportèrent mon pavillon et tuèrent un de mes hommes, et viennent m'aborder. Jamais on ne peut estre plus surpris. Et me trouvant seul sur mon pont, je sautay sur une mèche allumée et mis le feu à un périer qui étoit rempli de mitraille jusque à la bouche et qui donna sur ceux qui voulurent sauter dans mon bord, dont il y en eut de tués et entr'autres un capitaine de chevaux et plusieurs de la place estropiez; enfin ils sautèrent plus d'un cent dans mon bord et s'entrenuisoient à qui me donneroit des coups de plat et taillant de leur longue épée, cependant sans me percer. Ils me laissèrent étendu comme mort sur le pont et j'étois sans aucun sentiment de vie. Et lorsque je revins de mon évanouissement, je me trouvay brisé de coups, mon pauvre corps et mon visage couverts de mon sang. Cependant il ne se trouva qu'une playe à ma teste depuis le sommet jusques auprès du front, par une taillade de sabre qui ala jusques à l'os, mais j'avois quantité de cheveux qui s'enfoncèrent dans ma playe et qui me sauva le coup de n'avoir eu la teste ouverte. Enfin ils pillèrent et m'amarinèrent ma tartane dans leur port, et me débarquèrent et conduirent chez le gouverneur Dom Bernard de Tavora, homme pieux et bon qui avoit madame son épouse et deux fils de 14 à 16 ans jolys cavaliers. Et lon prist un très grand soin de moy à me pansser et bien coucher ; on me presta une chemise car tout ce que j'avois fut pillé. J'eus une grosse fièvre et on me saigna, et je me rétablis en peu de jours, et lorsqu'il fut quiestion de me rendre ce qu'on avoit volé, le gouverneur fut fort en peine ; il en fit emprisonner et tous le menacèrent d'une révolte. Il fut contraint d'aquiescer et les relascher, et dans cet intervalle la place fut investie par un camp de dix huipt mille Maures qui n'avoient que deux canons, et la place qui en est bien munie. On tira plusieurs volées à cartouche sur le camp des ennemis, et quoyque j'eus la teste liée de serviettes je servy de canonnier pendant les deux jours que dura ce siège, les Maures firent alphaqueca : cest un étendar blanc au bout d'une pique pour parlementer. Ils demandèrent le temps d'enlever leurs morts et estropiés, et jetèrent plusieurs chevaux et chameaux dans la fontaine qui est dans un roc enfoncé à portée de demy fusil de la place et puis décampèrent.

Et le lendemain je me rembarquay pour reprendre ma route, après que M^r le gouverneur m'eut fourny des provisions et bons rafreschissements ; mais nos hardes et partie de nos marchandizes et 200 piastres y restèrent.

J'arivé à Cadix la veille de la Purification février 1684 et fut à terre trouver Mr Catalan, nostre consul, pour faire mon rapport de ce qui m'étoit arivé et pour faire mes déclarations.

J'étois resté à terre, et le sieur d'Hiriarte, consul à San-Lucar de Baraméda, eut advis par une barque de mon arrivée. Il partit sur-le-champ pour venir à bord où il se fit porter croyant m'y trouver, et sur la minuit il fut à notre bord une chaloupe d'anglois d'un navire de guerre, qui demanda s'il n'y avoit pas du vin de Canarie à vendre. L'équipage dits : Il y en a six pièces, mais voilà le marchand endormy. » Il s'éveilla et en vendit deux pièces par l'avidité d'avoir de l'argent, et les embarqua dans cette chaloupe ; mais une des barques de la doane, qui sont toujours aux aguets s'en aperceut et laissa aller la chaloupe de guerre qu'elle n'oza attaquer, et peu après aborda la tartane et l'enleva devant la porte de Séville où ils l'échouèrent et mirent Hiriarte et l'équipage en prison, les fers aux pieds et me cherchèrent pour aussy m'emprisonner quoy qu'inocent. De ce fait Mr Catalan en fust adverty et me cacha chez luy, et fut porter sa plainte à M^r le Duc de Villahermoza pour lors gouverneur de Cadix, de ce qu'on avoit uzé d'autant de violence sur un bastiment de France, croyant qu'on nous rendroit le tout. Mais les Doanistes soustinrent la confiscation bonne, sur ce que le propriétaire sieur Hiriarte, consul de San-Lucar de Barameda, savoit les loix et y avoit prévariqué, ayant luy-mesme fait décharger avant que les déclarations fussent faites, et que sy ç'avoit esté le capitaine ou patron qui eust peu ignorer les dites loix, il seroit plus tolérable. Par ainssy le tout but confisqué avec condemnation de payer la quatruple partye de la valeur ; par là je me trouvay frustré de tous mes travaux et desnué de toutes choses. Hiriarte sorty de la prison soubs caution, et il me rechercha, et m'emmena chez luy, me promettant que nous ferions quelqu'autre affaire pour nous recuperer, et au bout de trois jours que je fus chez luy, à un après disner, je fus repozer et dormir la sieste comme il se pratique. Il s'imigina de faire venir en son cabinet un nottaire, et fit faire un acte tout prêt à signer et me fit éveiller et aler au cabinet ; et il me dits en nostre langue : « Cest pour signer un acte de bail de la petite ferme de Bomance où nous irons divertir. » Et je fus assez inocent, sans me faire lire, de donner ma signature, et ensuitte j'apprits de de deux de ces voisins qui firent comme moy et ny pensay plus.

Quelques jours s'écoulèrent; étant enssemble je luy demanday quelle proposition il avoit à me faire, et il me dits : « Je suis sans fonds et ne puis rien entreprendre. » Sur quoy nous nous séparasmes, et m'en fut à Cadix pour chercher mon passage pour France, et trouver ou m'employer de nouveau. Je fits rencontre de Mr de Chalons, comandant un vaisseau de 40 canons nommé la *Ville de Rouen*. qui s'aprestoit à partir pour le Havre; il m'accorda mon passage et dont à peine il me restoit de quoy pour luy payer. Etant en mer à la hauteur du cap de Saint-Vincent, lorsqu'on guindoit le grand hunier la poulie d'en haut de l'itaque se cassa et les morceaux en tombant le plus gros fut sur la teste de nostre premier pillote, et tomba roide mort, ce qui affligea fort mon dit sieur de Chalons, et qui dans la suite contre son ordinaire voulut veiller la nuit pour prendre le soin de la route. Je luy offris mes services qu'il accepta, et je pris tous les soings le restant du voyage, où il y eut bien des fascheux contre temps qui seroient trop longs à réciter, et pour finir et abréger matière nous arrivasmes au Havre, 4 avril 1684, où estant débarqués M^{rs} les intéressés de Rouen vindre voirs Mr de Chalons. Nous étions tous logés chez Madame de la Chapelle. Le matin suivant je fus prendre congé et offrir mon passage en présentant ma bource un peu plate, Mr de Chalons l'a prit sans l'ouvrir, et me dits : « Vous disnerez encore avec moy et nos M^{rs}. Je dits qu'il ne me seroit plus à tems de pouvoir passer au passager pour Honfleur. — (1) « Cela nets rien, vous passerez demain. » — Enfin, sur le dessert du disner, il mit ma pauvre bourse sur la table, disant : « Voilà tout ce qui luy reste, M^{rs}, vous y contentées-vous ? » Puis il me dits : « Alez voir vos amis, et ne manqués de venir souper avec nous. » — Ces Messieurs en dirent autant. Aparamment dans mon abcence il conta mes désavantures, et ce que j'avois fait dans ce passage où il m'atribua d'avoir sauvé le vaisseau, et au souper il eut la bonté de dire : « Messieurs, sy votre navire est bien arrivé, cets à ce M^r que vous le devez. » — Puis ces M^{rs} dirent : « Rendez

---

(1) On entendait par passager les barques passagères appartenant aux hôpitaux du Havre et de Honfleur et qui recevaient à leur bord les personnes, les bestiaux et les denrées de toutes espèces pour les transporter d'un port dans l'autre. Ces deux établissements hospitaliers jouirent pendant longtemps du monopole des droits de passage.

luy sa bource, et il me la mit en main où je la trouvay plus enflée et pesante qu'elle n'étoit lorsque je luy présentay, et après les avoir quittés, je fus dans ma chambre où couchoit Mʳ Chaussé, lieutenant de Mʳ de Chalons; je n'osois devant luy visiter la bource, et il me prévint en me demandant si je l'avois vüe. Je dits non. Il dits : « Regardez, vous estes peu curieux. » J'y trouvé trente pistoles en or plus que je n'y avois, et en demeuray très surpris sur quoy il dit : « Vous les avez bien mérités. » Et d'aize je n'en penssé dormir toute la nuit. Le lendemain matin je fus remercier mes bienfaiteurs pour m'embarquer au passager et rentrer chez moy.

1684. Lorsque je débarquay du passager, beaucoup de gens parurent surpris et en m'approchant dirent : « Comment, c'est vous. L'on vous a creu mort. » Je fus chez une de mes sœurs qui m'en dit autant, et puis je m'informay de ma chère mère et de la famille où j'appris la mort d'un oncle (1) et de mon frère cadet. Mon frère aisné n'estoit trop content de ma venue s'étant emparé de ma part de succession de cet oncle, à laquelle n'éritions qu'aux meubles étant sortys du second mariage de notre grand-mère; mais il falut que mon frère me donnast ma part, et dont j'avois besoin, ayant esté dépouillé, et qu'il ne me restoit que ce que j'euts de Mʳ de Chalons. Je quitois mon frère pour douze cents livres pour éviter le procès. Il me payoit de mauvaises raisons. Et je fus consseillé de plaider contre mon envie, et cependant je commenssay. Mais Mʳ de Sainct-Martin (2) et Mʳ de Boisseret-Malassis (3) me proposèrent acomodement, et je leur promis d'en

---

(1) Constant Patin, avocat du roi en l'amirauté de Honfleur, fils de Constant Patin, procureur d'office en la vicomté de Roncheville, lequel avait épousé Marguerite Auber grand'mère de Doublet.

(2) François Mallet de Graville, seigneur et comte de Saint-Martin, Blosseville, Drubec, Quatravaux, et autres terres, marié à Jacqueline ou Gabrielle Langlois du Guesclin, résidant à Criquebeuf, près de Honfleur. — Minutes du tabell. de Roncheville.

Sa fille avait épousé Charles de Boisseret, chevalier, seigneur d'Herbelay, marquis de Sainte-Marie, capitaine des gardes de Monsieur, seigneur, gouverneur et lieutenant pour le roi des îles de la Guadeloupe, la Désirade, Marie-Galande, les Saintes, la Grande et Petite Terre, etc. Fils aîné de Jean de Boisseret et de Madeleine Houel.

(3) Jean de Boisseret, chevalier, marquis de Sainte-Marie, seigneur de Malassis, second fils de Jean de Boisseret et de Madeleine Houel sœur de Charles Houel, chevalier, seigneur du Petit-Pré, gouverneur des îles de la Guadeloupe. Ce Jean de Boisseret habitait, au temps dont parle Doublet, la ferme dite le Petit-Paris, à peu de distauce de Villerville.

passer à leur décision; et m'ajugèrent huit cents livres, mon frère m'en donna quatre avec une roquelaure de camelot de Bruxelle ayant boutons, orfèverie d'argent, une paire de botte et un portemanteau. Je dis : « Je n'en veux pas davantage, buvons enssemble et soyons bons frères et bons amys. » Je fus voir ma mère à la campagne et en pris congé et de la famille, et le lendemain partis pour me rendre à Dunkerque où j'arrivé le 26ᵉ may m'estant arresté pour la feste à Calais. — La guerre fut déclarée contre l'Espagne par le Roy qui assiégea et prit Luxembourg. — Etant à Dunkerque j'y aprits que mon ancien capitaine Mʳ Delastre étoit party pour l'Amérique sur la frégatte du Roy, *la Droite*, montée de 36 canons, et qu'il m'avoit fort souhaité.

Il épousa, en 1686, Demoiselle Marie-Anne Estièvre, fille de Michel Estièvre, écuyer, sieur de Montessart. Minutes du tabellionage de Roncheville; Reg. de l'état civil de la commune de Pennedepie.

CHAPITRE IV

Doublet arme en course. — Crosières et prises. — Razzia opérée à Ténériffe. — Croisières. — Retour en France. — Voyage à Madère. — Pluie d'insectes. — Aventures avec le gouverneur de Madère. — Rencontre d'un monstre marin. — Retour au Havre. — Autre voyage aux Açores; naufrage. — Retour à Lisbonne. — Combat contre un Saletin. — Retour à la Rochelle. — Amours de Doublet. — Débarquement de Jacques II à Ambleteuse. — Croisières.

Plusieurs amis me proposèrent d'armer une corvette de six canons pour la course. Je leur dis : « Quoy prendre sur les Espagnols qui ne sont nulle part qu'aux Indes de l'Amérique, il faut croizer au Pas de Calais, y attendre les prises que les Ostendois feront sur nostre nation. » Et le 13 juin je sorty de Dunkerque avec 40 hommes d'équipage et fut croizer depuis le Pas de Calais jusque à Blanquef, coste d'Angleterre, et visité plusieurs navires Hollandois, Suédois et Danois pendant 20 jours. Je dis à nos officiers : « Nous alons icy conssomer nos vivres sans rien prendre. » Ayant apris que les Ostendois logeoient leurs prises dans les ports d'Angleterre, nous prismes la résolution de pousser jusqu'aux illes des Canaries, ou nous arrivasmes le 16 juillet et gardions le parage de la pointe de Nagos, qui est l'abord de tous les bastiments qui viennent à Ténérif où se fait tout le commerce, et le 23 juillet, nous aperceusmes un navire qui y venoit, et pour ne le pas efrayer nous alions à petite voille comme sy nous voulions donner dans la rade de Saincte-Croix comme luy, afin qu'il s'engageat soubs la terre de la dite pointe qui est une montagne de rochers où l'on ne peut s'approcher. Les vents et la mer étoient pour lors fort rudes. Nous espérions qu'étant soubs ces montagnes nous aurions plus d'abry; et nous les laissasmes s'engager jusqu'à la vallée de Sainct-André, une lieue et demie de la dite pointe. Et il n'y avoit plus d'éloignement pour atraper la rade soubs deux bonnes forteresses, ce qui nous fit résoudre bien préparés de l'aler aborder d'emblée. Et en l'approchant nous la connusmes frégatte fabrique de France, mais son pavillon étoit espagnol, et son pont embarrassé de balots : cela nous encourageoit et nous alions pour l'aborder. Ils nous tira ses canons et quelque mousqueterie, qui ne nous rebutoit pas quoy que mon lieutenant receut un coup de fusil au pied droit; nous n'étions pas à dix brassses de luy qu'un malheureux coup de mer sauta dans nostre bord que nous en fusmes tous couverts et toutes nos armes trempées, ce qui nous fit l'abandonner en faisant vent arrière pour nous vider de cette eau, et puis nous nous mîsmes à recoure dessus, mais il avoit gagné la portée des canons des forteresses, lesquelles nous saluoient de bonnes grasses, les boulets nous surpassant d'un cart de lieue, qu'il est à admirer qu'ils ne nous atrapèrent pas et nous auroient d'un seul coup coulés au fonds. Ainssy nous échapa cette belle proie.

Le 26, estant encore à la pointe de Nagos, je fis prise d'une barque venant du port de Lorotave, chargée de faverolle et deux pipes de malvoisie que nous prismes joyeusement dans notre bord; je voulus ranssonner la barque et les feves pour ne pas dégarnir de mon monde, mais le patron n'en rien voulut offrir, et il m'aprit que le navire cy-devant étoit la *Perle*, de Sainct-Malo, acheptée à Cadix et chargée de balottages alant d'avis audevant des galions à Cartagesne pour les advertir de la guerre avec nous, et qu'elle valoit plus de trois cens mile piastres, n'ayant que 16 canons et 60 hommes, et sans le fatal coup de mer nous l'aurions immanquablement enlevées. Et voyant ne pouvoir ranssonner ma prise, je pris la résolution de l'envoyer à l'île de Madère appartenant au Portugois, et l'adressay à mes amis Mr Caires frères, marchands marseillois établis à la ville de Funchal.

Le lendemain, au mesme parage, nous prismes deux barques

venant des costes de Barbarie chargées de poissons nommés pargas et tazards salées comme l'on fait les morues. Et je les voulus ranssonner, ils n'en voulurent point ; des deux demies charges je n'en fits qu'une que j'envoyay aussy à Madère, sachant qu'ils auroient débit de toutes ces chozes, et de l'autre barque plutôt que de la brusler ou couler à fond je la redonnay à son patron nommé Pedro Garcia qui m'avoit rendu service lorsque j'avois résidé à Ténérif.

Mr le Général étoit en fureur contre moy de ce que je désolois son pays. Il fit assembler son consseil et toute la noblesse et leur dit : « N'est-ce pas une honte à la nation de voir qu'une barque va nous causer dizette de tout ? N'y a-t-il pas dans toute cete assemblée d'asses braves gens pour s'embarquer sur la *Biscayinne* qui a 4 canons et sur la S*eitye* catalane qui en aussy six pièces et 14 périers, et m'aler prendre et m'amener ce Doublet pour le cuire en huile bouillante ? » — Il s'émeut des écoliers et jeunes gentils hommes qui dirent : « Nous y voulons aller, et donnez vos ordres pour qu'on nous embarque. » — J'appris cette délibération par une chaloupe de pescheurs que je pris et luy redonnay sa chaloupe. Cela fit un peu de peur à mon équipage, et pour les laisser rassurer je me retiray du parage pour deux ou trois jours, et j'arivé le long de l'ille voir si je ne rencontrerois quelque bastiment en rade de Lorotava ou de Garachicos ; et enssuite à la pointe d'Adexa (1) où est une grande maitérie d'un marquis portant ce nom je fis une dessente avec 20 de mes gens. Nous nous emparasmes du château sans canons, on nous y lascha six coups d'arquebuzade de travers d'un bois et nous prismes dans la maison 4 moitiez de cochons salée et enfumée et 8 gros pains de sucre rafiné, y ayant une sucrerie, et des orenges et citrons et des gros oignons que l'on voitura à bord pendant que je restay avec douze de mes gens qui devoient revenir. Puis nous châssasmes devant nous deux jeunes bœufs, douze moutons et six cabrits et quelques dousaines de dindes et poules. Je laissay sur une table un écrit que, en attendant qu'on me

---

(1) Adassa, d'après les anciennes cartes, est un petit havre situé à l'ouest de l'île de Ténériffe ; on y chargeait beaucoup de vin.

bouille à l'huile, je prenois ces petites provisions et que si on me relaschoit pas deux de mes amis de Sainct-Malo nommés Arsson et Diego Bouton, je reviendrois sacager et mettre tout à feu, et que à cette considération et respect pour Mʳ le Marquis je n'avois fait enlever aucunes hardes ny ustencilles de son chasteau et que j'avois besoin de ces rafreschissements pour aller trouver ceux qui doivent me prendre. Enfin mon équipage, bien content quant la pansse joue, je leur dit : « Il faut aler combatre cette canaille qui nous a obligé à quiter nostre bon parage. » Ils dirent : « Alons, mon capitaine, nous yrons où vous souhaiterez. »

Le soir du 6 courant on nous tira de terre 7 à 8 coups de fauconneau de l'abry des rochers dont on perça nostre bord à l'uny du pont ; je fis tirer 3 canons du mesme costé et on ne recommença plus cette tirerie et je fis lever l'ancre et mis à la voille pour retourner au parage. Il faut remarquer que de terre l'on me voyoit toujours. L'alarme reprend en me voyant retourner ; la *Biscayinne* et la *Seitie* de mettre soubs voille pour venir me combattre ; tout le rivage étoit bordé de cavalerye ; je fis semblant de fuir pour les faire éloigner de la portée des canons des forts et lorsqu'ils en furent à une distance de trois lieux je coupay chemin sur la *Seitie* qui étoit bien demie lieue écartée de la *Biscayinne*. Je les empêchay de se joindre ; je canonnay la *Seilye* qui prit la fuite et marchoit mieux que moy au plus près du vent, et puis j'arrivay sur l'autre qui prit aussy la fuitte en courant soubs les forteresses ; je la canonnois toujours jusqu'à ce qu'un boulet du fort passa au travers de ma grande voile qu'il me fallut cesser ma chasse et la peur prit à ceux de la dite barque qu'il la furent échouer à toute voille entre les deux forts. Et quoyque mes canons ne portoient jusqu'à eux, j'en tirois toujours quelques coups pour les effrayer. Ils se débarquoient avec précipitation les uns sur les autres à l'eau, où j'aprist qu'il y eut 32 jeunes hommes noyés et deux matelots de la dite barque, ce qui mit toute l'ille en consternation et la barque fut brizée et perdue, et la *Seitie* doubla la pointe de Nagos et s'en fut débarquer ces Sipions au port de Lorotava et n'oza plus me venir rechercher.

Le 9° du dit mois, il parut à la mesme pointe de Nagos une barque que je pris venant de l'ille de la Palma où il y avoit 22 espagnols tant moines de différents ordres et un doctor médecin venant de passage pour Ténérif. Il y avoit en outre 18 botes ou pipes d'excellent vin et une centaine de beaux pains de sucre rafiné, beaucoup de gros oignons, des choux et plusieurs moutons et cabrits, et des poules et de bons biscuits et bien des confitures et plusieurs caissons de bray noir, six caissons de chandelles, de suif et douze gros pains de suif et dont le tout nous convenoit fort et très à propos dont nous servinsmes bien utilement du bon soin que l'on avoit de nous entretenir. Quant aux passagers, on eut le soin, en premier lieu, du médecin que l'on soulagea d'un enfle qu'il avoit à sa ceinture de neuf mille réaux de Plata, qu'on luy tira sans faire d'ouverture avec le fer et sans inflamation, mais il en perdit l'apétit plus de 24 heures. Quant aux moines, excepté les Francisquains, on les vizita l'un après l'autre et on les soulagea de quelques pesanteurs mais point sy considérables qu'au médecin, et j'empeschay leurs dépouilles, et puis nous les débarquasmes au Val Sainct-André sans opozition, et leur délivray toutes les lettres adressées au seigneur évesque sans en décacheter aucune non plus que celles de l'inquisiteur, ny celles du seigneur Dom-Félix-Nieta Dasilva, vice-roy et général, auquel j'écrivis le respect que je gardois pour luy me souvenant de ses bontés par le passé, et qu'étant général de guerre il ne devoit trouver à mauvaize part que je la fis suivant les lois uzitées, et que je luy donnois pas lieu de s'iriter envers moy qui n'exerçoit que humanité et sans cruautez, et que je luy renvoyois sans maltraitement tous mes prisonniers, ainssy que je le supliois d'uzer de la mesme charité pour les deux perssonnes que je luy avois demandé cy-devant. Après avoir débarqué mes ostes norissiers, nous trouvasmes un des paquets de lettres de moines et de nonnes adressées à leurs pareils qui avoient en leurs directions de conduite, et dans les moments de loisir je prenois plaisir à les lire. Il s'en trouva entr'autres de sacrilèges et abominables sur les expressions lascives d'amour qui étoient outrées, et d'autres très galantes et jolies pénssées de tendresses. J'en fis une séparation, et des criminelles j'en fis un gros paquet pour les envoyer à l'évesque et à l'inquisiteur où je leur marquois qu'ils devoient estre contents de ce que ces lettres n'étoient tombées aux mains d'un hérétique et que je les supliois d'intercéder pour la liberté de mes deux amis prisonniers de guerre, et j'envoyé mes paquets par une petite barque d'un pescheur, auquel je payay son poisson plus cher qu'il ne l'avoit vendu au pays.

Je pris route pour me rendre du costé du Nord de l'ille de Lanssarote pour netoyer et espalmer notre bastiment entre la dite ille et une plus petite nomée la Gracioze qui forme un joly havre et sans danger d'estre incomodé des gens du pays, ny de bastiments, ny des tempestes. Nous y trouvasmes des salinières, et nous nous racomodasmes. Sy j'avois eu 100 hommes, j'aurois pris la ville et toute l'ille dont j'aurois fait plus de 150 mil livres de ranssons. Nous partismes le 28 juillet, et le 1er aoust nous étions encore à notre parage de la pointe de Nagos. Etans frais et pleins de santé, il ne faut quiter ce pays sans leur faire à conoistre que nous y sommes encore. Il se passa 8 jours sans rien voir, et le 9e nous aperceusmes au large deux bastiments qui venoient, nous courusmes à l'abry de la pointe qui est l'unique passage et les atendismes près de trois heures pour les laisser aprocher. Nous les reconnusmes sans force d'aucun canon et les prismes et amarinasmes. Elles venoient de Sainct-Michel aux Assores, et chargés de froment, de gros mahys ou bled du turquie et quelques cochons salés et fumés. Je dis : « Enfants, voilà de quoy nous faire du biscuit pour retourner chez nous ; la saison d'hiver s'aproche, alons à Maderre nous aprester ». Et nous y dressasmes nostre route et y arivasmes le 16e et fusmes bien receus par Dom Pedro Dalmeida, gouverneur, et du peuple parce que la cherté étoit sur les grains, ce qui nous les fit vendre advantageusement, et comme l'argent n'est pas commun en cette ille je fis un échange pour des écorces de limons, autrement de gros citrons confits à sec et 4 caissons de fleurs d'orenges confites seiches et une vingtaine de pipes de vin que je chargeay dans la plus grande et la meilleurs barque de mes prises, et j'en redonnay deux de mes barques à mes prisonniers espagnols pour les reconduire à leurs pays, et dont ils furent très contents et cela m'atira l'applaudissement du peuple de Madère, et pour retirer mon payement tant en écorces qu'en vins il me falut atendre la récolte pour confire les écorces et ne pusmes les embarquer qu'au 20ᵉ octobre et notre départ fut au 26ᵉ, où dans notre route étant par les 46 dégrez de latitude, nous fusmes batus de cruelles tempestes et la mer très affreuze que nous ne pouvions présenter un morceau de voiles, nous descendismes nos canons dans notre calle et apréhendions fort le moindre coup de mer, étant à sec, le costé au travers. Je m'avizay d'amarer notre petit câble sur un affut de canon et le jetter à la mer et le filler jusqu'au bout sur 140 brasses de long, et lorsqu'il fut étendu de son long il nous fit présenter la proue debout au vent, et notre batiment s'y maintint comme s'il avoit esté à l'ancre et sans se tourmenter, ce qui nous rassura sy bien que l'on fit la chaudière et nos gens partye dormoient sur le pont et les autres jouoient aux cartes, et cela dura neuf jours et ne savions le sort de nostre prise où étoit tout notre butin, exepté six caissons des dites écorces et une de fleur d'orange que j'avois embarqués avec moy.

Le 6 novembre du temps passable nous rembarquasmes notre câble et notre afut et faisons notre route pour entrer dans la Manche, et le 10ᵉ nous étions à 5 lieues au nord-oues de Ouessant, du temps de neige et obscur, et nous nous trouvasmes en vue du four, lorsque le vent en foudre sauta au nord nord-ouest avec de grosse grelle, défonssa nostre voille de misenne et sans voille au hazard nous fuyons le vent en poupe et passasmes au travers des roches d'un costé et d'autre, et nous donnasmes dans a fosse de Camaret où mesme il y périt plusieurs batiments qui se croyoient en toute seureté. Et lorsque la tempeste fut cessée, je fus dans mon canot à Brest tant pour m'informer des nouvelles que de ma barque où étoit notre butin. Mʳ le Marquis de Langeron (1), lieutenant général des armées navales, comandoit pour

---

(1) Le marquis de Langeron, embarqué comme enseige en pied sur le *Henri*, le 1ᵉʳ fé-

lors et dont j'avois l'honneur d'estre bien connu et que je fus saluer. M'ayant demandé d'où je venois et sur quel navire j'étois, lorsque je luy eut rendu compte il s'étonna et dit : « Comment diable avez-vous pu résister ? Toutes nos costes sont remplies de navires naufragés et bordés de cadavres. » Je luy dit la maneuvre de mon afût de canon. — « Et où avez-vous apris cela ? » — Je luy dits l'avoir inventé. « Bien vous en a pris, me dit-il, je n'avois jamais ouy telle choze. Je luy dits : « Sy vous voulez envoyer votre canot demain avec moy quand je retourneray à mon bord, j'auroy l'honneur de vous envoyer deux serins de Canaries. » — Très volontiers, mon amy, je les accepte, et vous aurez plus de comodité et seureté de vous embarquer dans mon canot et vos gens, et on traisnera le vostre. » J'acceptay le party, et il eut la bonté de faire embarquer de bon vin et de quoy bien déjuner dont je fis bon uzage et me remis dans ma barque longue et envoyay les deux serins.

Il y avoit à Brest et Camaret quantité de navires relaschés depuis un long-temps qui attendoient un bon vent pour partir, mais il m'ennuyoit jusqu'au unze décembre que le temps parut modéré je mis à la voille. Un chacun me demandoit : « Où voulez-vous aler de ce temps qui ne va pas durer six heures ? » Je réponds : « Quite pour relascher. » Et je tins ferme. Je gagnay à la coste d'Angleterre, et le 18 décembre j'entray dans Dunkerque où l'on ne m'y atendoit plus me croyant péry, et de n'avoir eu aucune de mes nouvelles. L'on m'aprits la paix faite, et j'espérois toujours sur ma prize qui étoit bien plus de résistance que nostre bastiment. Mais quand je vis écouler deux mois sans nouvelles, je n'y espéray plus. Ainssy ce fut bien du tems et bien des périls encourus sans aucuns profits, et il me falut pensser de quel costé donner, pour tascher de gagner pour m'entretenir.

Au commencement de février 1685, deux marchands de mes amys qui avoient esté intéressés à ce dernier armement, ayant

---

vrier 1671, fut fait capitaine de vaisseau le 2 novembre 1671; chef d'escadre le 1er novembre 1689 ; lieutenant général le 1er avril 1697 ; mort à Sceaux le 28 mai 1711. Arch. de la Marine. Voyez le Mercure de juin 1711.

considéré que si la prize où estoit les effects fût arrivée à bien que nous aurions bien profité dans cette coursse où j'avois maintenu le bastiment et l'équipage sans qu'il leur en eut coûté pendant un si longs-temps, me proposèrent d'affretter un moyen bastiment pour aler en commerce à Madère et aux Canaries, puisque nous avions une paix générale ecxepté avec les Saletins qui sont les plus dangereux à cause du risque de la captivité, et que je fis recherche d'un bastiment convenable, et que je leur fist un mémoire des marchandizes nécessaires, et qu'ils m'y intéressoient d'une seiziesme partye dont ils feroient les advances et encoureroient les risques, et j'acceptay le party. Je ne peut trouver autre bastiment dans le port qu'une barque bretonne de 70 thonneaux, ayant un pont et demy et un gaillard devant pour résister aux tempestes, et pour déffences six périers et dix hommes d'équipage. Je l'affretay par 450 livres par mois, en payant d'avance trois et qu'il entretiendroit le dit équipage et barque de vivres, gages et de tout le nécessaire, et passasmes un acte devant notaire. Mes marchandizes furent en peu acheptées et embarquées, et partismes du port de Dunkerque le 5 avril 1685, et ne m'areste point à faire le détail de notre route, non plus que j'ay fait de toutes les autres cy-devant lesquelles seroient ennuyeuses et qu'il faudroit plusieurs volumes, me contentant d'écrire ce que j'ay trouvé de remarquable. Comme encore en ce petit voyage où je me trouvois par notre estime éloigné de l'ille de Madère de 51 lieues, avec un temps de nuages et de clarté du soleil par intervalle, il tomboit comme une petite pluye fasson de neige fondue dont nous nous trouvasmes couverts de poux blancs et plats d'une petite grandeur et qui avoient vie et faim qu'ils nous faisoient des empoules ou ils mordoient sur nos peaux, ce qui ne dura plus d'un *Miserere* (2), puis le soleil parut que nous obser-

---

(1) Au temps de Doublet de pareils phénomènes jettaient l'épouvante parmi les paysans et les marins. On citait des pluies de sang, de fer, de laines, de poissons, de grenouilles, etc., qu'on attribuait à des causes surnaturelles. Doublet et son équipage partageaient cette crédulité ; ils sont bien persuadés que c'est un châtiment divin.

Il s'agit d'insectes aquatiques qui multiplient en grande quantité pendant l'été dans les mers tropicales et que des tourbillons de vent transportent à de grandes distances.

vions pour la hauteur, et au bout d'un demy quart d'heure tous ces insectes qui furent frappés du soleil moururent, mais celles qui avoient entré dans nos hardes et linges vivoient et nous piquoient vivement. Je fis baleyer et jeter de l'eau de mer partout le navire et dans la chaloupe qui étoit sur le pont, et jettasmes le tout que l'on peu ramasser, et croyant en estre quitte j'en fis une raillerye en dizant : « Le Seigneur a toujours aimé les pauvres et les atire au ciel, aparament qu'ils font leur revue et secouent leurs guenilles dans ce parage, il faut s'en tirer. » Mais sur les deux heures d'après midy, nous en receusmes une ondée bien plus forte, ce qui nous fit regreter d'avoir changé de toutes hardes que nous avions lavées à la mer et mizes au sec qui en furent toute couverte et mesme jusqu'aux maneuvres du bastiment. Le soleil ayant survenu il ariva comme j'ay dit cy-dessus, et m'étant et nos gens encore dépouillés de tout je pris sur moy ma robe de chambre atachée d'une ceinture et sans chemize ny bas après qu'on eut relavé et jeté à la mer toutes ces bestides ; mais un remord me pris sur la raillerye que j'avois faite, et sur les 4 heures et demie il nous en ariva encore autant, ce qui nous fit avoir recours aux prières bien dévotement croyant que c'étoit un chastiment du Seigneur pour nos péchez, et craignant que cela ne dureroit ; mais tout le reste du soir il n'en tomba plus ny la nuit, et le lendemain entre dix et onze heures nous aperceusmes Madère qui se fait voir de très loin par la hauteur de ses montagnes, et nous n'y arrivasmes que le jour en suivant qui étoit le 29° d'avril. Je débarqué derière le fort de l'illeau ; je fis rapport de ce qui nous estoit arivé, et les conssuls et les marchands et autres furent curieux de voir débarquer nos hardes que nous voulions faire bouillir, lesquelles se trouvèrent remplies.

J'abrégeray encore les longs discours de mes négociations, sinon de dire les changements de voyage et ce que j'y ay trouvé de remarquable. Il ariva en cette ille un bastiment Anglois venant de Ténérif, lequel ayant seu que je me disposois d'y bientôt aler négossier, il eut la bonté d'y venir avec M^r son consul m'advertir de n'y pas pensser quoyque la paix fust, et que je serojs lapidé immanquablement par les gentilshommes et la populace, se ressentant encore trop vivement de la triste mort de la fleur de la jeunesse, qui furent noyés et dont les plus grandes familles de l'ille sont en deuil. Et le capitaine raporta que Mr le Vice-Roy disoit il y avoit peu de jours : sy par malheur pour Doublet il revenoit icy, quoy qu'en paix je ne le pourois sauver car je serois en risque d'estre aussy assasiné. Et sur ce raport Mr nostre consul et mes amis me déconsseillièrent de ne m'y pas risquer, ainssy il falut pensser d'aler d'un autre costé. Je débarqué une bonne partye de mes effects les plus convenables pour cette ille, et les mit aux mains de Mrs Louis et Joseph Caire, bons négossiants pour en procurer les ventes, et ils me donnèrent avis d'aller charger du froment et du mahis à l'ille de Sainct-Michel aux Assores pour le raporter, et qu'il y auroit à y profiter, et me prioient de les intéresser d'un quart au chargement en m'en payant le fret, et qu'ils me fourniroient des lettres de crédit pour toute la carguaison, et tombas d'acord par écrit, et étant sur mon départ Dom Pedro Dalmada, gouverneur de Madère me demanda que je l'intéressats de moitié dans tout le chargement autrement qu'il ne me permettroit pas de négossier dans son gouvernement. Il me falut céder à la force en lui cédant d'un quart d'intérêts, et obligea Mrs Caire de payer pour luy. Je partis de la rade du Funchal pour me rendre à celle de Punta Delgada, ille de Sainct-Michel et le 25 ayant esté adressé au sieur Jean Ston, conssul des Anglois, bien converty et marié à une dame portugaise, ayant une belle famille, travailla avec beaucoup de diligence à faire mon chargement, et sans me prévaloir du crédit de Mrs Caire pour la moitié d'intérêt que je risquois pour mes intéresscés et moy, il prits en effects de France que j'avois réservés et en cinq jours je fus expédié, et party le 12 juin à cause du jour de la feste du patron de la ville que les Portugais m'auroient creu hérétique, et le 27 j'arivé au Funchal et débarqué les froments en deux jours. Ces Mrs Caire et Mr Biard, notre consul, me représentèrent que sy je voulois aler à Lisbonne prendre une partye de sel et des huiles d'olives en petits jarons et des sardinnes salées en canastes ou paniers, qu'il y auroit un bon guain à faire. Je topé à cette entreprise, mais ce diable de gouverneur ou tiran voulut y entrer d'une moitié sans jamais rien débourcer, sur cela je luy dis que j'alois où étois la cour où nous avions un ambassadeur et s'il ne désiroit rien m'ordonner. Il comprit bien et me dit : « Je veux payer comptant pour ma part. » Je luy déclara au net : « Vous n'y aurez rien. et je feray conoistre vos vexations. » Mrs Caire et le consul en furent faschez contre moy, disant : « C'est un diable, il nous fera enrager. » Je dis : « Vous estes tous lasches. Ne sauriez-vous écrire ? » Il seut par les domestiques nos entretiens et il me vint voir, et il fut plus doux qu'un agneau, dizant ne vouloir me faire aucune paine, etc. Enfin il n'y eut aucun intérêt et m'envoya pour plus de vingt pistoles de différentes confitures seiches et liquides et un quartault de bon vin malvoizie. Et party le 4e juillet j'atrapé heureusement Lisbonne le 26e suivant, travaillé à mes expéditions; M^r le comte d'Opède étoit notre ambassadeur, après l'avoir salué j'eus deux jours après l'honneur de manger avec luy, où je l'entretrins des concussions que faisois le gouverneur de Madère, et que j'appréhendois d'y retourner sur ce que je lui avois menacé. M^t D'Opède me dit : « Vous m'avez fait plaisir, et je vais remédier à ce mal sans que vous n'ayez rien à craindre ny ceux de la nation. »

Lorsque j'eus fait mes emplettes je me disposay à partir, et je fus prendre congé de M^e l'ambassadeur, lequel me délivra un paquet du Roy de Portugal dont il prit mon receu pour délivrer au sieur gouverneur. Je fus chez Me Desgranges, nostre consul, pour lever mes expéditions. Il m'aprit qu'il y avoit un petit navire de la Rochelle, le capitaine Brevet, qui devoit aussy prendre ces expéditions pour Madère et qui avoit un chargement pareil au mien, ce qui m'étonna un peu, car c'est se faire tort aux ventes des marchands lorsqu'on est plusieurs. Je fis recherche de ce capitaine et luy demanday s'il vouloit que nous fussions de compagnie à cause des Saletins qui sont souvent autour de Madère. Il parut content comme moy de ma proposition, et nous mismes à l'effect de partir enssemble, mais étant au dehors de la barre, le travers de Cascays, (1) mon grand mât d'hune rompit à l'uny du chuquet du grand mats, ce qui m'obligea de rentrer jusqu'à Belem, et mon prétendu camarade continua sa route et, je croy, fort aise de ma petite disgrasce. Je fus par terre à Lisbonne, j'acheptai un autre mât, et sur les trois heures j'y fis travailler par quatre charpantiers portugais qui m'impatientoient par leurs lenteurs. La nuit s'approchoit et à force d'argent je les engageay de travailler avec deux flambeaux alumés jusqu'à onze heures que mon mât fut achevé, et les priai de le mettre à l'eau au bord de la rivière, et je les payay bien. Je loué une frégate qui est une chaloupe avec deux grandes rames où je m'embarquay et fit traisner mon mât le long de mon navire. Sur les trois heures 1/2 du matin je fis travailler à remaster, et quoy qu'il ne fut encore guindé je fis lever l'ancre et mis à la voille d'un assées bon vent, ainssy ce n'étoit au plus que 22 heures que le dit Brevet avoit d'avantage sur moy. Sitôt que mon mât fut bien placé, je forssois de voille au risque de quelqu'autre accident, et heureusement tout fut bien, et le 20ᵉ j'arive derrière l'illot du Funchal. Sitôt que j'eus pied à terre, je fus chez Mʳ notre consul et luy demanday s'il n'étoit pas arivé quelque navire françois venant de Lisbonne, et me dit que non. Je reprends courage sans en dire davantage, et puis je luy dis que j'avois un gros paquet de lettres que Mʳ le comte D'Opède m'avoit chargé pour le gouverneur dont j'avois donné un receu, et qu'il m'en fallait une décharge et eut à m'y accompagner, ce qu'il fist. Et le sieur gouverneur ne fist aucune difficulté de m'en donner son receu. C'étoit son ordre de révoquation sur plusieurs plaintes contre luy. Je faisois débarquer mes marchandizes, et la 3ᵉ journée après mon arivé il parut un moyen navire à trois lieues soubs le vent de l'ille, ainsy il ne pouvait ariver en rade que le lendemain. Je le reconnu avec les lunettes. Le gouverneur étoit tout troublé et m'envoya son secrettaire me prier d'alez chez luy, et y fust avec Mʳ Dade notre Vice-Consul. Il me demanda sy je connoissois ce bastiment qui paroissoit. Je luy dis que non. Il dit : « N'est-il pas party le mesme jour que

---

(1) Cascaes, ville à l'embouchure du Tage, à 5 lieues de Lisbonne. La rade de cette place est dangereuse à cause des vents d'ouest qui y règnent.

vous de Lisbonne un moyen navire de la Rochelle pour venir icy. »
Je luy dis que ouy ; mais que mon mat ayant cassé je rentray pour
en prendre un autre et qu'il avoit continué sa route. Et sur quoy il
dit : J'en ai lettre d'advis par votre bastiment. C'est pour mon
compte qu'il est chargé de pareils effects que les vosṭres puisque
vous ne m'avez voulu intéresser avec vous, et je crois que c'est
luy qui paroit et cela vous fera tort à vostre vente. » Pendant nos
discours on vint luy donner advis qu'il paroissoit encore un autre
navire qui avoit le pavillon blanc et qui faisoit sa route pour aler
parler au premier qui avoit paru, Je secouois les oreilles. Il me
presta sa lunette et fusmes hors du chasteau pour mirer. Je dis :
« Le plus petit des deux est le navire que vous atendez et l'autre à
sa démarche me fait bien paine que ce ne soit un saletin, toute
l'aparence y est. » Et en peu moins de deux heures nous vismes à
plain tirer les canons et mousqueterye, et il fut pris en un quart
d'heure et changement de routte, ce qui véritablement fit bien du
chagrain de voir un tel spectacle de la captivité.

Le ruzé gouverneur avoit fait dire dans toute l'ille qu'il atendoit ce navire et que le voyant disgrascié qu'il vendroit à bon marché ces effects, ce qui fit que pas un ne demandoit de mes marchandizes, mais le lendemain c'étoit à qui en auroit pour les ven-
danges qui étoient proches. Et pendant que j'étois à terre, le 27
aoust, il parut autour de notre bastiment un monstre marin qui
après quelques promenades se vint prendre à une corde où étoit
une chemize de matelot qui trempoit à la mer. Ce matelot en la
peur qu'il ne lui enleva sa chemize fut tirer sur la corde, apelant
d'autres à son secours. Et cet animal tenoit ferme comme avec
deux mains, et l'élevèrent jusqu'à moitié de son corps hors de
l'eau, et remarquèrent que la teste et le minois et les oreilles étoient
d'une figure d'homme et autour de son menton étoit comme une
longue barbe à la capucine d'un tisssu de peaux comme les nageoires d'une morue qui luy pendoient sur l'estomac, et avoit deux
seins comme les nostres et le corps en forme humaine jusqu'à la
ceinture, et le restant amenuissant comme un saumon ainsy que
sa queue, mais d'un pied de largeur à peu près, ayant des peaux

de poisson comme nageoires tenantes aux esselles, n'ayant à ses bras de coudes, et point plus long que nous les avons du coude à la main, dont les doits étoient bien distingués, mais remplis de peaux comme les pieds d'un oye, et le chef étoit garny de petites peaux pendantes sur son col d'un demy pied de long, et le front à découvert avec des gros yeux de toureau et un regard fier et plain de feu. Je fis débarque: nos gens pour en faire leurs raports devant M^r le Consul. Jean Le Natro, originaire de Penerf en Bretagne, qui étoit maître et propriétaire de notre bastiment et son frère en firent cette déclaration. Et Nicolas Thiberge, de Dunkerque, nostre pillotte et homme d'esprit, confirma le tout de point en point, et signèrent le procès-verbal qui en fut dressé, er quelques pescheurs du pays déclarèrent avoir veu plusieurs fois cette mesme figure, qui une fois leur aracha un poisson au bout de leurs cordeaux. (1)

Je m'apliqué à faire mon négosse pour partir au plustôt de cette ille voyant la saison de l'hiver s'approcher, et n'en peut partir que le 20 novembre pour retourner à Dunkerque avec un autre chargement de vin, écorces de citrons confits ou sec, et fleur d'orange, et une partie de cuivre en tangoul venant de Saincte-Croix de Barbarie. Le jeune Caire nommé Joseph se trouvant fort attaqué d'un asme s'embarca avec nous dans le dessein de se rendre à Paris pour se faire traiter de la maladie, et sur notre route nous fusmes très mal traités par vents contraires et tempestes, qui nous poussèrent jusqu'au 52° degré et demi de latitude, où dans une bonnace nous nous trouvasmes entourés d'un nombre infiny de poissons dorades, et dont nous en peschasmes à discrétion ; dans la matinée à moy seul j'en embarqué vingt-huit, et n'en voulions plus ne sachant qu'en faire, n'étant bonnes lorsqu'elles sont sa-

---

(1) Cette description si peu séduisante qu'elle soit permet de croire qu'il s'agit d'une de ces divinités marines qui durent leur naissance à la fable. La croyance aux sirènes ou aux monstres marins à figure humaine se maintint longtemgs. comme on le voit, puisque Doublet mentionne très sérieusement la merveilleuse apparition qui, « par son regard fier et plein de feu » terrifia son équipage. D'ailleurs, dans son enfance, il avait été familiarisé avec ces contes, car une ruelle de sa ville natale portait et porte encore le nom de rue de la Sirène (ruette et advenue de la Seraine », en 1588 ; une figure fantastique était gravée sur la pierre à l'angle de cette rue ; il en subsiste des traces.

lées plus d'un jour par leur graisse qui se jaunit et rend un goût huileux. Ma surprize fut de trouver ces poissons aussy Nord puisque rarement on les trouve qu'aprochant des chaleurs (1). Nous fusmes pris des vents de sud et sud-est, le pain et l'eau manquaient, ce qui nous obligea de relascher à la ville de Galloway en Irlande, où j'acheptay nos provisions nécessaires que je payay en vin de Madère, ainssy que mille quintaux de suif.

(1686). Au 3 de janvier fut notre départ d'Irlande, et ayant entré dans la Manche le 12 janvier nous eusmes connoissance de Portlant en Angleterre, les vents forcés au nord-est nous empeschoient de chercher le Pas de Calais, ce qui nous obligea d'aler au Havre de Grace, et en donné aussitôt advis à nos Mrs de Dunkerque, lesquels me mandèrent d'envoyer les effets à M^r Le Gendre, de Rouen, et de payer le fret de nostre bastiment pour le congédier au plutôt. Après quoy je fus à Rouen arester compte du contenu des effects et de là fus par terre à Dunkerque ajuster les comptes dans lesquels il s'y trouva que j'avois laissé à Madère quelques effects invendues restés chez Mr Caire, ce qui occasiona nos intéressés de me prier d'y retourner sur une flutte du port de deux cents cinquante thonneaux, mais sans aucun canon n'y étant disposée à en placer. Je refuzey de ce que j'avois deux fois encouru le risque d'estre esclave à Salé, et pour m'encourager il me promire d'assurer sur ma personne neuf mile livres, en cas que j'eus le malheur d'estre pris de cette moraille, ce qui fut exécuté et conclu devant notaire, et que j'aurois pour capitaine soubs mes ordres le nommé Georges Roy, frère du plus fort intéressé au navire nomé le *Sainct-André*. L'on fit une emplette de marchandises sur mes mémoires. Et partis du port de Dunkerque le 5 juillet et sans rencontre arivé à Madère le 7 aoust. Jusqu'au 15 je débarquay les effects et Mrs Caire me conseillèrent d'en garder partie qui étoient propres pour l'isle de Sainct-Michel aux Assores, que je troquerois pour du blé, où il y avoit 70 pour cent à gagner l'aportant à Madère. Et comme ce que j'avois porté d'effects ne faisoit pas

---

(1) Les dorades suivent les vaisseaux en troupes souvent nombreuses et nagent avec beaucoup de vitesse. Leur pêche, qui est pour les marins un véritable divertissement, leur procure facilement une chaire fraîche, savoureuse et très agréable au goût.

moitié de ma charge en blé, je pris à fret le surplus pour le porter à Mazagan apartenant au Roy de Portugal, côte de Barbarie, proche Azamor (1), aux conditions qu'en route faisant je débarquerois ce qui étoit de nostre compte à Madère, et j'avois réservé autour de 800 piastres, de ce que j'avois vendu en argent pour faciliter mon négoce qu'à payer ce qu'on ne peut se dispenser. Alors que notre navire fut rempli de blé, j'envoyai des vivres à bord et trois pipes de vin, mon coffre et hardes et rafreschissements, n'ayant plus à faire à terre que pour 4 à cinq heures pour tirer mes dépesches et finir un petit compte, ayant donné les ordres que la chaloupe me viendroit sur les 4 heures du soir. Au 27 de septembre, les vents se mirent de la bande du sud et sud-oist assées violents; la chaloupe ne put exécuter mes ordres, et il faut savoir de ces sortes de vents tous les navires qui se trouvent à cette rade doibvent abandonner leurs cables et ancres et se mettre à la voille pour éviter le péril de perdre corps et biens à cette coste, et il y avoit deux moyens navires anglois proches du notre qui firent bien leurs maneuvres, et je voyois le nostre dans l'inaction, ce qui m'impatientoit. Je fus au château prier le gouverneur de me permettre que je tirats un de ces canons de 8 livres de boulet et que luy payeroits bien la charge, à quoy il consentit. Je le chargé et y mis le feu à boulet vers nostre navire, et ce qui les fit agir pour le mettre soubs les voiles. Mais je remarquois qu'ils faisoient fort mal leurs maneuvres ayant déployé les deux basses voilles, avant de lascher leurs cables, ayant eu la précaution d'amasser un cordage sur le dit cable, tenant par la poupe du navire, qu'on apelle en croupière afin de faire abattre le navire, pour faire entrer le vent dans les voilles qui avoient le vent dessus qui les coloit sur les mats, ce qui faisoit aculer le navire proche de la terre. Et j'étois à les observer, la pluye sur le corps, que j'étois au désespoir de voir une sy méchante manœuvre sans y pouvoir remédier, et survint la nuit que je les perdis entièrement de vüe. L'on m'entraisna chez notre consul où je logeois et on m'o-

---

(1) Azamore, ville forte du Maroc, port d'accès difficile à l'embouchure de la Morbéa dans l'Atlantique. Mazagan, petite ville forte du royaume de Maroc, port sur l'Atlantique, près de l'embouchure de la Morbéa. Elle a appartenu aux Portugais jusqu'en 1762.

bligea de changer de toutes hardes, qu'il me prit me voyant tout percé, et que j'avois fait rembarquer les miennes ; l'on me voulut faire souper et ne le pus ny me coucher, étant toujours en crainte de ce qui devoit ariver par la mauvaise maneuvre que j'avois vüe, et disois toujours : « Il faut quils soient saoüls ; les flamands ne se peuvent contenir lorsqu'ils ont du vin. Les navires en flûte dérivent plus qu'un autre et s'il n'est pas bon voilier à tenir le vent, je crois qu'ils n'en échaperont nullement. » Ce fut toujours mes discours lorsque l'on me voulut donner quelque espérance de consolation. Et sur les deux heures d'après minuit un paisant Portugais m'anonça la perte totalle de mon navire échoüé à la pointe des plus affreux rochers de ceste ille, dont on ne creut aucun de l'équipage échapés. M^r le consul quiestiona ce portugais de l'endroit du naufrage, il le dit estre à cinq quarts de lieues de Punta Delgada où nous étions et qu'il ne savoit s'il se seroit sauvé quelqu'un, que luy n'avoit ozé aprocher, à cause des difficultés de passer sur les rochers remplis de précipices. Je le fis prier de m'y conduire incontinent, et il dit : « Avant deux heures il fera jour, sans quoy on ne peut s'y hazarder ». Je ne disois pas ouvertement les raisons qui m'empressoient de m'y transporter avant le jour, qui étois que j'aurois pu sauver quelques hardes ou mon coffre où étoit mon argent, me voyant dénüé généralement de toutes choses, et j'empressé de partir avant le jour avec mon guide qui me conduit à peu près vers le lieu du naufrage, et la pointe du jour étoit lorsque nous entrions dans les rochers. Nous n'y fismes pas à 5 pas que les forces me manquoient, et je tumbé d'un des plus hault dans un précipe de plus de 30 pieds profonds, où il y avoit près de deux pieds d'eau salée, et dans ma chutte je rencontrois souvent quelques pointes de rochers qui me recevoient, et sans quoy je n'aurois eu aucune vie, mais en récompense je fus blessé et écorché en bien des endroits de mon pauvre corps. Je voulus me tirer de cet eau ; je creu avoir la jambe gauche rompüe, mais c'étoit la cheville du pied demize et mon genouil et les mains dont j'avois creu m'acrocher aux pointes ; j'eus le coude droit tout emporté ainssy

---

(1) Ponta-Delgada, dans l'île de San-Miguel, chef-lieu du district oriental des Açores. Son port est mauvais.

que mes costés tout écorchées et meurtris ; j'étois en *Exce Homo* et les habits du consul tout déchirées, et sans peruque ny chapeau, et mon pauvre guide pleuroit en me disant : « Il m'est impossible de vous retirer, prenez patience, je vais chercher de l'assistance. » Il fut plus d'une heure et demie à revenir ; j'avois ma montre qui par bonheur fut consservée, et mon guide revint avec trois hommes dont il y avoit un nègre qui avoit une corde autour de luy, s'étant disposé d'aller chercher une charge de bois pour son maître qui me l'envoya, et se servant de sa corde il descendit, et il me l'atacha par dessoubs les aisselles et les trois autres dessendirent de leur mieux où étoit atachée la dite corde et m'atirèrent à eux, et le nègre me soutenoit pendant qu'ils me montèrent sur le haut où ils m'atirèrent encore. Je faisois des cris et plaintes comme on peut le juger et ils trouvèrent un sentier, que mon guide avoit erré, et par là ils m'amenèrent en plain terain ; ils furent à deux chercher une bourrique et une couverture, mais il fut impossible de me monter pour m'aporter en ville tant j'étois acablé de douleurs ; je les priay de me porter dans la couverte et que je les payerois bien, et nostre consul ariva, qui les engagea à me porter ainssy chez luy, ce qui leur donna beaucoup de paine, et étant arivés l'on fit venir un chirurgien qui me seigna et penssa. Nous y trouvasmes trois des nostres qui avoient échapé qui nous déclarèrent que plusieurs de nostre équipage consseillèrent au capitaine de mettre le navire à la voille et que les Anglois s'y mettoient, et qu'il ne les voulus entendre se tenant dans la chambre avec son pillotte, le charpentier et le contre-maistre dizant qu'ils vouloient finir leur disner avant de rien faire, on leur récidiva les mesmes raisons sans qu'ils remuassent de leurs tables, et que ce fut le coup de canon qui les engagea à travailler, mais qu'ils estoient sy saouls de vin qu'ils ne savoient ce qu'ils faisoient, dont le malheur s'ensuivit. et comme je devois partir le lendemain j'avois fait tout embarquer, mes hardes, effects et argent qui causa la mort des susdits quatre principaux de mes officiers et des autres qui voyant le navire se briser contre les rochers se mirent à vouloir sauver mon grand coffre de ma chambre, et que le grand mât s'estant rompu et tomba sur la chambre qui fut écrasée où ils furent engloutis dessoubs, et le tout fut entièrement péry; cependant sy je n'avois esté incommodé j'aurois esté sur les lieux où j'aurois pu sauver quelques hardes ou marchandizes, mais le tout fut pillé par les païsants qui ne s'en font pas de scrupules de restituer puisque naturellement ils sont adonnés au larcin.

Et pour comble de chagrain les Ministres du Roy de Portugal me firent un procès pour me faire payer les bleds qu'ils avoient chargés pour Masagan prenant le prétexte sur la déclaration des trois hommes de l'équipage qui s'estoient sauvés qui avoient dépozé que la faute étoit arivée par notre capitaine et officiers. Ce procès m'aresta neuf mois dans cette ille, après quoy il y vint un petit navire françois chargé de bled pour le porter à Lisbonne, et dans lequel je m'embarquay pour passager avec mes deux hommes. M^r l'abé D'Estrée (1) étoit ambassadeur et il me dégagea de la poursuite de ce procès, mais je me trouvois dépourvu de toutes comodités et de la fortune. Peu de jours après mon arivée il ariva à Lisbonne un navire de la Rochelle armé de douze canons nommé le *Cézard* apartenant à Mrs Godefroy (2) et sur lequel étoit pour marchand un de leurs frères qui pendant leurs traversées fut injurié et maltraité de parolles par son capitaine nomé Peron étant souvent yvre, et étant à Lisbonne récidiva ces brutalités dont Mr Godefroy fut obliger d'en porter plainte à son Excellence M. l'abé D'Estré, qui ordonna de déposseder le dit capitaine et de me donner le commandement du dit navire, et me fit venir devant luy pour me le faire acxepter, et fit mes conditions d'engagement. M. Godefroy trouva un fret pour l'ille de la Terciere

---

(1) Jean d'Estrées, abbé d'Evron, de Préaux et de Saint-Claude, archevêque et duc de Cambrai. Il était fils de Jean comte d'Estrées, maréchal et vice-amiral de France, vice-roi d'Amérique.

(2) Famille illustre dans les annales de la Rochelle. Un Jean Godefroy, sieur du Richard, né en 1579, pair en 1608, capitaine de l'artillerie en 1617, était maire et capitaine de La Rochelle au début du siège de 1627. Doublet citera dans les pages qui suivent les neveux de ce capitaine : Jean Godefroy, écuyer, Benjamin, Alexandre et César Godefroy, marins et armateurs, puis la cousine de Jean, l'aîné, veuf d'une dame Goislard et remarié à une dame Bussereau, suivant Doublet, à Élisabeth Duprat, sœur du pasteur d'Arvert, suivant des renseignements plus sûrs.

D'après un très curieux tableau généalogique que M. de Richmond, archiviste de la Charente-Inférieure, a bien voulu dresser pour nous, des liens de parenté unissent de nos jours les derniers représentants des Godefroy à la famille du général Louis-Eugène Cavaignac.

pour revenir à Lisbonne où M. Godefroy restoit pour faire son négosse pandant que je ferois le dit voyage. Je party au 15 may 1687; j'arivé au port d'Angra soubs la ville de ce nom et ne pus recevoir mon chargement que le 25 juillet et partis le 2ᵉ aoust et arivé à Lisbonne le 26 du mesme mois, sitost que la décharge fut finie, l'on me proposa un segond voyage pour le mesme lieu, je m'apresté et party le 9ᵉ septembre et arivé à Angra le 21, et pris incontinent mon chargement et partis le 3 octobre. Estant à 60 lieux au Nord-Ouest de la Tercère un navire me donna la chasse. Je dis : « Il nous est inutile de croire fuir puisqu'il marche mieux que nous, et il nous faut disposer à nous bien deffendre n'ayant guerre avec d'autres qu'avec les Saletins où il s'agit de la captivité. »

J'avois 24 bons hommes d'équipage, six passagers portuguais étudians qui aloient pour faire leurs exercisses, douze canons et six périers et de bons fusils que je délivray à mes passagers, que j'animois sur le malheureux etat où nous tomberions sy nous sommes pris ; ce navire m'ayant aproché à distance de son canon, ayant le pavillon françois, fit deux fois le tour de nous sans tirer un seul coup, et puis il s'enhardit à venir pour m'aborder à toutes voiles, je fis carguer les deux basses voiles et ordonnay que lorsqu'il nous abordera de mettre le vent dessus nos deux humiers pour faire reculer nostre navire et que luy portant un grand erre il ne pouroit se tenir acroché et que ces cordages manqueront. Estant à portée du pistolet de nous, il nous tira sa bordée de canons et d'une grêle de mousqueterie dont un passager fut tué et un matelot blessé dans la cuisse, quoyque tous sur un genouil sur le pont pour n'estre decouverts, et nous déchargeasmes très à propos nos canons et périers chargés de mitraille comme ils nous abordoient, que nous les empeschasmes de sauter plus de trois dans notre bord, dont deux furent aussitot tuez et l'autre se jetta à la mer, et les grapins et cordages rompirent par la maneuvre que j'avois faite faire de metre le vant sur les huniers, et dans l'instant nous fusmes décrochés. Il passa aussytôt bien de l'avant de nous et amena toutes ses voilles voyant son mât de beaupré rompu à l'uny de sa ligature. Nous n'eusmes que deux chaisnes de haubans rompus par un grapin de fer qui s'y trouva attaché, deux haubans cassés et lestay d'artimon et nos voilles offencées et trois troux de canon et une bitte rompue par leurs canons. Je voulois foncer dessus, luy lascher deux au trois bordées de nos canons, mais mes passagers et officiers me dirent : « Il ne nous peut plus faire de mal et nous pourrons recevoir quelque malheureux coup qui tuera ou estropiera quelqu'un de nous, vault mieux nous en tirer. » Je les creus et fit faire notre route, et comme nous alions nous entendismes une voix crier : « Sauve la vie. » On regarde de tous costés sans rien apercevoir, la voix redouble; je regardé par un sabord de ma chambre et j'aperceu un homme qui se tenoit à la sauve garde de nostre gonvernail. J'appelé du monde et on luy donnay une corde doublée en deux qu'il passa soubs ses aisselles, et on le tira dans ma chambre. Il se mit à genoux demandant cartier mizéricorde et nous dis estre françois d'Avignon, fils d'un artizain en soye nomé Périn, agé de 36 ans, qui voulant aller à Gesnes aprendre à travailler en velours fut pris sur une tartane de Marseille dans son âge de dix-huipt ans et mené esclave à Tétuan et fut donné au Roy de Maroc, et qu'après deux ans de persécutions il renia et prits une femme Moresse dont il avoit cinq enfants, et nous ne luy fismes aucun mauvais traitement. Et le 23 octobre j'arivé à Lisbonne où je fis la décharge, et M. Godefroy n'avoit encore achevé son négosse. Je fis conduire mon renégat chez M. l'ambassadeur qui le retint chez luy jusqu'à ocasion de le renvoyer en seureté à son pays d'Avignon. Il déclara que le navire où il étoit avoit 200 hommes, 18 canons et seize périers.

En attendant que Mr Godefroy eut finy son commerce, je fis calfaster le navire et enssuite le fis échouer pour visiter ses fonds afin d'estre en estat de recevoir son chargement, et au commencement de décembre ariva la flotte du Brézil au nombre de quarante gros navires marchands richement chargés et escortés par six vaisseaux de guerre dont deux d'iceux de soixsante et six canons avoient esté construits à Goa, lesquels dès leur sortie enlevèrent deux vaisseaux de 40 canons sur le Grand Mogol qui portoient grand nombre de pellerins Musulmans qui alloient à la

Mecque porter leurs offrandes au tombeau de leur grand prophète Mahomet. On en fit des réjouissances et feux de joye à Lisbonne. Le 20 janvier 1688 nous commenssasmes notre chargement pour retourner à la Rochelle. Nous embarquasmes 82 grands coffres de sucre et 60 rolles de tabac du Brézil, 20 bottes d'huile et 35 balles de laines lavées et 400 caisses d'orenges, et 25 caisses de citrons, et nous partismes de Lisbonne le 24 février. Mr Godefroy s'étant embarqué avec nous, les vents nous contrarièrent étans prêts de sortir la barre et nous rentrasmes à la rade de Saint-Joseph (1) et y restasmes jusque au 10e mars que nous sortismes la dite barre avec plusieurs navires de diverses nations, et le 2 avril arivasmes à la rade chef de Bois (2) atandant la vive eau pour entrer dans le port de la Rochelle. Mr Godefroy s'étoit débarqué dès notre arivée à la rade et fis le récit de nos voyages et comme je m'y étois comporté à l'ataque du Saletin. J'entray le navire dans la chaisne le 13 avril, où je fus très bien receu des trois Mrs Godefroy et dont Jean, aîsné de tous, m'en chargea de n'aler prendre d'autre auberge que chez luy, et dont je ne peus m'en deffendre et le lendemain je fis les déclarations à tous les bureaux et mon rapport à l'admirauté, et puis on débarqua les marchandizes.

Ce Mr Jean Godefroy étoit remarié à une dame Bussereau aussy veufve, et qui avoit deux aimables filles âgées de 18 et 20 ans et de luy n'avoit pas d'enfants. Tous les soirs, après le souper j'accompagnois ces demoiselles à la promenade, et se joignoit avec nous une cousine qu'on apeloit la belle Goislard, mais de qui la fortune étoit bien moindre que de ses cousines. Cependant je fus épris de sa beauté, et en peu de jours je le luy déclaray en la ramenant chez elle que je l'aimois tendrement, mais que ma fortune étoit trop médiocre pour luy présenter. Elle me répondit qu'un garsson qui a autant de cœur, comme elle a entendu dire à ses oncles, ne doibt pas se rebuter ; que pour elle sa fortune étoit très bornée ayant perdu de bonheu-

---

(1) Le nom de cette rade ne figure point sur les cartes que nous avons consultées.
(2) Au nord du pertuis d'Antioche, entre les rochers dits Lavardins et la terre vers La Rochelle. « L'on ancre son chef de Bois sur 5 à 6 brasses d'eau de profondeur, dit le *Flambeau de la mer*, le fond y est mol. »

re son père et que sy elle avoit bien du bien qu'elle se feroit un plaisir de me le sacrifier, pourvueu que je l'enlevats en Angletere ou en Holande pour y vivre dans la liberté de sa religion, et que moy je vivrois aussy dans la mienne. Sur quoy je luy dits qu'il ne faloit pas sortir de son pays pour cela, que puisque l'on l'avoit contrainte d'abjurer ce ne seroit plus une grande paine de s'y marier, et qu'on auroit plus rien à luy dire sy elle m'épousoit, et que je ne la contraindrois en aucune choze. Et elle ne voulut se deffaire de son entestement que je l'enlevasse, ce qui me la fit quiter crainte qu'elle ne me gagnats à faire ce mauvais coup. Et je me tournay le cœur pour la cadette Bussereau sachant très bien son aisnée estoit assurée d'un amant de Bordeaux nouveau converty, et cette cadette correspondoit fort à mes honnestes tendresses. Madame sa mère y donnoit fort les mains, ainsy que M. Godefroy qui me fit bien des offres pour que je restats avec eux, et que sy je n'étois pas content de son navire le *Cezard*, qu'il m'en donneroit un de 24 canons qu'il attendoit du retour de Sainct-Domingue. Je luy fits connoistre que nécessairement il me faloit aler à Dunkerque pour rendre compte de ce navire naufragé à lille de Sainct-Michel et dont j'étois porteur des procès-verbaux comme il ne s'étoit rien sauvé des effects, et que sy je restois à la Rochelle ou ailleurs sans me justifier, ils pouvoient suposer que j'eus sauvé bien des affaires et me faire poursnivre, ce qui tourneroit à mon deshonneur et désavantage. Sur quoy ils m'aprouvèrent fort, et me prièrent tous les frères de retourner vers eux lors que je me serois entièrement libéré, ce que je promis faire. Mais l'homme propose et Dieu dispose. Sur la fin de juin je les remerciay bien et pris congé de ces messieurs et demoiselles trouvant un bastiment prêt à partir pour Dunkerque dont je m'étois assuré de mon passage et partis de la Rochelle le 3 juillet, et le 11e du mesme mois étant à l'ouest du port de Pleimuth en Angleterre nostre maistre de bastiment me dit qu'il y alloit relascher seulement pour un ou deux jours, et n'y voyant aucune nécessité je luy demanday pourquoy ce relasche, et il m'en dis ses raisons : que c'étoit pour y débarquer en rade quelques pièces d'eau-de-vie en fraude à cause des grands droits. ainsy je fus dans la ville où je couchay qnatre nuitée, et les nouvelles furent publiées de la naissance du prince de Gall (1) dont par forme la citadelle tira quelques coups de canons; mais le peuple et particulièrement nos Religionnaires refugiés disoient milles infamies de la pauvre Reine (2) et mesme du Roy, ce qui faisoit peine d'entendre, et le 17 nous mismes à la voille partant de Pleimuts (3) et le 6 aoust j'arrivé au dit Dunkerque dont entr'autre de mes intéressés au navire perdu me fit à l'abord un mauvais compliment en me demandant sy je leurs raportois bien des effets qu'il avoit appris avoir esté sauvés après le naufrage. Je luy répondis : « Avant 24 heures je vous feray conoistre au net toutes choses. » Quant aux autres, je fus chez eux, où ils me receurent comme gens raisonnables qui ont fait de la perte, mais me receurent tous honnestement en me disant estre bien persuadés des vérités que je leur avoient marquées par mes lettres et que le sieur Batement qui m'avoit fait ce mauvais compliment étoit un brutal et le moindre intéressé et que je ne devois m'arrester à ces mauvais discours si mal fondés. Je leur présentay les attestations et les procès-verbaux de tout ce qui s'estoit passé; ils les communiquèrent à ce brutal de Batement, et il en consulta et ne peut me faire ny dire et se remit d'amitié avec moy, après quoy ils reconnurent la vérité.

Et sur la fin de septembre 1688 on parloit fortement d'une déclaration de la guerre, où les préparatifs d'une armée navale en Holande et que les meilleurs amis et gros milords du Roy Jacques aloient auprès du prince Orange. L'on arma plusieurs chaloupes de nos navires du Roy pour aller épier aux ports d'Angleterre s'il y auroit quelques remuements ou pour aider à sauver la Reine et le prince de Galle. Mr Desvaux-Mimard (4), lieutenant de nos

(1) Jacques-François-Edouard Stuart, fils de Marie d'Este et de Jacques II, né le 20 juin 1688 et mort à Rome le 1er janvier 1766 après une existence extrèmement agitée.
(2) Marie d'Este, fille du duc de Modène, née en 1658; mariée en 1673 à Jacques Stuart qui n'était alors que duc d'York. Elle mourut au château de Saint-Germain-en-Laye le 7 mai 1718.
(3) Plymouth. Doublet écrit tantôt Pleimuths, tantôt Pleimuts. Son orthographe des noms de lieu et des noms propres varie à chaque page.
(4) De Vaux-Mimars, ancien garde-marine le 19 février 1681, fait enseigne en 1684, lieutenant en 1689 et capitaine de frégate le 1er décembre 1705. Mort le 18 octobre 1718.

vaisseaux du Roy, me pria de m'embarquer avec luy dans la chaloupe qu'il commandoit. Il n'avoit qu'un bras, l'autre étant paralétique. Nous fusmes pendant la nuit aux Dunes (1), où je fus dans un cafe pendant une heure, que le bruit se répandit que le Roy Jacques avoit pris la fuite s'étant veu abandonné sur la nouvelle que le prince d'Orange avoit débarqué en Angleterre vers Torbays. Je fus en faire le récit à Mr Mimard et aussy tots nous fit retourner vers nos costes, et nous atterrasmes à Ambleteuse en Picardie, et dans le moment nous vismes une chaloupe angloise très proche de nous qni abordoit au mesme lieu, et lors que la dite chaloupe toucha à terre, nous y remarquasmes quatre seigneurs dont à l'un diceux les autres ainssy que les mariniers luy portoient un grand respect (2). Lorsqu'il voulut se débarquer, Mr Mimard et moy nous nous mismes à l'eau jusqu'aux cuisses pour le recevoir, mais un des officiers de sa chaloupe s'étant mis à l'eau le receut à fourchet sur son épaule ayant la teste nüe; Mr Mimard lui soutenoit une main. Et lorsqu'il fut dessendu pieds à terre, il demanda au sieur Mimard qui il étoit, et son nom. Il luy dit. Puis le Roy luy dit qu'il se souviendroit de luy et nous l'accompagnasmes à l'auberge, où il n'aresta que le temps qu'on luy aprestats des chevaux de poste et partit aussitots avec deux de ces messieurs, et nous ramenasmes nostre chaloupe dans le bassin à Dunkerque, où je receut une lettre de Mr Jean Godefroy qui me mandoit qu'il atendoit en peu sa frégate de 24 canons, et lorsqu'elle luy seroit arrivée qu'il me le feroit savoir pour l'aler trouver.

Sur le mois d'octobre le Roy fist déclarer la guerre contre la Holande seulement, donnant pouvoir aux particuliers de ses sub-

---

(1) Point de la côte d'Angleterre, entre Douvres et la Tamise, où il y a un bon encrage pour les vaisseaux.

(2) On sait qu'il s'agit de Jacques II, de la famille des Stuarts, fils du roi Charles Ier et de la reine Henriette de France fille de Henri IV, né en 1633. Il porta jusqu'à son avènement au trône le titre de duc d'York. Détroné en 1688 par son gendre Guillaume de Nassau, prince d'Orange, il se réfugia en France. Il était accompagné de son fils naturel, Jacques Fitz-James, duc de Berwick, promu en 1706 à la dignité de maréchal de France. — La date du débarquement de Jacques II à Ambleteuse n'est point le mois de septembre 1688 ainsi que Doublet l'indique mais le 4 janvier 1689. Jacques II arrivait à St-Germain le 7 du même mois. Voy. la *Gazette* du 10 janvier 1689.

jets de faire la course dessus. Mais le port étoit dépourveu de frégattes propres à faire la course, et un chascun en faisoit bastir. Les sieurs Geraldin et Lec, Irlandois établis à Dunkerque, me proposèrent d'armer une petite corvette seulement de quatre canons, qu'un nommé capitaine Laurens, anglois de nation, avoit amenée de la Jamayque, lequel nous assura estre finne de voile, et ils me détournèrent de pensser d'aller à la Rochelle et qu'ils m'aloient faire bastir une frégatte de 24 canons toute preste pour mars en suivant et dont ils en firent en ma présence le marché avec le constructeur. Cela m'encouragea, car j'avois répugnance dans l'hyver de m'embarquer sur un sy foible bastiment. J'engageay trente deux bons hommes tant bas officiers que matelots et le capitaine Laurens pour mon segond, et pour lieutenant un nommé Welkisson aussy anglois, mais tous les deux braves et bons marins. Je receu commission de son altesse sénérissime M^r le comte de Vermandois (1) sous le nom de la corvette la *Princesse de Conty*, et sorty du port au six de novembre pour aller croiser vers le Nord, ou le 20 du mesme mois nous eusmes un rude vent du Nord-Nord-oist, dont un coup de mer nous enfonça tout un costé et nous combla presque à demy d'eau, ce fut un hazard comme nous en échapasmes en fuyant au gré du vent, et relachasme à Dunkerque le 12e et je ne sais comme après nous ozasme penser à nous rembarquer dans cette bicquoque. Cependant les marins oublient facilement les périls dont ils ont échapé et nous fismes radouber nostre barque, et nous partismes le 18, n'ozant plus retourner vers le Nord, ou les vents et la mer sont plus agités. Nous n'avions point pour lors de guerre déclarée avec l'Angleterre et nous fusmes tout le long de ceste coste et ayant passé entre la grande terre et l'ille de Wic, dont devant Chatam on nous tira d'une forteresse deux coups de canons à boulets qui passèrent entre nos mâts sans nous endomager qu'une seule maneuvre nommée un bras de misenne qui fut coupé, et nous tirasmes au large, et fusmes à Torbay puis devant Pleimuths, où nous trouvasmes à trois lieux au large un bateau traversier venant de

---

(1) Le comte de Vermandois, fils naturel de Louis XIV. La charge d'amiral de France fut rétablie en sa faveur le 12 novembre 1669.

la Rochelle avec neuf à dix familles de la religion qui se sauvoient dans Pleimuts. Ces pauvres gens étoient à demy morts de peur que je ne les enlevasse en France et faisoient compassion (1). J'en fus reconnus de plusieurs qui se jetoient à nos pieds et entr'autres un nommé Mr Briant, fameux marchand, et le capitaine Roc. Je leur dis pour les rassurer que ma commission ne portoit pas de coure sur eux, mais seulement sur les Holandois. A cela mes deux officiers anglois protestants m'aprouvèrent fort, mais les bas officiers et matelots voulurent se mutiner pour que nous les emmenassions. Et Mr Briant me dit proche l'oreille : « Ayez pitié de vostre belle Goislard que voilà déguizée en cavalier ». Je fus l'embrasser et luy dire que je périray plustot que de la perdre, et nostre équipage fust apaizé par une cinquantaine de louis d'or que Mr Briant leur jeta, disant : « Voilà tout ce que nous possédons d'espesces, ayant bon crédit en Angleterre ». Et nous les laissasmes échaper, en nous ayant promis sur serment qu'ils ne nous découvriroient aucunement lorsqu'ils seroient débarqués, et ce que nous avons trouvé véritable dans la suite, ayant déclaré comme je les en avois prié de dire que nous étions Ostendois qui les avoient visités sans leur faire aucuns domages.

(1) Les mesures les plus diverses furent prises pour arrêter la fuite des religionnaires. En Normandie on établit trente corps-de-garde et autant de pelotons de cavaliers « destinez pour battre l'estrade sur les costes. » Des chaloupes armées procédaient en mer à la visite des navires. Les arrestations étaient nombreuses. Les religionnaires s'embarquaient la nuit sur un point peu fréquenté, et on les voyait la nuit allumer des feux sur les falaises de la Seine-Inférieure, du Havre à Dieppe, échangeant ainsi des signaux avec des navires étrangers qui louvoyaient près des côtes. Pour empêcher les embarquements clandestins, les intendants promettaient aux paysans de leur céder la moitié des meubles des religionnaires en cas de dénonciation. Arch. de la Marine, service général, correspondance de M. de Montmort, 1686.

CHAPITRE V

Prise d'un navire hollandais dans un port d'Angleterre. — Croisières dans la Manche. — Naufrage à Cherbourg. — Doublet est présenté à M. de Seignelay. — Il prend le commandement de deux barques longues. — Son arrivée à Brest. — Il découvre la flotte de Tourville. — Ses entrevues avec Seignelay. — Enlèvement d'un percepteur anglais. — Croisières. — Prise d'un navire anglais. — Naufrage. — Autres prises.

Et deux jours après cette rencontre, ne trouvant rien, je fus mouiller l'ancre vis à vis d'un petit bourg situé au bord de la mer et sans forteresse, éloigné d'une bonne lieue de Pleimuth, ayant le pavillon d'Ostende déployé. Nos échappés nous reconnurent et vivoient au dit bourg nomé Ramshed (1) où sont tous françois réfugiés, et ne nous décelèrent aucunement. Et sur les 3 heures du soir, il me prit fantaisie d'aller avec deux hommes dans nottre petit bateau à terre, et moy déguisé en bon et simple matelot, voulant m'informer adroitement s'il n'y auroit pas dans les ports quelques navires Holandois prets à en partir, et dont je réussis à mon dessein. Et lorsque je mis pied à terre, je trouvai le capitaine Roc et son fils qui me disoient mille bénédictions, et me voulurent convier à boire de la bierre et les priay de m'en dispenser, et que je serois fasché d'estre connu de d'autres, et leur déclaray le subjet de ma dessente, et ils me dirent qu'au port du cap Ouastre, il y avoit un houcre Holandois de dix canons, venant d'Espagne richement chargé, et que ce seroit bien mon fait s'il sortoit en mer, mais qu'ils ont appris qu'il n'en sortyroit sans avoir un con-

(1) Ramehead, pointe à l'ouest de la baie de Plymouth.

voy.; et que dans le port de Saltache (1) il y avoit une grande pinasse de six à sept cents thonneaux de port et ayant 40 canons et peu d'hommes à proportion, et que les canons de sa batterye de bas ne pouvoit jouer, estant embarrassés par des ballots de laine d'Espagne, mais que nous avions trop peu de force pour y attenter. Je quittay mes deux amis et fus au bourg de Saltache dans un cabaret demander une pinte de bierre. Et je rencontray le capitaine de ce navire, lequel je reconnus à son nées extraordinairement long et avec lequel j'avois autrefois bu en Portugal, mais il ne me reconnus pas et il me quiestionna d'où j'étois et ce que je faisois. Je luy dis que j'étois de Bruges en Flandre et que j'avois fait naufrage sur une belandre chargée de vin et eau-de-vie et avions esté poussé par tempestes sur la coste de Gandetur, et que je cherchois passage pour retourner au pays, et luy demanday passage pour Holande qui en est proche. Il me dits : « Mon camarade je ne say quand je partiray d'icy et ne le feray sans un convoy, car mon navire vaux plus de quatre cents mile florins. » Je luy dits : « Vous avez bien du canon. » — « Oui, dit-il, mais mon plus fort ets embarrassé, et je n'ay que trente et huyt hommes. La nuit s'approchoit ; je n'en voulus savoir d'avantage et je me retiray promptement à mon bord avant qu'il fust nuit, et les bateaux venant de la pesche se retiroient au port. Il y en eut un qui passoit proche de nous. Je luy fist demander par le capitaine Laurens s'il vouloit nous vendre du poisson. Il répondit que ouy, et pendant qu'il venoit à notre bord, je racontay en peu ce que j'avois apris à terre et représentay la faiblesse de notre bastiment, où nous avions échapé un grand péril, et que nous courions risque d'en essuyer d'autres dont peut estre nous n'en échaperons pas, et que notre fortune étoit dans le port de Saltache dans cette mesme nuitée dont les vents et ce bateau nous étoient favorables. Les sieurs Laurens et Welkisson trouvèrent la choze faisable et la firent gouster à nostre équipage. On

---

(1) Saltash, bourg d'Angleterre, en Cornouailles, sur le penchant d'une colline baignée par la Tamer; l'embouchure de cette rivière lui forme un port situé à 2 milles marins au-dessus de Plymouth. Ce fut dans ce port que Doublet captura, sous le feu des forts, un vaisseau hollandais de 6 à 700 tonneaux et armé de 40 canons.

acheta tout le poisson de ce basteau où ils n'étoient que trois, le maistre étoit âgé de plus de soixante années et son fils environ de 30 à 35 ans. Nous les conviasmes d'entrer dans notre cahute de chambre pour leur faire boire de l'eau-de-vie de France : ils nous croyoient d'Ostende. Et ayant eu la teste échauffée de la liqueur qu'ils aiment passionément, ils jasoient avec mes deux Anglois qui se conservoient sur la boisson. Le vielard disoit beaucoup de louanges du gouvernement de M^r le prince d'Orange qui alloit exterminer tous les chiens de papistes françois, etc. ; et pour finir on les saoula sy plains qu'ils tombèrent à beste morte dans la chambre et degorgeoient leur estomac. Nous avions mis au mesme état le troisiesme et le plus jeune dans son bateau et on l'embarqua dans notre bord. Nous nous munismes de dixhuit pistolets et autant de sabres et de vingt quatre grenades et de six bonnes haches de charpente, ne devant faire qu'un prompt coup de main. Et sur la minuit nous nous embarquasmes en tout vingt-huit de l'élite de nos hommes et partismes sourdement avec ordre d'un grand silence, et qu'il n'y auroit que le Sr Laurens qui répondroit à ceux qui demanderont d'où est le batteau. C'étoit entrant au 26 de novembre 1688 et en passant près du chasteau de l'ille de Rat (1), un des sentinelles ne manqua pas de crier : « D'où ets le bateau ? » Laurens répondit : « A fischer Boat », qui veut dire basteau pescheur. Il en ariva autant passant sous la citadelle et au fort de l'entrée de Saltache, et nous y entrasmes sans aucun contredit, et fusmes droit aborder le Holandois au travers de ses grands haubans, et nous grimpasmes tous exepté un seul pour la garde de nostre bateau. Il se trouva un seul Holandois sur leur pont, qui d'un levier cassa un bras d'un de nos matelots qui étoit de Calais, et nous nous emparasmes de toutes les portes des dunettes et des gaillards de proüe et de poupe, ainsy que de toutes les écoutilles, et avec les haches on enfonssa la dunette, où l'on se saisit de trois officiers qui y reposoient, et il y avoit une écoutille dans le milieu de cette dunette qui communiquoit dans la grande chambre où reposoit le capitaine qui, enten-

(1) Dans l'île de Saint-Nicolas.

dant le bruit, se préparoit à faire un mauvais spectacle. Mais par un bonheur tout extraordinaire, mon charpentier qui avoit foncé la dunette, nomé Jacques Férand, de la ville de Caen, ayant entré dans la dite dunette, tomba dans la grande chambre sur le dos du capitaine Holandois par cette écoutille où il y avoit six pieds de haut et acabla soubs luy le dit Holandois, et Férand se sentant avec un homme criant quartier, dougre quartier, en rüant de sa hache il blessa au bras le pauvre capitaine. Le dict Ferrand cherchant à taston la porte de la grande chambre, il l'ouvre, et cria : « Qu'on aporte vite de l'eau, tout est icy plain de poudre répandue soubs mes pieds, et qu'on aproche pas aucun feu. » Je fis aporter force sceaux d'eau qu'on jeta partout dans la dite chambre, et il n'ariva aucun acxident, car le coquin de capitaine advoüa qu'il aloit battre du feu pour faire périr son navire et généralement tout. Je fis rassembler tout et autant que nous peusmes trouver gens de son équipage et les fis enfermer dans le gaillard d'avant, et garder par deux de nos gens armés et n'en peusmes trouver que vingt-six ; les autres s'estoient cachez parmy les balles de laine. Ce navire avoit ses deux vergues majeures amenées tout bas, ce fut un gros et long travail pour les reguinder pour pouvoir apareiller le navire avec le peu de monde que nous étions dont quatre étoient occupés en sentinelle à garder les sorties. Je fus prendre dix de nos enfermés et les fis aider à guinder avec nos gens, et quand le taut fut bien préparé pour apareiller et mesme les deux huniers furent déployés et guindés, je fis renfermer mes dix prisonniers et crainte qu'ils ne tirassent quelque canon de gaillard où ils estoient je fus à tastons en oster les amorces, et fis couper les deux câbles sur ses écubiers. Et il étoit à ma montre un peu plus de cinq heures quand le vent fut dans nos voilles, et fit déployer la misenne la tenant toute preste à la laisser aussy déployer. Le capitaine Laurans fut un peu blessé au gras de jambe par un sabre de nos gens par mégarde, et lequel connaissoit parfaitement le port, et pour nous éviter de passer entre la citadelle, le fort et le château de Rat, il nous fit sortir par la passe du Ouest, quoyque très dangereuse par les rochers et qu'il n'y passe presque que quelques moyens navires. Il hazarda le tout pour le tout, cependant sans nous rien ariver. Et comme nous passasmes à portée d'un moyen pistolet du costé du dit chasteau de Rat, un des sentinelles cria en anglois : « Où va le navire ? Avez-vous vos despesches ? » Laurans répondit que ouy, et que les courants nous forssoient de passer au risque par cette passe. Et nous sortismes très heureusement que le jour commençoit à pointer. Nous amarinasmes nostre belle prize et laissé le capitaine Laurens et Welkisson pour la conduire avec une copie de ma comission et vingt de nos meilleurs hommes, et dans le bateau anglois je m'embarqué avec le reste de mes gens, le capitaine Holandois et vingt-quatre de ses gens et les conduis au bord de ma corvette quoy que plus en nombre que nous n'estions. Je trouvay mes trois anglois encore endormis et eusmes de la peine à les réveiller pour se rembarquer. Je leur payay grassement leurs poissons et les fit boire chacun un verre d'eau-de-vie et je leur dis : « Voilà mon câble et mon ancre que je vais laisser, je vous le donne. » Car étant foible de mon monde je ne pouvois le lever sans perdre bien du temps, et ma prise étoit déjà de plus de 5 lieux de l'avant. Mes trois anglois se trouvant trop foibles pour lever mon ancre furent prier des bateliers qui aloient à la pesche pour leur aider, qui aprirent à nos yvrongnes que j'avois enlevé le gros navire Holandois et que tout étoit en rumeur dans la ville et les forteresses dont les sentinelles furent tous emprisonnés, disant qu'il y avoit connivence avec moy ; nos prisonniers en disoient autant. Mais depuis j'apris qu'il y eut trois sentinelles de pendues et le vieux batelier et son bateau et le câble brullé par le boureau, et l'ancre jetté dans le passage où j'avois sorty la prize. Sitost que je fus soubs voille je la ratrapay en peu de temps et puis j'alois à trois et quatre lieux devant elle, et sur les costés pour faire la découverte. et estant le travers du cap Blancquef je découvris une frégate Holandoise de 24 canons, je creus bien qu'elle me raviroit ma proye. Je reviré dessus et fut advertir le sieur Laurens qui me cria : « Nous sommes en estat de nous bien deffendre, et sy vous nous voyez embarassés venez tous vous embarquer et laissez aller la corvette à l'abandon. » Et après quoy j'étois tout resoult, et la frégatte vint reconoistre notre prize qui arbora le pavillon de France et cargua ses deux basses voiles tout à coup et tira un canon de douze livres de boulet sur la frégatte Holandoise, laquelle s'en tirer s'en écarta. Nous avons bien creu qu'elle ne creu pas que ce fût notre prize et plustot la creurent un bâtiment de ces grosses flûtes du Roy, et nous laissa faire nostre route. Et le 30 novembre nous entrasmes dans les jettées de Dunkerque ayant cependant abordé en entrant la jettée du fort vert que je creus la prize preste à couler au pied, mais il n'y en eut que le haut d'endommagé : et un chacun fut surpris de voir une soury avoir enlevé un éléfant. Mais ayant apris l'endroit fort dont elle fut enlevée étonna bien plus, et creurent qu'il y avoit eu connivence. Je fus caressé et des louanges entières, puis on me pria de sortir en mer pour achever d'y consommer le restant des vivres de l'armement; ce qui fait connoistre que l'homme avide n'est jamais content des biens du monde (1).

Enfin je les voulus contenter et rassemblay mon petit équipage qui disoient ne rien craindre soubs ma conduite, quoiqu'on dize que j'ay de la présomption, mais c'est choze réelle que cela fut dit par mon équipage. Nous sortons du port du 6 décembre et poussons la route vers le Ouest de la Manche, où étant proche de Portland en Angleterre nous creusmes estre abimés par la mer. Je fis à petite voilure coure vers les costes de France et atrapé la rade de Cherbourg, où je fus à terre et y saluay M^r le Marquis de Fontenay (2) qui en étoit gouverneur et seigneur de mérite et bien grascieux. Après l'avoir satisfait sur la manière de ma prize, je me retiray à mon bord sur les trois heures du soir que les vents sautèrent au nord-ouest qui sont très dangereux dans cette rade, et sur les six heures ils augmentèrent et la mer devint impétueuse. J'aurois bien souhaité estre dans la crique, mais il y avoit encore

---

(1) Doublet doit revenir plus loin sur cet épisode et expliquer qu'il eut l'honneur d'en raconter les péripéties à M. de Seignelay. En outre, il y a lieu de croire que « l'action jolie » mais d'une grande témérité racontée ici devint l'objet d'une assez vive curiosité. En effet, on en trouve le récit dans l'*Inquisition française ou Histoire de la Bastille* (t. II, p. 325) par C. de Renneville.

(2) Hervé le Berçeur, seigneur et patron de Fontenay et d'Emondeville, enseigne au régiment des Gardes et commandant des villes et château de Cherbourg, allié, par contrat du 21 novembre 1664, avec Marie-Anne-Jacqueline de La Luzerne, dame de Brévant. — (Lachesnaye-Desbois, XII, p. 632.)

plus de trois heures pour attendre que la mer fus haute, où pendant cette attente nous souffrions beaucoup par les fréquents coups de mer qui nous couvroient depuis la proue à la poupe. Mon équipage disoit : « Il faut abandonner les câbles et pousser en coste. » Et je leur remontray qu'aucun de nous ne pourroit sauver la vie, et que pour périr il vaudroit mieux périr où nous étions pour n'estre blasmés d'imprudence, et nous soufrismes jusques sur les 8 heures et demye que je fis tirer un de nos canons par distance, et la mer se devoit trouver en son plain à neuf heures et demie. De nuit très obscure et au bruit de nos petits canons M^r le Marquis de Fontenay fit aborder les deux costés de la crique de lanternes allumées, ce qui nous dénotoit la voye que nous devions tenir, et dans l'instant un coup de mer nous fit rompre une de nos bittes où nos câbles nous tenoient attachés, et il falut de toute nécessité couper nos câbles et donner au hazard pour entrer, et nous nous dépouillasmes tous en chemise pour mieux nous sauver, et nous entrasmes très heureusement et échouasmes tout au haut de la crique. Et je repris mes habits et fus au gouvernement remercier M. de Fontenay qui achevoit son souper avec grosse compagnie d'officiers suisses dont M. Du Buisson étoit du nombre. Tous ces messieurs me tesmoignèrent leur joye de ce que j'avois échapé du naufrage et particulièrement Madame de Brevent, belle-mère de M. le Marquis.

Deux jours enssuite arriva à Cherbourg Monsieur le Marquis de Seignelay chez M. de Fontenay. On luy conta l'avanture de ma prize et aussy comme je venois de réchaper du naufrage. Il dit : « L'on m'a écrit sucintement sur la manière qu'il fit cette prize, mais puisqu'il est icy je seray bien aize de l'aprendre par luy mesme. » Il m'envoya chercher par un officier de marinne. J'y fus ayant des botines aux jambes, et si tost que je l'eus salué il me dit : « Comptées moy un peu comme vous vous y pristes pour enlever cette prize, et me dites au net sy quelques anglois ne vous y ont pas facilité. » Je lui dis : « Non, Monseigneur, et en moins que je le pourray j'en vais faire le détail à Votre Grandeur, et j'ay mon journal qui justifira le tout. » Et je commençay par la rencontre de réfugiez et de celle du capitaine au grand neez nommé Jean Stam, et la suite jusqu'à Dunkerque. Après quoy il dit tout haut : « Il y a eu de la témérité mais beaucoup de précautions et bien de la conduite. » J'inclinay la teste. Puis il me dit : « Je vous ordonne que du premier beau temps vous retourniez à Dunkerque et que vous désarmiez cet engin propre à périr du monde; je l'ay veu en passant, et j'écris à l'intendant de marinne de vous employer pour le service du Roy, en ce que je luy indiqueray. » Et je remerciay Sa Grandeur. Je fus congratulé de toute sa cour, et M. de Combe, (1) ingénieur, me fit bien valoir que c'étoit par ses bons récits que j'avois esté apelé du Ministre, mais j'en étois redevable seul à Monsieur de Fontenay ce que j'apris au sertain. Le Ministre partit au lendemain pour Torrigny et suivre sa routte pour Brest (2), et trois jours après qui étoit au 9ᵉ janvier 1689, je party de Cherbourg pour me rendre à Dunkerque où j'arrivay le 12 ensuivant et aussitost que je fus débarqué, M. Geraldin (3) me dit : « Notre frégatte neufve s'avance bien et il faudroit donner vos atentions. » Je fus ensuite saluer Mʳ Patoulet, (4) intendant de marinne, et il dit : « J'ay des ordres du Ministre de vous donner le commandement des deux barques longues qui sont neuves et prestes de lancer à l'eau, et à vous de choisir un capitaine bien expérimenté pour en commander l'autre, et de suivre vos ordres. » Je le priay de m'en nommer un de son choix, et il me dit qu'il ne me faloit pas un jeune officier qui fût de qualité, parce qu'il me pourrait contrecarer dans la subordination à cause de sa naissance et que cela préjudicieroit au service. Il jetoit en vue sur le capitaine Pierre Harel (5) qu'on avoit envoyé du Havre pour servir de pil-

(1) Ingénieur du roi, chargé pendant quelques années de l'inspection des travaux maritimes en Normandie. Au mois de mars 1684, il visitait le port de Honfleur par ordre de Seignelay.

(2) Seignelay arriva à Brest dans le courant du mois de mars 1689 pour accélérer les grands mouvements qui s'y faisaient. Vauban, après avoir visité toutes les côtes et une partie des îles depuis Ypres jusqu'à l'embouchure de la Loire, l'y avait précédé et était arrivé le 18 février. — (Levot, *Hist. de Brest*, t. II, p. 28.)

(3) André de Géraldin, né à Saint-Malo, fut nommé capitaine de brûlot le 1ᵉʳ janvier 1691; capitaine de frégate le 1ᵉʳ janvier 1703; capitaine de vaisseau le 23 avril 1708. Mort le 11 avril 1738. — (Arch. de la Marine.)

(4) Jean-Baptiste Patoulet, chevalier, conseiller du roi, commissaire général à Rochefort le 15 août 1676; intendant aux iles d'Amérique, 1ᵉʳ avril 1679; intendant à Dunkerque, 1ᵉʳ janvier 1683. — (Arch. de la Marine.)

(5) Capitaine marchand du quartier du Havre, fut fait capitaine de brûlot en 1692 et mourut en mer vers 1704.

lote sur un des gros vaisseaux du port, mais Mr l'intendant me dit que si je pouvois m'acomoder de Mr Durand (1) que luy étoit recomandé par Mr Begon, (2) intendant à Rochefort, que je ferois plaisir à tous les deux, et qu'il faudroit que ce fût moy qui anonssât cette nouvelle au dit Sr Durand comme de mon choix pour le tenir plus ataché à moy, ce que je fis, et Me l'Intendant luy confirma la chose qu'il acxepta. L'on équipa les deux barques longues, (3) la mienne étoit nomée la *Sans Peur*, et l'autre l'*Utille*; j'avois huit canons et l'autre six et chacun quarante-cinq hommes d'équipage, et nous receusmes les ordres de la cour cachetées pour ne les pas ouvrir que nous ne fussions hors des bancs de Flandre, et les ayant ouvertes elles portoient d'aller devant la Tamise, rivière de Londres, pour observer combien de vaisseaux de guerre nous y pourions découvrir, et à peu près leurs forces et enssuite aux Dunnes, et puis à l'ille de Wic, Darthemuths, et Plemuths, et après avoir observé nous revenions rendre compte de nos gestions. La cinquiesme journée d'après nostre départ, qui fut le premier de février et la 6e dito, étant le travers de la Rie éloignée de 3 lieux, sur le soir nous aperceusmes un batiment qui venoit pour nous reconnoistre et la nuit survenant nous le perdismes de vue. Je fis passer la nuitée soubs la cape pour ne nous exposer dans les bancs, et au jour nous aperceusmes Mr Durand éloigné de plus de trois lieux et qui donnoit la chasse sur un bastiment. Je fis tirer un coup de canon pour le rappeler à nous, il n'en fit aucun cas ; et fis tirer un segond coup et il ne cessa pas quoy que ses ordres comme les miennes portoient d'éviter toutes occa-

---

(1) Nicolas-Jacques Durand commanda en course en 1675 et 1678 plusieurs frégates légères armées à Dunkerque. Il fut envoyé en croisière dans la mer du Nord, en 1695, et mourut pendant la campagne.

(2) Michel Begon, chevalier, né à Blois en décembre 1638. Etait frère du premier commis de M. de Seignelay. Président et lieutenant général du bailliage de Blois en 1677, il devint commissaire général de la marine à Rochefort en 1680; intendant aux iles, 1684; intendant général des galères, 1685; intendant à Rochefort, 1688; à la Rochelle, 1694. Il fut revoqué, vers 1705, par M. de Pontchartrain et décéda à Rochefort le 13 mars 1710, laissant plusieurs enfants.

(3) Petites frégates de 6, 10 et 12 pièces de canon, « qui vont parfaitement à la voile, « mais qui ne sont bonnes pour la course que l'été, l'hiver les Dunkerquois se servent « de doggres pêcheurs qu'ils équipent en guerre, et comme ces vaisseaux sont fort ronds « ils soutiennent parfaitement la mer dans les plus rudes tourmentes. » Arch. de la Marine, campagnes, 1689-1690.

sions de prendre aucun bastiment ny de nous faire prendre. Il fut bien surpris de voir que celuy sur qui il avoit chassé, le chassa luy mesme, et qu'avant que je le peus secourir, il fut pris par une frégatte de douze canons de Flessingue qui l'ammarina. Et le 7ᵉ février, je rentra au port et rendis compte à M. l'intendant qui fut fort irité envers le sieur Durand, et le 9 la frégatte de Flesïngue et notre barque longue furent encontrées par deux de nos frégates, qui revenoient escorter trois prises qu'ils avoient faites au Nord sur les Hollandois, lesquels prirent le flessinguois et l'*Utille* devant Ostende, et nous les amenèrent dans Dunkerque, et où le pauvre Durand fut menacé du cachot et traité d'incapable de commander, dont il creu que je l'avois par trop blasmé sa conduite. Mais M. l'intendant luy fit bien conoistre le contraire, et que je l'avois excusé, mais ses officiers propres, après estre de retour, déposèrent son entestement, luy reprochant de luy avoir remontré qu'il outrepassoit les ordres et n'avoir voulu cesser la chasse après que j'eus fait tirer les deux coups de canon. Mʳ l'intendant m'ordonna de nommer un autre capitaine pour l'*Utille* qui avoit esté rechaspée. Je luy dits : « M. Durand sera corigé et fera mieux. » Il me dit : « Ne m'en parlez pas, la cour deffend de l'employer. Vous m'avez cy-devant proposé Harel comme homme expérimenté et posé, prenez-le et vous disposez à partir dès demain sy le vent permet pour escorter plusieurs petits bastimants qui atendent pour aler à Calais, à Bologne et St Valery-en-Somme et puis en rameinerez d'autres qui sont pour revenir icy. » Le Sʳ Harel étoit d'une entière reconnoissance de son élévation et avoit toutes soubmissions possible ; et le Roy étoit bien servy. Nous fismes ce manège près de deux mois et puis nous escortasmes des bastimenents jusqu'au Havre, où M. de Louvigny (1) pour lors intendant m'ordonna d'en escorter jusqu'à Cherbourg où je trouverois mes ordres chez monsieur De Matignon (2), qui après l'avoir esté salué m'ordonna de rester avec l'*Utille* jusqu'à ses ordres.

(1) Paul de Louvigny, seigneur d'Orgemont, conseiller du roi. Intendant au Havre, 1ᵉʳ septembre 1688 ; à Brest le 15 mai 1701. Mort à Brest le 24 décembre 1702.
(2) Jacques Goyon, sire de Matignon, comte de Thorigny, baron de Saint-Lo, lieutenant général en Normandie, gouverneur de Cherbourg, Granville et les îles Chaussey,

Peu après ariva à Cherbourg monsieur De la Hoguette, (1) lieutenant général des armées du Roy, qui avoit un camp volant pour au cas que les ennemis voulut atenter une dessente vers ces costes. Le conseil de ces seigneurs s'assembla à la Paintrerye (2) proche de la Hogue. Je receu leurs ordres par écrit, portant que M. le chevalier de Beaumonts, (3) commandant une petite frégate de douze canons, et Mr de Rantot (4), son frère, comandoit une corvette de six canons qu'ils avoient armées à leurs frais, lesquels devoient étant en mer suivre en tout mes ordres. Je représentay à Mrs de Matignon et De la Hoguette que c'étoit faire affront à des M^{rs} d'une naissance bien au-dessus de la mienne et que l'on m'accuseroit d'ambition. Ces messieurs me dirent : « Vous êtes porteur de commission du Roy et eux de M^r l'admiral, et ils acceptent avec plaisir, d'aller soubs un habille homme. » Nos ordres étoient d'aller croiser de dans notre Manche (5), le long des costes d'Angleterre, pour y découvrir leurs armées et savoir s'y celle de Hollande y étoit jointe, et que ne rencontrant dans le canal, que nous irions en mer depuis les hauteurs de 50e degrez, jusqu'aux 47° degrez et sur le tout de ne nous pas arrester à faire aucunes prises. Et nous partismes avec les deux Mr de Baumont, de la Hongue, le 17e juillet, et croisasmes de tous costés jusqu'au 11e aoust, qu'en rétrogradant nos premières routes étant proche de Torbay, (6) nous aperceusmes une flotte qui y estoit à

---

né à Thorigny en 1644, chevalier des ordres en 1688, lieutenant général des armées en 1693. Mort à Paris en 1725.

(1) Charles Fortin, marquis de la Hoguette, après avoir servi dans les gardes, était devenu corvette des mousquetaires gris en 1672, enseigne en 1683, sous-lieutenant en 1684, maréchal de camp en 1688, lieutenant-général et gouverneur de Mézières en mars 1693. Il mourut d'une blessure reçue à la bataille donnée en Piémont, le 4 octobre 1693, par le maréchal de Catinat.

(2) Les régiments n'y campèrent que quelques jours. Leur commandant se rapprocha de Cherbourg et envoya une partie de ses troupes vers Granville que les frégates anglaises menaçaient.

(3) Henry-Joseph de Beaumont d'Eschilais, originaire de la Saintonge, fut promu enseigne de vaisseau le 1er janvier 1691, lieutenant de vaisseau le 1er janvier 1692, capitaine de frégate le 12 novembre 1706, capitaine de vaisseau le 24 juin 1709. Mort le 8 décembre 1724.

(4) Ne se trouve pas inscrit au répertoire Laffilard des Archives de la Marine.

(5) Le 23 juillet 1689, Seignelay écrivait à M. de la Hoguette : « Je n'ay pas besoin à présent des s^{rs} de Beaumont et Doublet,.... vous pouvez leur permettre de faire la course ainsy qu'ils en avoient dessein lorsqu'ils ont commencé d'armer leurs bâtimens. -- (Arch. de la Marine. Ordres du Roi.)

(6) Baie et port d'Angleterre, dans la Manche, sur la côte du Devonshire. C'est le lieu

l'ancre composée d'une soixssantaine de vaisseaux tant de guerre que gros marchands, et il nous fut donné chasse par deux frégattes, et nous nous sauvasmes devant la Hougue où je débarquay avec le chevalier de Beaumonts. Nous montasmes à cheval et fusmes à Cherbourg rendre compte à ces deux messieurs les généraux qui creurent que c'étoit les deux armées jointes enssemble qui avoient dessain de faire quelque dessente; nous eusmes beau leur dire que non, et leurs dits : « Donnez-nous quelqu'un auquel vous ayez plus de confiance qu'à nous et nous allons retourner les observer, autant que nous le pourons. » Ces messieurs disoient : « Allées, toute la confiance est en vous. » Et remis soubs voille et fusmes observer, et le 14 ils mirent soubs voilles et firent route pour sortir la Manche, et je renvoyay M^r De Baumonts randre fidel compte et rassurer ces messieurs et que j'alois continuer d'observer leur marche pour ensuite en donner les avis, et j'accompagnay toujours de vüe pendant six jours cette flotte jusqu'à la hauteur du Cap de Finistère à 70 lieues dans le ouest faisant leur route vers le Portugal en Espagne, et je jugeay à propos de n'aler plus loing, et de retourner à Cherbourg pour ne tenir plus longtemps nos deux généraux en suspends et arivay à Cherbourg le 8e de septembre où je feu bien receu, et le 20e suivant ces messieurs receurent ordre de me garder quelque temps pour garder le long de la coste depuis la Hougue jusqu'à l'entrée du Ras de Blanchard et de tems à autre d'aler 15 à 20 lieux vers l'Angleterre, pour faire découverte, et sur la fin de Novembre j'eus ordre d'aller à la Hougue, joindre les deux frégates du Havre commandée par M^{rs} De Failly et Sainct-Michel qui y avoient escorté une flotte de moyens bastiments chargés pour fournir aux magazins de Brest, où nous eusmes les ordres de les y escorter avec les dites deux frégates et fusmes avec cette flote de port en port le long de la Bretagne, où nous y joignions plusieurs autres bastiments pour le mesme subjet des maga-

---

de réunion des forces maritimes anglaises. Doublet l'a déjà cité plusieurs fois comme le point principal de ses croisières.

zins du Roy, et nous n'arrivasmes à Brest que le 5ᵉ février, (1) que monsieur le mareschal d'Estrées, le père, étoit commandant que je fus saluer et luy demanday ces ordres et où il souhaiteroit de m'occuper. Il me parut triste (2) en me disant : « Ce n'est plus à moy de vous ordonner. Mʳ le Marquis de Seignelay arivera demain où le jour ensuivant qui disposera à sa volonté. » Et je pris congé.

Juillet 1689. Mʳ de Seignelay sitosts son arivée à Brest (3) fit empresser l'armement de tous les vaisseaux de haut bort et des frégates et brulots et flûtes de transport; c'étoit un fracas terrible dans le port de Brest jour et nuit. Et Sa Grandeur nous ordonna à tous les capitaines des barques longues et corvettes de différents endroits d'aler croiser. (4) Mon quartier fut devers Belille après que j'aurois eu délivré un paquet de lettres à Mʳ de Bercy qui y estoit. Et aussitôt je remis en mer 30 et 40 lieux au large, où je fis rencontre de Mʳ le chevalier de Lévy, (5) lieutenant de haut bord, qui comandoit une barque longue de 4 canons, et nous nous joignismes enssemble quelques jours. C'étoit un officier d'un grand esprit mais bien débauché et satirique. Il me dit : « Le Ministre ne sait comment se déffaire de ma personne que par me faire commander cette coque de noix, mais il ne sait pas que les ivrognes ont leurs Dieux, et ainssy je ne crains

(1) Il faut lire *Juillet*. Doublet donne ses dates assez négligemment, ainsi les faits relatés ci-dessus et les suivants se rapportent à l'année 1689 ; le manuscrit les enregistre à la date de 1690.
(2) Le maréchal d'Estrées avait été investi du commandement de la flotte réunie à Brest durant les premiers mois de 1689. Vers le milieu de l'année, alors que le maréchal était embarqué et que tous ses ordres étaient donnés, M. de Seignelay prit en personne le commandement, et le comte d'Estrées resta « sur le pavé des vaches à Brest », suivant l'expression de Mᵐᵉ de Sévigné. Il ne s'en consola pas; Mᵐᵉ De La Fayette et Mᵐᵉ de Sévigné l'ont constaté. On voit en outre que son déboire ne passa pas inaperçu aux yeux de Doublet.
(3) Le voyage de Seignelay à Brest fut tout un évènement. « Il étoit général en tout, dit Mᵐᵉ De La Fayette dans ses *Mémoires*, lors qu'il ne donnait pas le mot; et mesme il en avoit les habits et la mine. » (Michaud et Poujoulat, 3ᵉ série, t. 8, p. 243.)
(4) Arch. de la marine, Ordres du roi, Ponant, 14, 15, 24, 26, 30 et 31 juillet 1689 Dans la lettre du 30 juillet on lit : « les sieurs de Beaumont et Doublet ayant eu ordre de « naviguer entre Pennemarc et Glenan pour découvrir si les ennemis s'estoient avancez « jusqu'à ce parage, il (M. de Beaugey) les cherchera et leur ordonnera de revenir inces- « samment à Brest. »
(5) Enseigne de vaisseau, 3 mars 1673 ; capitaine de brûlot, 1ᵉʳ juillet 1673 ; aide-major, 20 janvier 1676; capitaine de frégate, 3 avril 1686; capitaine de vaisseau, 10 août 1689. Mort à la Hougue, 26 janvier 1703.

pas l'eau salée. » Effectivement son bastiment n'étoit pas capable de résister au moindre coup de vent. Puis nous retournasmes à Brest pour reprendre des vivres et y recevoir nouvelles ordres. Et en entrant à la baye de Brest entre le Conquets et Bertheaume nous y trouvasmes partye de notre armée mouillée à l'ancre. Et Mʳ de Seignelay étoit sur le *Soleil Royal.* (1) L'ayant salué il nous ordonna de n'estre qu'un jour à recevoir nos vivres et aussitôt de retourner tous en mer (2), chacun de nostre costé, sans nous fixer les hauteurs, afin d'aler à la rencontre et tascher de découvrir l'armée de Mʳ le chevalier de Tourville qu'on atendoit venir de Toulon pour faire l'adjonction des deux armées, (3) dont le Ministre étoit impatient d'avoir des nouvelles. Et nous étions déjà au 2⁰ Mai (4). Je fus seul à 80 lieus dans le ouest, puis je fus chercher la hauteur du cap Finistère toujours à cette distance, et le 13ᵉ May j'aperceus une frégate qui avoit pavillon anglois, j'eus crainte d'en estre pris. Elle ne tint pas compte de nous et je repris ma routte, et une demie heure après mon homme à la découverte du haut du mât cria : « Monsieur, voilà ce que nous cherchons. Voilà une armée de gros vaisseaux qui viennent à nous. » J'amenay mes voiles pour les atendre et les reconnoistre, et lors que je fus certain je poussay à toute voile sur l'admiral, et en étant proche je le saluay de sept coups de canon. Aussitôt un canot avec un aide-major vint m'ordonner d'aler au bord. J'y fus et Mʳ De Tourville m'ayant demandé sy Mʳ de Seignelay étoit en santé et en quelle disposition étoit l'armée à Brest et luy ayant rendu compte sur tout, je le priay de me donner un mot de sa main pour

---

(1) Les ordres expédiés par Seignelay pendant le mois de juillet 1689 sont datés de Brest « à bord du *Souverain.* » (Arch. de la marine.)

(2) Ordre du roy (26 juillet 1689) au sʳ Doublet de sortir des rades de Brest et d'aller naviguer pendant trois jours entre Glenan et Penmark pour découvrir si les ennemis naviguent dans ce parage. -- Ordres au sʳ de Beaugey d'aller croiser à la hauteur d'Ouessant (14 juillet 1689); aux sʳˢ de la Guiche et de Septêmes d'aller reconnaître la flotte ennemie (14 juillet); Mémoire instructif au sʳ de Levy, commandant la *Lutine,* pour aller à la rencontre de M. de Tourville (15 juillet). -- Ordre pour le sʳ Doublet, commandant la *Sans-Peur* entre Glenan et Penmark, de revenir au port de Brest pour y recevoir d'autres ordres (31 juillet 1689). (Arch. de la marine.)

(3) Tourville était parti des îles d'Hyères, le 9 juin 1689, avec vingt vaisseaux de guerre, une frégate, huil brûlots, deux flûtes et deux tartanes. Il montait le *Conquérant.*

(4) Il faut lire : à la fin du mois de juillet 1689.

le Ministre, et que je voulois retourner suivant mes ordres, et il écrit sur champ : « Les vaisseaux de Sa Majesté sont en bon état, tout se porte bien et suis ravi d'en avoir autant apris de vous, auquel je suis respectueusement, le chevalier de Tourville. » Et sans fermer son billet il ajouta au bas : « à Mr de Seignelay, secrétaire et Ministre d'Etat. » Et je retournay sur mes pas à toute force et sur les 7 heures du soir j'eus ratrapé la vedete qui m'avoit mis pavillon anglois, et pendant toute la nuitée je forçois de voille à faire trembler mon équipage et j'arrivay à Berteaume au vaisseau où étoit le Ministre le 18 may.

Il étoit encore endormy, l'on me faisoit signe de ne faire aucun bruit. Mais quand j'eus dit à Mr de Perinet (1), comandant du pavillon, que j'aportois à Sa Grandeur les nouvelles de Mr de Tourville. il dit : C'est un bon réveil, je vais l'advertir. » Et aussitost je l'entends crier : « Qu'on me fasse entrer cet officier. » Je fais mon compliment en luy donnant le billet ouvert. Il me le redonne disant : « Lisées, car j'ay encore les yeux fermés. » Et après la lecture il receut sa robe de chambre et m'atira au balcon où il me quiestionna où je l'avois laissé, et quand je croyois qu'il pouroit ariver. Et l'ayant satisfait en luy disant que dans un ou deux jours s'il n'arive du contre-temps qu'ils ariveroient, il dit : « Qu'on donne à déjeuner à cet officier. » Je m'y arrestay très peu ; je fus luy demander ses ordres et il me fit donner un billet d'ordonnance de cent pistoles sur le trésor royal de Brest, et m'ordonna de retourner en mer audevant de Mr de Tourville, et qu'aussitôt que je l'aurois découvert que je repris le devant pour revenir luy dire où je les aurois rencontrés. Et le lendemain de mon départ de Bertheaume je trouvai l'armée à 18 lieux au ouest de l'ille de Groys (2), et je n'eus loisir que d'estre arivé à Bertheaume que sept heures avant la dite armée. Et se fit l'adjonction (3). Et Mr de Seignelay quitta le vaissau sur lequel il étoit et

---

(1) Barthélemy-Alexandre de Perrinet fut fait lieutenant de vaisseau le 26 avril 1675 ; capitaine de vaisseau le 5 janvier 1682 ; décédé le 10 janvier 1705. (Arch. de la marine.;
(2) Groix, Groais ou Grouais, île fortifiée à 9 kil. de Port-Louis, en face de l'embouchure du Blavet.
(3) L'escadre de la Méditerranée arriva à la hauteur d'Ouessant le 29 juillet 1689, et à la rade de Brest le 30 du même mois d'après la *Gazette,* le 4 août suivant M. Eug. Sue IV, 346).

se fit porter à celuy de M^r le comte de Tourville nommé le *Conquérant* monté de 90 canons, et le mesme soir il ordonna à Mr de Moyencourt (1), aide-major de l'armée, de s'embarquer avec moy pour aler croiser dans nostre Manche jusqu'au travers de Pleimuts pour y pouvoir découvrir les armées d'Angleterre et de Holande, et que ne les trouvant pas nous reviendrions à l'ille de Ouessant donner des ordres au sieur gouverneur pour faire des signaux au cas que de son ille il aperceu les ennemis. Et puis nous retournasmes rendre compte de n'avoir rien découvert (2).

Nous étions déjà au 23 de may (3) et on n'avoit jusqu'alors pu apprendre le nombre ny les forces des armées ennemies lorsque je remis Mr de Moyencourt près du Ministre, lequel dit hautement : « En vérité, Messieurs, je vois que le Roy est très mal servy, ayant autant de ces frégates légères et barques longues bien équipées et qui vont aux découvertes, qu'il n'y en aye pas une qui luy donne nouvelle des armées ennemies ny seulement qu'ils luy ayent amené quelque bateau anglois pour en aprendre quelques nouvelles. » Un chacun gardoit le silence. Je m'aproché de M^r le chevalier Venize (4) qui étoit le capitaine du pavillon du *Conqué-*

Mme de Sévigné a écrit (6 août 1689) : « Tout brille de joie dans cette province de l'arrivée du chevalier de Tourville à Brest : M. de Revel a vu ce moment heureux : on l'attendoit si peu ce Tourville, qu'on crut d'abord que c'étoit des ennemis ; et quand il se fit connoître, ce fut une joie et une surprise agréable......... M. de Seignelai est à son bord faisant grande chère. »

(1) Le comte de Moyencourt, volontaire du 9 mars 1682, fut nommé enseigne de vaisseau le 1er janvier 1684 ; aide-major le 10 janvier 1687 ; capitaine de vaisseau le 1er janvier 1703 ; major le 1er novembre 1705 ; gouverneur de la Grenade le 1er août 1717 ; de la Guadeloupe le 1er novembre 1717 ; mort à Paris le 2 septembre 1728. Arch. de la Marine.

(2) Durant les croisières que Doublet raconte, d'assez graves évènements maritimes passionnaient le public. Le 12 mai 1689, la flotte française sous le commandement de Château-Renault livrait la bataille de Bantry. Le 22 du même mois, Forbin et Jean Bart étaient faits prisonniers et conduits à Plymouth. Peu de temps après ces derniers réussissaient à s'enfuir dans une petite barque et ils abordaient après une navigation de 48 heures à quelques lieues de St-Malo. — Le 5 juillet 1689 une division française prenait à l'abordage cinq bâtiments anglais, et le 27 le chevalier d'Amblimont anéantissait deux vaisseaux hollandais.

(3) Lire : *août* 1689. Depuis le commencement du mois, ainsi que Doublet le mentionne, M. de Seignelay avait en vain cherché à connaître la force de l'escadre anglaise qu'on équipait à Portsmouth. De nombreux ordres avaient été expédiés dans ce but : Ordre pour le s^r Dumené pour aller découvrir l'armée ennemie. Il ira jusqu'à Plimouth et tâchera de prendre quelques bâtiments (17 août 1689) ; même ordre à M. Desfrans, commandant le *Trident* (17 août) ; Ordre au s^r de Lévy pour aller aux Sorlingues avec la frégate la *Gratienne*, découvrir l'armée ennemie (17 août). — Arch. de la marine.

(4) De Venize, enseigne de vaisseau depuis le 28 décembre 1671 ; lieutenant de vais-

rant, et je luy dis que si Monseigneur de Seignelay vouloit me donner une commission portant les ordres de faire des dessentes et d'y enlever sur les costes ennemies ce qui peut s'uziter par les loix de la guerre, que je me hazarderois dans peu de temps de luy amener quelques prisonniers Anglois qui informeroient mieux Sa Grandeur que ne le pouroit un maître ou matelot de barque ou d'un pescheur. Mr de Venize fit ce récit au ministre, qui me fit apeler et me quiestionna comme je m'y prendrois, et luy ayant dis à peu près il me fit délivrer ma commission ample comme je la souhaitois, signée Louis, datée de Versailles, et au bas, Colbert; et il me promit que sy je suis pris qu'il me feroit délivrer le plutôt possible, dont plusieurs officiers s'entredisoient : « Voilà une entreprise d'étourdi qui ne manquera pas d'estre pris et peut estre pendu : » Ce qui ne m'ébranla aucunement, et party sur le champ et fut aterrer à Monsbay en Angleterre. J'en fus chassé par un garde coste, et m'échapé au travers des rochers du cap Lézard. Je costoyois la dite coste jusqu'à Portland, et fus au matin mouiller l'ancre devant le port de Oüesmuths ayant un pavillon d'Ostende arboré, et ne fis paroistre que dix à douze hommes de mon équipage, et le surplus en bas de la calle avec le chevalier Daumonville, mon lieutenant, pour les faire contenir dans un silence et en estat de monter au premier coup de pied que je fraperois. Il ne manqua pas de venir une chaloupe venant de terre avec six hommes me demander d'où j'étois et sy je voulois entrer dans le port. J'attiray le maistre et luy fis boire un coup d'eau-de-vie qu'il reconnut bien estre de France, et me demanda sy j'en avois encore à vendre. Je luy dis en avoir plusieurs pièces avec d'autres marchandises qui ont esté prises sur les françois, et, comme c'est contrebande en Angleterre, que je voudrois qu'il vint en rade quelqu'un avec lequel j'en peu traiter. Il me dit : « Je vais vous envoyer un brave homme et vous pourez vous acomoder enssemble ». Il s'en ala. Et bien une heure et demie après il vint une belle chaloupe bien peinte voguant à huit rames et un officier en manteau rouge, lequel s'embarqua et dit : « Où

---

seau le 7 février 1678; capitaine de vaisseau le 1er novembre 1689; mort à la Havane, sur *le Superbe*, le 11 mai 1702. -- Arch. de la Marine.

est le maistre ? » Je luy dis que c'étoit moy et le fis entrer dans ma chambre, et je frappay du pied sur le tillac. Le chevalier Daumonville, au moment, fit monter mon équipage et luy. Ils sautèrent dans la chaloupe une partie pour piller les matelots anglois. Je quité compagnie à mon hoste qui fut tout troublé et j'empeschay la pillerie, et fis rendre ce qu'on avoit pris et fis lever nostre ancre et apareiller nos voilles et changeay de pavillon, ce qui consterna mon hoste et ses gens. Il me pria de luy dire qui j'étois et que je luy donnast lieu d'écrire à son épouze. Je luy dis n'avoir ce loisir et je me nommay, et que j'étois pour le Roy de France, et qu'il ne luy seroit fait aucun mal ny tort, et congédiay la dite chaloupe et les 8 hommes, et fis ma route pour gagner nos coste. En arivant en vue de l'ille de Bats en Bretagne, je fus rencontré par deux frégates de Flessingue, qui me donnèrent la chasse et à grands coups de canon. Je me sauvay entre les rochers et mouillay l'ancre devant Roscof où je débarquay avec mon hoste, et trouvay Mr Le Roy de la Potterie (1), commissaire de la marinne, auquel je dis de me faire donner des chevaux de poste pour conduire plus seurement mon cavalier à Brest où estoit encore l'armée à Berteaume. Mr de la Potterie nous fit servir à manger pendant la recherche de trois chevaux, mais mon anglois ne peut que boire un verre de vin et moy je fis très bien le devoir de table. Et puis montasmes à cheval et arivasmes le mesme soir 29 may à Brest, et fusmes descendre à l'intendance où Mr Descluzeaux (2), intendant, me fit donner une chaloupe bien équipée et de bon vin pour nous rendre à Berteaume où j'arrivé sur les 4 heures du matin, 30e, au bord du *Conquérant*, où Mr de Tourville me receut très gracieusement, sachant ma capture, et fus éveiller Mr de Seigneiay, qui en robe de chambre me fit entrer et mon anglois auquel il fit bien des honnestetez, en le rassurant que sy il luy dizoit vérité à ses demandes il le renvoiroit en peu de temps à son pays, puis il luy demanda son nom, son em-

---

(1) Ecrivain principal de la marine à Roscoff, le 20 juillet 1694; à Port-Louis en 1696; nommé contrôleur au Canada le 1er mai 1698.
(2) Hubert de Champi, seigneur Desclouseaux, commissaire général à Dunkerque de 1671 à 1680; intendant à Brest en 1683. Décédé dans ce port le 6 mai 1701.

ploy, et comme je l'avois enlevé, et sy je ne l'avois point maltraité ni pillé, sur quoy il tira une belle montre et une bourse bien garnie de guinées et son diamant au doigt et dis : « J'ai offert tout cecy à votre capitaine afin qu'il me laissat retourner dans ma chaloupe, et a tout refusé. Je me nomme Thomas Fisjons. Je suis le colecteur ou receveur des deniers royaux de la ville et dépendance de Œsumths (1), que souhaitez-vous de moy ? Alors le ministre luy dit : « Je vous demande en toute sincérité que vous me déclariez le nombre et qualitez des vaisseaux de l'armée du Roy de la Grande Bretagne et aussy des vaisseaux Holandois, et de quel temps la dijonction s'en fit. » Il resta une poze sans répondre et jetant un grand soupir et puis il dit : « Seigneur, je serois perdu en le dizant et passerois pour traistre à l'Etat. Et le ministre le voulant rassurer luy promettoit le secret. Il dit : « Si vostre capitaine eut esté un pillard et qu'il m'eust ou fait fouiller, il auroit trouvé ce que vous demandez. » Le ministre entendit à son discours et se retira au balcon et me fit venir et me dit : « Vous n'avez fouillé, ni fait faire à votre prisonnier : « Je dis : « Non, en vérité, Monseigneur. » Je le say. « Fouillez-le et luy ostez son portefeuille et tous les papiers et me les aportez. » Je me mis à l'effect dans la chambre du conseil, où plusieurs officiers furent surpris de me voir faire en disant : « Tenez-vous, voilà le ministre qui vous voit. Pourquoy n'avez-vous fait cela étant dans votre bord ? » Je pris son portefeuille n'ayant trouvé d'autres papiers ; je les porté au ministre, et à l'ouverture nous trouvasmes deux pancartes, où étoit en la plus grande, le dénombrement des vaisseaux des deux armées, et bien désignées, les noms de chaque vaisseaux et des commandants, le nombre des canons d'un chacun et des équipages, ainsy de ceux d'Holande avec les divisions et les ordres de la marche de bataille au cas de rencontre et aussy tous les signaux. Sur quoy Mr de Seignelay et fit venir Mr de Tourville et luy dit : « Je n'en désire pas davantage. » Mais ces deux Seigneurs furent bien surpris que la deuxième pancarte que j'ouvris que c'étoit les véritables portraits et nombre et les forces et si-

(1) Weymouth (?)

gnaux de notre armée. Et fort étonné le ministre dit : « Nous n'avons plus de secrets en France ; elle est trahie de tous costés. » Et me dit : « Alées à votre bord jusqu'à ordre et j'aurey le soin de vous. »

Le consseil s'assembla et dura toute l'après midy jusqu'au soir, après quoy on me fit venir où Mr de Seignelay me dit : « J'ay fait demander à Mr Thomas Fisjons s'il vouloit que je le renvoyast par terre à Calais ou Zélande pour repasser chez luy. Il craint les fatigues, et me demande d'estre renvoyé par celuy qui l'a emmené et qu'il répond qu'il ne vous sera fait aucun tort au cas de rencontre. » Sur quoy je dis : « C'est à quoy je ne doibs m'y fier, et pour bonne expédition, je supplie Vostre Grandeur d'ordonner que l'on me délivre une petite chaloupe outre la mienne et qu'on me donne quatre matelots anglois qui sont aux prisons afin que lorsque je seray proche de la coste d'Angleterre où je pouray atraper, je mettray mes anglois dans la dite chaloupe tout près de terre, et reprendray ma route. » Mon expédient fut trouvé bon, et le Ministre me fit porter 48 bouteilles de vin de champagne, douze flacons de malvoizie et des liqueurs de Marseille, des saucissons, cervelas, jambons, langues fumées, des patées, deux moutons et volailles pour régaler en route mon anglois. Mais je ne le garday que deux jours, l'ayant débarqué près de Torbay, avec des bouteilles de champagne dont il fut très content et m'embrassa (1) et jetta sur mon pont trente guinées d'or pour mon équipage, et dont M^r le chevalier Daumonville s'en voulut retenir la plus grosse partye et je les fis partager.

(1) Ces embrassades reviennent souvent dans le récit de Doublet. La mode de ces caresses, de ces saluts était générale parmi les gens de qualité au dix-septième siècle. Elle a été ridiculisée par Quinault dans la *Mère Coquette* :

> Estimez-vous beaucoup l'air dont vous affectez
> D'estropier les gens par vos civilités,
> Ces compliments de main, ces rudes embrassades......

et par Molière dans les *Précieuses*, dans les *Facheux* et dans le *Misanthrope* :

> Je vous vois accabler un homme de tendresses
> Et témoigner pour lui les dernières tendresses ;
> De protestations, d'offres et de serments
> Vous chargez la fureur de vos embrassements.

Plus loin Molière dit de nouveau :

> Et je ne hais tant que les contorsions
> De tous ces grands faiseurs de protestations,
> Ces affables donneurs d'embrassades frivoles......

En retournant joindre notre armée, ce qui fut le 8ᵉ juin (1) et je la trouvay toute preste à mettre soubs les voilles pour sortir par Liroize. Je fus rendre compte du débarquement de mon hoste, et dis le présent qu'il fit à mon équipage et il me pria de présenter ses respects au Ministre et à Mʳ de Tourville, lesquels m'ordonnèrent de mettre soubs voile et d'aler cinq à six lieues au devant de l'armée pour faire découverte, et l'on me donna par écrit tous les signaux. Je me croyois hors d'espérance de quelque gracieusetez, mais comme j'étois pour descendre à m'embarquer dans mon canot, Mʳ de Tourville me fit rentrer et me mis dans la main un papier bouchonné, où il y avoit des espèces. Je fis un peu de difficulté, et il me dit : « C'est Mʳ de Seignelay qui vous fait ce présent, atandant vous mieux faire et ne refuzées pas, et il m'a dit de luy faire souvenir de vous à la promotion, et que si vous aviez esté un pillard que vous auriez profité davantage avec votre anglois, mais vous auriez perdu l'estime qu'il a conceu et moy pour vous. Allez et continuez à bien servir. » Sitot que je fus dans ma petite chambre, je fus curieux comme les enfans de voir mes bonbons. Je trouvay soixante louis que je mis à remotis et fit appareiller. L'armée sortit et courut toute la nuit au large et sur le jour on courut vers le sud-ouest, jusqu'au soir que nous pouvions estre 60 lieux au large de Bellille où l'on garda ce parage plusieurs jours d'une assées beau temps, et je reconus bien que l'on avoit pas envie de rencontrer nos ennemys, et l'onziesme jours après la sortye l'on fit le signal de m'apeler au bord de l'admiral où m'étant aproché à la voix, l'on m'envoya le canot blanc destiné pour le grand major nommé Mʳ de Remondy (2), lequel s'embarqua dans mon bord et renvoya son canot. Il m'indiqua les vaisseaux de l'armée où il vouloit aler, et lorsque nous en étions proche il demandoit qu'on l'envoyast chercher, puis tour à tour il fit ses visites savoir s'il manquoit quelque chose, s'informoit combien il y avoit de malades et les envoyoit sur les flûtes hospitaliè-

---

(1) Août 1689.
(2) De Raymondis, lieutenant en 1677, major en 1682, fut élevé au grade de capitaine de vaisseau le 1ᵉʳ février 1682 et de major général le 1ᵉʳ novembre 1689. Il mourut le 5 juin 1692 d'une blessure reçue à la bataille de la Hougue.

res et sur l'assoirant revenoit à mon bord où il se trouvoit indisposé du mal de teste et de la mer par la petitesse de mon bâtiment qui agitoit bien plus que les gros. Cepandant il fit la revue génuéralle en trois jours et demy et me quitta fort content des manières dont j'avoy agy à son égard et me mena avec luy auprès du Ministre, lequel faisant bon acueil dizant : « Mr de Remondy, je vous ay plaint et je vous trouve changé. Vous trouvez-vous mal ? Et je croy que vous avez fait bien pauvre chère dans un sy petit bastiment ». Sur quoy M^r De Remondy luy dit : « Il n'y a eu que les agitations qui m'ont esmeu et empescher de bien manger ; j'ay esté surpris de sa bonne chère et de son bon vin de champagne ; il a ce que vous n'avez pas, qui sont des petites huitres à l'écaille toute fraiches. » Le Ministre s'étonnant dit : « Et vous n'avez pas désemparé l'armée ! Comme avez-vous fait pour les consserver ? » Je le luy dis. Et il dits : « Ha, il m'en faut un peu. » Et j'envoyay chercher mon reste consssistant à plus de deux cents. Mr de Moyancour luy dits : « Monseigneur, quant vous m'envoyastes avec luy à Ouessant il me régala très bien et proprement. » Sur cela Mr de Seignelay me demanda à combien estoient mes gages. Je répondis : « Monseigneur, à cent livres par mois, mais je me fais honneur qu'il m'en coûte du mien. » Répliqua le Ministre : « Je ne veux pas qu'il vous en coute, et vous aurées 200 livres tous les mois. » Mrs de Moyencourt et le chevalier de Venize dirent : « Il les méritte bien. » Puis Mr de Venize me dit tout haut : « Qui chapon mange, chapon luy vient. » Je dis : « Plus Sa Grandeur m'honorera des bienfaits de Sa Majesté je n'en mettray point en poche. » Il se prit à rire, et je m'en retournay très content à mon bord.

L'armée tint la mer jusqu'au 20e aoust sans rien encontrer. Le Ministre se trouva indisposé à la poitrine ; il fist relascher devant Bellille et despescha un courier au Roy et dont il atendit la responsce, et le Roy luy ordonna de se débarquer, et de retourner à la cour et ordre à l'armée d'aller désarmer. Mr de Seignelay me fit l'honneur de me choisir pour le porter dans ma barque longue jusqu'à Paimbœuf, rivière de Nantes, et Mr de Tourville luy dit que ce seroit faire affront au chevalier de Lévy, ancien officier qui avoit aussy une barque longue. Le Ministre dit à Mr de Tourville : « Hé bien, faites-moy souvenir de Doublet dans la promotion. » Et peu après que le grand Ministre fut à la cour il mourut, (1) et je fus mis aux oubliettes.

Après que nous eusmes désarmé à Brest, M^r le chevalier de Venize demanda deux frégattes en brulot dont on tira les artifices pour les équiper en course soubs son commandement, et il me fit l'honneur de me choisir pour son capitaine, en segond ; l'autre étoit monté par M. Naudy (2) capitaine de brulot. Et ayant party de Brest au 16 de septembre, nous fusmes croiser vers les illes de Madère et Porto-Santo ; nous y encontrasmes un navire anglois qui avoit 14 canons et nous étions seuls, parce que Mr Nandy s'étoit séparé de nous. Ce navire anglois étoit fort par ses deux gaillards d'avant et d'arière bien garnies de vieux câbles entre les éclouezons, et avoit à chaque gaillard deux pièces de canon qui batoient devant et arière, et aussy des meurtrières d'où ils tiroient en seureté leurs mousqueteries et fauconneaux de bronze, et sans que nous puissions les découvrir, et sur les deux gaillards y avoit à chacun quatre coffres à feu remplis d'artifices et des flacons de double verre plains de poudre. Je dis à Mr de Venize qu'avant que nous l'abordions, qu'il faudroit luy envoyer notre bordée de canons. Il dit : « Point du tout, il faut l'aborder damblée. » Ce qu'il fit faire, et je passay au gaillard d'avant pour sauter à l'abordage avec une vingtaine de nos hommes et ce que nous fismes. Je passay arrière de ce navire et voulut en baisser son pavillon, mais il étoit cloué par le haut. Leurs 4 canons de dessoubs leurs corps de garde tiroient à mitraille ainssy que leurs fauconneaux qui tuoient et estropioient ceux qui étoient avec moy, et nous ne scavions par quels endroits pouvoir en découvrir aucuns. Notre frégatte avoit débordé et croyons qu'elle avoit receu quelque coup fatal. Je m'étois mis dans le porte hauban d'artimon pour n'estre à découvert

---

(1) Le marquis de Seignelay, secrétaire d'Etat, arriva de Brest à Versailles le 4 septembre 1689 ; il mourut l'année suivante, le 3 novembre.

Un ordre du roi, du 2 mai 1690, donna à Doublet le commandement de la frégate la *Gentille*, à Dunkerque. -- Arch. de la Marine.

(2) Capitaine de brûlot le 1er janvier 1691 d'après les répertoires de la Marine ; sauté en l'air sur l'*Oriflamme* à Vigo, le 21 octobre 1702.

des anglois qui nous défaisoient d'autant de nos hommes qu'ils en découvraient. Je criay à Mr de Venize de faire tirer quelques canons dans le bord de ce navire, sans quoy je ne pouvois le réduire et que j'avois perdu plus de moitié de mes gens qui étoient avec moy, et il fit tirer presque à bout portant sept à huit coups qui firent bresche, par lesquelles je jettay des grenades qui firent rendre nos ennemis et demandèrent quartier à ceux du chasteau de poupe. Et celuy d'avant tenoit encore fort, j'y cours avec quatre hommes dont un nommé Bérurier, de Touque, (1) s'y porta vaillament. Leurs deux canons furent tirés sur nous sans nous endomager, mais j'aperceu à une meurtrière un fauconneau ajusté sur moy et je pris par un bras le dit Bérurier en luy disant : « Retire toy », et il receut le coup dans le sain et tomba mort à mes pieds. J'apellé mes deux hommes qui avoient des haches pour enfoncer la porte de ce château d'avant et aux premiers coups il fut ouvert par un anglois qui vouloit sortir avec un fauconneau, et sur lequel bien à point je luy déchargeai du taillant de mon sabre au travers du nez et des yeux un rude coup qui l'aresta, et puis je l'achevay de pointe et taille qu'il tomba sur la place ; après quoy le reste demanda quartier. Lorsque nous en fusmes les maitres, ils nous déclarèrent venir de l'ille de Sainct-Michel où ils avoient chargé de bled pour apporter à Madère et qu'ils nous crurent pour un Saletin, ce qui les fit autant nous résister. Et comme nous étions proche de Porto-Santo nous les y débarquasmes ainsy que quelques portugais qui y étoient pour passagers. Et nous eusmes dix hommes tuez et sept estropiez, et les Anglois n'y perdirent que trois des leurs et un portugais de leurs passagers et trois blessés ; mais il est surprenant comme j'ay échapé de ce rencontre. Et deux jours après nous prismes une flûte holandoise sans résistance, laquelle alloit à Madère avec son chargement de plusieurs marchandizes, et fut donnée à commandement à Jean Bérengier (2), segond pilote, à cause qu'il m'étoit parent. Et la mesme nuit il s'enyvra et son équipage ; il fut à toutes voilles donner du nez contre la grande ille déserte et le navire coula à fond où il s'y noya 14 hom-

---

(1) Bourg du Calvados, arr. de Pont-Levêque, sur la rivière du même nom.
(2) Voyez ci-dessus, page 49.

mes, et luy et un matelot ayant monté au haut de leur mât trouvèrent un tronc en forme de trou à cete ille toute escarpée et se jetèrent dedans, et les mâts et son navire disparurent et au jour se trouvèrent tous les deux sans savoir par où se retirer de leur trou futs à dessendre ou monter, ils trouvèrent beaucoup d'oiseaux qui au jour prirent le vol, et trouvèrent plusieurs nids avec des œufs et les oiseaux voltigeant autour, il n'y avoit ni herbes ny eau et ils se substentèrent avec des œufs cruds pendant trois jours mais ayant une grande soif, et le matelot buvoit son urine, et à la 4e journée il s'aviza qu'il avoit un batement à feu et en tira et rompit le devant de sa chemize et aluma du feu avec des bruttilles des nids d'oiseaux et de leur fiente, cela faisoit fumée qui les fit découvrir par les Portuguais habitants de la dite ille, consistant en tout en trois petites familles qui avoient aperceu quelques débris du navire naufragé, et ils furent à l'extrémité de l'ille ou paroissoit la fumée, et crièrent du haut en langue portugaize : « Y a-t-il quelqu'un ? *Aye a qui algunos ?* » Les deux emprisonnés répondirent : « Sy seignor, sauve la vie ! » Et les portuguais crièrent : « *Esper.* » Et furent au débris des mâts que la mer avoit transportés à une petite plage d'où ils en tirèrent des cordes, et puis revindre sur le haut du cap, qui estoit extrêmement haut et escarpé et filèrent deux cordes vis-à-vis le trou où paroissoit la fumée et attirèrent nos deux hommes avec eux, et les soulagèrent à leurs besoins de la soif et noriture pendant six jours jusqu'à trouver le temps favorable de les passer à l'ille de Madère, où nous étions avec notre frégatte et notre prize Angloise : Et on nous aprit qu'à la dite ille déserte il n'y a que trois pauvres familles, qui font rente au Roy de Portugal de 80 mille raies qui sont presque autant de nos deniers montant à 80 livres de rente, et qu'ils y recueillent un peu de bled, et font la chasse aux oizeaux nommés par nos terreneuviers des fauchets, que les portugais nomment pardelles, qui veut dire par couples, étant toujours deux à deux dans leurs nids comme les pigeons, et ils en sallent les corps, et de leurs tripes et graisses en font des huilles à brusler aux lampes et que dans la saizon avec la glue ils font la chasse aux cerins canariens qu'ils vendent à Madère et aux étrangers, de plus ces habitants font amas d'une mousse seiche qui croit sur les gros rochers au bord de la mer et où l'eau ne les frape pas ne provenant que par les salitres exalées et est nommée *orchilla*, servant aux teintures, et quoy que la dite ille est sans aucune deffences d'armes et que les corssaires d'Alger, et de Saley y fréquente souvent au tour, il est comme impraticable d'y monter, et un homme seul faisant rouler des pierres du haut il n'y a aucune accessibilité.

Et au 10 décembre, nous partismes de Madère, Mr de Venize n'y ayant voulu vendre le bled de nostre prize et me pria de la conduire en France soubs son escorte, et estant à 40 lieux de Belille nous encontrasmes un navire portuguais soubs pavillon et commission de France, chargé de fromage de Hollande venant d'Amsterdam, et nous découvrismes que le chargement étoit pour le compte des marchands holandois, ce qui nous la fit conduire à Brest où elle fut jugée bonne prize, et audessous des fromages il s'y trouva des ballots d'épisseries, cloux, muscade et cannelle qui méritoit des atentions plus qu'aux fromages, et nous désarmasmes à Brest au 28 décembre 1690.

CHAPITRE VI

Mission en Ecosse. — Les pommes de reinette. — Entrevue de Doublet et de l'intendant de Dunkerque. — Amours de Doublet. — Il est nommé lieutenant de frégate. — Il reçoit le commandement de deux corsaires. — Combat. — Prises de trois navires. — Mission à Elséneur. — Passage du Sund. — Arrivée à Copenhague ; à Dantzick. — Prise à l'abordage d'un navire anglais. — Naufrage devant Dunkerque. — Voyage à Versailles. — Aventure avec le sieur Pletz.

1690. Lorsque j'eus salué Mr Des Cluseaux, intendant, il me dit : « J'ay des ordres de M. de Pontchartrain, Ministre de la marine, de vous envoyer pour luy parler à la cour, et cela vous doibt faire plaisir ; mais il faut avant partir faire désarmer votre frégatte et faire décharger et désarmer vos prises. » Je creus mon advancement estre indubitable, sur ce qu'il s'étoit passé avec M. de Seignelay. M. de Venize m'en témoignoit sa joye. Et lorsque les désarmements furent faits, je fus recevoir les ordres de M. l'intendant, qui ne consistoient que de me rendre à la cour chez M. de Pontchartrain et de recevoir cinquante pistoles à compte. J'acheptay deux chevaux pour moy et mon vallet après avoir pris congé de mes amys, je party le 9 janvier 1691 et le 17 j'arivay à Versailles et receus audience du Ministre le mesme soir, lequel m'ordonna de partir le matin pour me rendre à Dunkerque; où je trouverois mes ordres chez M. Patoulet, Intendant de marinne. Je fis connoistre avoir besoin d'argent ayant deux chevaux et un valet et que je priois Sa Grandeur de m'accorder deux jours de résidence à Paris. Il me remit au lendemain à sept heures du matin. M'y estant rendu, il me fit entrer en son cabinet et me fit compter cinq cents livres, et me dit de ne pas retarder à

Paris plus de deux jours, et il me répéta : « Vous trouverez vos ordres à Dunkerque ». Et je fus disner à Paris, d'où je partis le 21ᵉ, et arivay à Dunkerque le 27ᵉ sur les 5 heures du soir chez M. l'intendant, qui m'attira en particulier pour me dire qu'il y avoit une affaire d'importance pour le service du Roy, ce qui fera mon advancement ; et que pour y réussir ny causer de soubssons, je m'abstiendrois d'aller chez luy, et qu'il me faloit conférer sur les moyens avec le chevalier Géraldin et duquel ses ordres pour moy étoient autant que celles de la cour. Il falut donc s'ouvrir et me déclarer le secret conssistant à pouvoir conduire en Ecosse un ingénieur au duc de Gordon qui tenoit bon pour le Roy d'Angletere Jacques second dans le chateau d'Edimbourg, capitalle du Royaume d'Ecosse, comme aussy de faire tenir en seureté un paquet de la cour au dit seigneur Duc de Gordon, (1) et que pour y parvenir je cherchas dans mon idée les moyens, et que rien ne me manqueroit, et puis beaucoup de promesses et flatteries, disant avoir informé la cour ne conoistre personne autant capable que moy etc. Je répondis : « Cela mérite bien des attentions et des réflexions puisque Mʳ le prince d'Orange par ses troupes est déjà possesseur de la ville d'Edimbourg et de la ville de Leict qui en est le port de mer, et je n'ay aucune personnes de connoissance en ces deux villes, et avec lesquels il faudroit prendre les mesures et il faut quelqu'un en crédit ou quelque autorité. » Et cela me fut promis et tenu. « — Secundo il nous faut un moyen bastiment, bon de voille, et qui ne paraisse pas estre disposé pour la guerre. » Et je fis choix d'un gros basteau pescheur de harens ; et que l'on m'y donneroit quelqu'un pour bien m'interpréter les langues angloises et écossaises ; et que l'on m'acorda un jeune Irlandois nommé le Sʳ Welchs ; et que Mʳ l'ingénieur seroit déguizé en gros marin et passat pour mon pilote, n'ayant belle perruque ny habits galonnés, afin de n'estre reconnu par mon équipage, qui seroit composé de dix matelots flamands, et que l'on me muniroit d'un passeport d'Ostende, remply de mon nom sans le changer parce que j'é-

---

(1) Le duc de Gordon-Oneill, fils du général Félix Oneill et petit-fils d'Henriette Stuart, de la famille de Balzac d'Entragues. Après la bataille d'Aghrim et la prise de Limerick (1691), il passa en France avec son régiment.

tois fort connu en bien des endroits. Ce fut une difficulté que ce passeport étant en guerre avec Ostende où j'étois entièrement connu. Cependan le chevalier Géraldin ayant écrit à ses amis en obtint un et l'emplacement du nom étoit en blanc, que nous remplismes du mien, et il fut question de quel prétexte se servir pour l'introduire. Je dis : « Il faut faire charger dans ce bateau pour 25 à 30 pistoles de pommes rainettes dont on fait cas en Ecosse, et il me faut une lettre de crédit de cinq à six mille livres sur quelque banquier de la ville d'Edimbourg, parce que l'on me questionnera, je répondray, venir pour négocier soit du charbon de terre et du plomb ; on me dira vos pommes ne suffirent pour le quart de votre chargement et seray pris sans verd. » Et Mr Geraldin se trouvait embarrassé, cependant en trois jours il obtint cette lettre de crédit en ma faveur, ainsy qu'il avoit obtenu le passeport de Mr Hamilton, consul des anglois en Ostende, toujours bien zélé pour son véritable Roy. Enfin m'étant déterminé à cette entreprise en vüe de rendre mes services aux deux testes couronnées, le Roy nostre maistre et le Roy Jacques, desquels on me flatoit d'avoir de grosses récompenses en advançant dans la marine, me fit partir avec courage, le 6 février, avec mon ingénieur sans autre nom que Claes Dromer, passant pour mon pillote. J'avois dans le bord deux caisses plaines de fusils et deux ballots d'habits de soldats pour les délivrer au fort de la Basse, à l'embouchure du fleuve Edembourg, lequel tenoit encore pour le Roy Jacques, et un paquet de lettres pour celuy qui y commandoit. Je leur délivray le 22 février et m'advertit que M^r le Duc de Gordon se défendoit faiblement contre M. de Makay, commandant les troupes du prince d'Orenge.

Enfin, au 23e, j'arrivey en rade de Leict (1) et descendit avec mon pillote, tous trois habillés à la matelote. A l'abord, les soldats me conduire à Mr de Makay, qui m'ayant questionné d'où j'étois et revenois et leu mon passeport me dit : « Allez et faites vostre négosse. » Je luy demandey s'il nous seroit permis d'aller à Edembourg. Il dit : « Allez partout exepté autour de mon camp. »

---

(1) Leith, dans le golfe de Forth, à 3 kil. d'Edimbourg.

Et nous fusmes tous trois lentement à pied à Edembourg, qui n'est que demie lieux au-dessus de Leict où est le port et forteresse. Nous fusmes chez un libraire, faisant semblant d'y marchander un petit livre pour nous aprendre les marées et dangers du pays, et je luy glissay une petite lettre de son Roy Jacques, qui l'instruisit de nostre voyage et du paquet que nous avions pour l'introduire à M^r le duc de Gordon, ainsy que notre ingénieur, et par crainte de sa femme, les enfants et la servante, il dit : « Allons boire un verre de bonne bierre. » Sa femme dit : « N'en avez-vous pas icy ? » Ouy, mais j'en connois de meilleur. Et nous fusmes dans un cabaret, où nous entretinmes sur les moyens, et luy délivray le paquet, et nous séparasmes, Welsch et moy, luy laissant le prétendu pilotte, et retournasmes à Leict pour retourner à notre bord, et où nous y restasmes jusqu'au lendemain l'après midy sur une heure, que nous entendismes plusieurs coups de canon partir du château, lequel avoit les pavillons déployés je pensois que le siège en fût levé de devant. Mr de Makay et tous ses officiers ne seurent que penser sur cet éclat. Il dit : « Aparamment que Mr de Gordon a receu quelque espérance, d'un prompt secours ; il nets pas jour d'ordinaire et il faut que cette barque luy ay fait tenir quelque paquet, que l'on m'équipe une chaloupe avec six grenadiers, et qu'on m'amène les premiers de cette barque et qu'on les dépose au corps de garde jusqu'à ce que j'aye visité le camp, et qu'on y mène aussy un des leurs qui a resté à terre. » Sur les cinq heures du soir, nous fusmes conduits Welchs et moy dans un corps de garde où étoit déjà mon prétendu pilote, et nous étions fort observés en toutes nos actions et nous n'osions nous entreparler, et sur les neuf heures on nous mena au château devant Mr de Makay qui étoit environné d'un grand nombre d'officiers. Puis il demanda : « Qui est le maître de cette barque ? Je dis : « C'est moy, » « Quy sont les autres ? Je répondis : « Voilà mon pilote et mon contre maître. » « D'où estes-vous partis ? » — « D'Ostende. » — « Donnez vostre passeport. » On l'examina, enfin je fus interrogé sur tout, puis il ne manqua pas de demander sy je n'avois pas d'autre chargement que des pommes, et qui je prétendois remporter. Je dis :

« Du charbon de terre et du plomb, et que pour l'effect j'étois porteur d'une lettre de crédit sur un nommé Charter maire d'Edembourg. Il me demanda : « Le connoissées-vous ? » — Je dis : « Non — « Pourquoi ne l'avez-vous esté trouvé hier ? » — Je dis que je defferois jusqu'à sçavoir ce que je pourois vendre mes pommes pour me régler. Il me demanda : « Avez-vous sur vous cette lettre de crédit ? » Et je la présentay à Mr de Makay qui la redonna à un M^r proche de luy, et qui la leus, et puis me dit : « C'ets sur moy qu'elle ets tirée, j'y feray honneur quand vous souhaiterez. » Ce qui me le fit connoistre, et on nous aloit renvoyer à notre bord qui étoit à la rade, et par malheur un nommé Richard Kintson, marchand, que j'avois connu en Espagne, me reconnut, me faisant bon acueil. On luy demanda où il m'avoit veu. Il dit : « A Cadix ; nous avons beu souvent ensemble ; il commandoit une jolie frégatte françoise. » On dit : « Quoy, il est françois et se dit d'Ostende. » Puis un autre nommé Smits me vient prendre la main en me demandant encore de ma santé. On luy demanda aussy d'où la connoissance. « Au diable que trop, c'ets Doublet qui me prit il y a un an devant le port d'Ostende et me mena mon navire à Dunkerque. » Cela nous pensa perdre, et Mt de Makay dit : « Il est heure de manger, qu'on remette ces gens au corps de garde et bien gardées jusqu'à demain, et qu'on ne les laisse parler à personne. » On nous y conduit soubs bonne escorte, et un officier eut la malice de me faire attacher les deux bras, prenant dans les plis des coudes et par derrière le dos avec de la mesche à mousquet. Bien une heure après, je dit aux officiers : « Mr de Makay n'a pas donné un ordre si rigoureux. » Et on me fit détacher. Nous demandasmes un peu de pain et de la bierre, et on nous apporta de l'Elle (1) qui yvre plus que de l'eau-de-vie, Je dis à mes deux confrères : « Défiez-vous de cette boisson, vous en seriez incommodez. » N'ozant en dire plus, et nous passasmes une triste nuitée. Le lendemain dès six heures, on nous reconduit devant M. de Makay qui m'interrogea pour la deuxième fois, et particulièrement que j'étois reconnu

---

1) Ale (ou aile), boisson anglaise.

pour françois. Je luy dis : « Je ne l'ay pas dénié ny changé mon nom, voyez le passeport et ma lettre de crédit. » Il dits : « Comment donc estes-vous à prezent flamand Espagnol. » Je répliqué : « Permettez que je vous le dise en particulier. » Il s'écria : « Non, non, pas de secret; c'est icy un conseil assemblé. » Et en soupirant je dis : « Il y a quatre mois que j'ay eu le malheur de me battre avec un officier de marine que j'ay jetté par terre, vous savez les rigueurs en France pour les duels, j'ay tout abandonné et me suis sauvé en Ostende où M^r le gouverneur me pris soubs sa protection et M^r le consul anglois, et m'ont envoyé icy pour gagner ma vie atendant où ils puissent m'employer. » Sur quoy Mr Charter et plusieurs officiers dirent : « Cela se peut et paroit vraisemblable. » Et on ne quiestionna pas mes deux hommes. Mr de Makay me dit ; « Allez et faites entrer vostre barque dans le port et vous négossierez, mais que vous ou le pilote reste chez moy jusqu'à ce temps que le bateau soit entré. » — Claes Dromer penssa gaster tout et nous perdre entièrement ne sachant mon dessain, et il n'y auroit jamais réussy. Il dit : « Moy qui suis le pillote je vais faire entrer le bateau. » Peut-estre avait-il quelque dessain, mais il n'étoit nullement au fait de la marine. Je dis : « Messieurs, dans toutes les ordres de marine, il faut qu'un maitre ou patron et capitaine soit dans son bord qu'il entre ou sort d'un havre. On dit : « Cela est vray, alez, vous, maistre, et nous garderons ce gros homme. » En effet, il étoit puissant de corps.

Je party assées guay ayant mon projet en teste, et lorsque je fus sur le quay pour m'embarquer dans mon petit canot où il y avoit seulement deux rameurs qui étoient venu pour aprendre de nos nouvelles, — Welchs étoit avec moy, — il se présenta à moy un joly cavalier de 15 à 16 ans, bien équipé, le plumet blanc au chapeau et me dit: « N'estes-vous pas le marchand de ces pommes ? Madame ma chère mère en voudroit de belles avant que vous les vendiez. » Je pensois que c'étoit l'ange que Dieu m'envoyoit à mon dessain, et luy dit : « Monsieur, venez avec moy et vous aurez à choisir. » Il parloit françois très bien, excepté quelques prononciations. Je luy dis: « Embarquez-vous avec moy. » Et il y étoit déjà dans mon canot quant un brutal de maistre des quais luy dit en anglois où il aloit; le jeune homme luy dit le subjet et le maistre des quais le fit débarquer, luy disant que sy j'avois cette bonne volonté, que je l'exécuterois lorsque la barque seroit entrée au port, et qu'il avoit ordre de ne laisser aller qui que ce soit à mon bord. Je fus déconcerté et en alant je fis d'autres projets. A peine je fus arrivé à mon bord qu'il y vint une chaloupe avec six matelots dont le chef étoit le pilote royale du port, lequel me dit : « Je viens ici pour vous guider dans le port et il faut avant une heure lever l'ancre. Je réponds, toujours par Welchs ; mon contremaitre, que, à la bonne heure ! Et Welchs en françois me disoit : « Egorgeons tous ces bougres-là. » Je luy dis : « Tout beau, nous le saurions faire sans bruit ; voilà une frégatte angloise proche de nous qui nous perdera. Sy je ne puis nous en défaire par une autre voie, nous en viendrons là et ne dites mot. » Je m'aproché de ce pilote et luy demendey son nom, il me dit : « Willem Fischer. » Je luy demanday s'il ne boiroit pas bien un petit doibt brandevin de France. Il parut content. Puis par Welche je luy fis dire qu'il étoit bien tard pour nous entrer dans son port tout bordé de rochers. Il répondit : « Ne craignez pas, je suis seur de mon fait. » Je luy fis encore dire que j'avois peur et que s'il vouloit me faire plaisir que d'atendre au matin et qu'il restasse la nuitée à mon bord, qui est très courte, et qu'il renvoya sa chaloupe et ces gens dire à M. de Makay qu'il étoit trop tard pour m'entrer, et qu'il envoyast de nos pommes à sa femme, avant que les autres en euts. Il tomba dans mon piège. Je leur laissay prendre des pommes tant qu'ils voulurent et Welchs me disoit : « Faisons main-basse. » Je luy résistois fortement. Enfin la chaloupe part avec les ordres de Mr Willem d'aller dire qu'il restoit à mon bord et qu'il étoit trop tard pour m'entrer qu'à la marée du matin il n'y manqueroit pas. Et lorsque la chaloupe fut partye, je le conviay dans ma cahute de chambrette pour boire le brandevin, et il n'eus sitôt beu que je sorty, et l'enfermay à la clef. Je fis déployer les voiles et couper le câble, et forçois à toute voile, et par un bonheur extresme les vents étoient très favorables. Je coupay la corde de ma petite chaloupe et la laissay en dérive, et la frégatte croyois que j'allois entrer dans le port, et mon Willem fit un grand cry. J'entrouvé la porte et luy présentay un grand couteau proche son estomac ; il se teu et s'agenouilla. Je luy dis de se taire, ce qu'il fit. Mais lorsque la dite frégatte m'aperceut ayant bien dépassé le port me lascha un coup de canon qui creva ma grande voile, et un moment après les canons des forts de Leict tiroient à boule vüe, et la frégatte n'oza venir près nous pour n'aler sans le capitaine qui étoit à terre. Ainssy j'échappay avec mon hoste en la place de celuy que l'on m'avoit retint. J'étois donc sans passeport ny pillotte, et je pris route opozée, crainte la frégatte, et fut droit au nord vers la Norvesque ou Dannemark neutre, et en six jours j'arivay à Suinneur proche de Derneus où étoit le chevalier Jean Baert, chef descadre, sans que je le seut, et fut par là en seureté : j'avois eu l'honneur d'avoir esté son lieutenant, je le futs trouver à Derneus et il me dit qu'il aloit retourner dans deux jours conduire ses prizes à Dunkerque et que j'euts pour seureté à m'embarquer avec luy et mon prisonnier. Je le priay de me laisser reconduire ma barque soubs son escorte et qu'il me donna seulement un de ses passeports, et que j'étois seur de ne m'écarter de luy qui avoit des prizes à conduire. Il me munit de bonnes provisions de table et je party avec luy et nous arivasmes à Dunkerque au seize avril 1691 (1).

Et aussitôt que je fus débarqué avec mon écossois je requis à un officier de premier corps de garde de me donner un escorte pour conduire avec seureté mon prisonnier chez M[r] l'intendant de la marine, et l'on me donna deux soldats avec leurs fusils et fusmes à l'intendant, qui me receut à l'abord très gracieusement en me demandant si tout avoit bien esté, et ce que c'estoit que cet homme. Je luy dis en abrégé ma relation cy-devant, et que je croyois le pauvre sieur ingénieur à un gibet. « Comment donc, nostre ingénieur pendu ! Et vous l'avez abandonné ? Vous estes perdu. » Je luy dits : « Non encore, suspendez s'il vous plait votre

---

(1) La date exacte est décembre 1691. Jean Bart était sorti de Dunkerque le 14 juillet et avait été retenu sur la rade pendant quelques jours. Après une campagne sur les côtes de Norwège il était de retour en vue de Dunkerque le 29 novembre, et sur rade avec deux prises le 1er décembre. — Arch. de la Marine, Campagnes, 1691, t. 13.

jugement, et sy vous aviez esté au mesme cas que Mʳ Dromer, je vous y aurois aussy délaissé. Vous savez que je n'ay point craint dans les occasions le bruit des canons et des mousquets, non plus que les périls de la mer, mais je n'ay jamais creu estre déshonoré par une potence où vous et le chevalier Géraldin me venez d'exposer par vos belles promesses. Je m'en suis heureusement échapé et vous ameine cet homme que par adresse j'ay enlevé et qui peut sauver l'ingénieur s'il nets pas encore fait mourir. Il faut faire au plutots écrire par cet homme à Mʳ de Makay qui l'a obligé de venir à mon bord pour servir au nouveau conquérant, ainssy qu'ils apeloient Mʳ le prince d'Orange, et que je l'ay enlevé par surprise, et que sy l'on fait mourir mon pillote Claes Dromer qu'il subira pareil suplice, et aussy le faire écrire des lettres circulaires à sa femme et à toute sa parenté pour demander la liberté de notre pilote pour qu'il puisse obtenir la sienne. » Et aussytots nostre ostage écrivit plusieurs lettres remplies à faire compation, et puis on le déposa dans une chambre d'un bon cabaret, soubs bonne garde par quatre fusilliers, avec ordre de ne le laisser parler à aucune personne, crainte qu'il n'aprit ce que c'étoit que notre prétendu pillote. Et les dites lettres furent envoyées, et Mʳ l'Intendant envoya à la cour toutes ces informations, et dont il receut ordre de me donner une gratification, et il me fit venir chez luy, et il me dit : « Quoy que vous n'ayez pas bien réussy aux dessains projetées, cependant la cour ayant esgard aux risques que vous avez encourus et par votre adresse d'avoir enlevé ce pillote, elle m'ordonne de vous gratifier de cinquante pistoles. » Je répondis : « Je n'ay point agy par interest ; je n'ay pas demandé de gages ; je me suis nory et l'ingénieur sur mes frais, et cets me trop payer pour deux mois et quelques jours. Donnez à vos laquais cette belle récompense. Vous m'avez promis au nom de la cour mon advancement, et j'ay couru plus de risques à désonorer ma famille qu'en mile combats, et je chercheray ailleurs mon party. » Il se récria: « Quoy! avec quel mépris et audace vous parlées et refusées une grasce de la cour. » Je dits en me retirant : « Elle est trop belle pour moy. » Et il luy souvint du commerce de lettre qu'il me deffendit d'avec le fils de Mʳ l'admiral Ruiter. Me voyant sortir de la salle, me dit : « Aparaman vous yrez trouver Mʳ Ruiter pour vous faire pendre sy jamais vous estes pris. » Et je ne répondis rien. Aparaman qu'il récrit sur cela en cour, et huipt jours après il m'envoya chercher et me dis : « J'ay écris que vous n'avez voulu recevoir la gratification sur ce que l'on vous a fait espérer vostre advancement dans la marine, et sy j'avois écrit vos fiertées vous seriez perdu, et mes intentions ont toujours esté bonnes pour vous. Voicy un brevet de lieutenant de frégatte (1) de sa Majesté que je vous ay obtenu avec le commandement de la frégatte la *Sorcière*, montée de 30 canons que j'ay ordre de faire armer incessamman, ainsy que la frégatte la *Serpente* aussy montée de 30 canons, qui sera commandée par le capitaine Keizer (2) flamand, et vous aurez commandement sur les deux frégattes, et vous n'engagerez tous les deux aucuns matelots françois couchés sur les classes, le Roy en ayant besoin pour ses gros vaisseaux, ains apportées tous vos soins et ne soyez à l'advenir sy prompt ny sy fier, car tout autre Intendant vous auroit perdu. »

Je le remerciay gracieusement et fis grande diligence pour les deux armements. Et j'ay obrmis d'écrire cy-devant que lorsque j'eus les ordres de partir de Brest pour me rendre à la cour, en route faisant je passay par la ville de Sainct-Malo où je rencontray plusieurs capitaines et marchands avec lesquels j'avois fait connoissance à Cadix en Espagne et à Lisbonne en Portugal et autres endroits, qui à mon bord me vouloient régaler, et entr'autres Mʳ Desmarets-Fossard, brave capitaine et marchand avec lequel j'avois une plus étroite liaison, jusqu'à nous traiter de frères, mesmes par nos lettres. Il m'emporta pardessus les autres pour me donner le souper chez luy, sur ce que j'avois déclaré que le matin suivant je devois continuer ma route, et convia huipt de ceux qu'il creut de mes meilleurs amis au souper pour me faire

---

(1) D'après les listes générales des officiers de vaisseau (t. VI, 1609 à 1770), le brevet de lieutenant de frégate fut expédié à Doublet le 1ᵉʳ janvier 1693; il fut « biffé et rayé » la même année. — Arch. de la marine.

(2) Charles Keyser, né en 1653, fut fait enseigne de vaisseau le 10 janvier 1687; lieutenant de vaisseau le 1ᵉʳ janvier 1691. Mort le 3 janvier 1694. C'était un des amis les plus intimes de Jean Bart.

compagnie, et l'un et l'autre sans pensser à autre chose. Il nous conduit chez luy, où en entrant il dit à Madame sa mère : « Voilà mon meilleur amy Mr Doublet dont je vous ay tant parlé ; cets mon frère et je l'ameine avec ses amis et les miens à souper. » La bonne dame dits : « J'en suis ravie, alées faire une promenade et je vais donner mes soins. » Et nous fusmes à Sainct-Servant à un baptesme de ses parents, et puis nous rendismes à l'heure du souper, et à l'entrée de la table l'on me plassa entre sa cousinne germaine Mademoiselle Lhostelier d'une charmante beauté, et une seur de Mr Desmarets qui n'étoit pas moins agréable et que je n'avois encore vüe ny entendue parler. Je me sentis le cœur épris, et mon apétit estoit d'amour et non des mets délicieux dont on me reforçoit. J'étois observé ; l'on m'en faisoit la guerre, et voyant le peu de temps que j'avois à rester je fis doucement ma déclaration de mon amour à Mademoiselle Fossard-Desmarets, laquelle ne me rejetta pas éloigné, disant ne vouloir suivre que les sentiments de sa chère mère. Et sur un changement de service de la table, la mère fut pour ordonner. Je fus la joindre et l'atiray en particulier, et luy fis la demande de sa chère fille. Elle ne manqua pas de me marquer sa surprize du peu de temps, et que je devois partir le matin. Elle me dit : « Vous me faites icy un compliment d'un cavalier de passage. » Et je soutins l'assurant de ma constance, et retournay entre mes deux belles, où je persuadois à la mienne que madame sa mère m'avait promis son consentement. Et sur la minuit je quitay la table disant estre fatigué et qne à 4 heures je remonterois à cheval. Afin de dissiper la compagnie qui m'acompagna à mon auberge où étoit mon valet et mes chevaux, je fis semblant de me coucher sur l'heure, et les amis me quittère, excepté Mr Desmarets auquel je dis avoir à le communiquer. Et nous voyant seuls, je luy déclara mon parfait amour pour sa seur, et le priay de m'y servir d'amy, pour que nous puissions estre réellement frères. Il m'embrassa et me promit de m'y apuyer, et je le priay de me reconduire chez luy avant le coucher, et il ne peut me le refuser à mes empressements, et je passay jusqu'à trois heures et demie, où j'employai toute ma rétoriqne à confirmer mon zèle et mon amour, et j'obtins parole de la mère et de la sœur et du frère, leur promettent que je quitterois dans peu le service du Roy pour me marier et m'établir à Sainct-Malo. Et les ayant quittés je montay à cheval sur les quatre heures et demie sans avoir couché ny fermé les yeux, et pendant ma route je n'ay manqué un jour d'écrire à ma maitresse étant arrivé à Paris qu'à Dunkerque, excepté le voyage des pommes en Ecosse que je leur déguisay. Mais lorsque je fus pourveu du brevet et du commandement des deux frégattes cy-dessus, je leur en donnay advis et en leur promettant que malgré le brevet je quitterois le service, et pour mieux les en assurer je fis une remise de 15,000 livr. en lettre de change à ma prétendue et une belle pendule à répétition et mon portrait en petit, dont je luy faisois un don en cas que Dieu disposats de moy, n'étant biens de ma famille, etc.

Pendant que je faisois diligence pour armer, les deux frégattes du Roy la *Serpente* et *Sorcière*, ariva à Dunkerque le sieur Dromer dans un pitoyable état, enflé par toutes les parties de son corps par hidropisie causée qu'on l'avoit dessendu dans un puis à sec avec une grille de fer audessus et que à toutes les marées haultes il avoit l'eau jusqu'au sein, et lorsque la mer avait baissé il se posoit sur une pierre de taille, et pour pain c'étoit des fois de bœuf cuit et de la petite bière, et on atendoit des réponsces d'Ostende pour le convaincre et le pendre. Mais son bonheur fut par l'enlèvement que j'avois fait de Willem Ficher qui le sauva, et que nous avons relasché bien sain et gros et gras, et le sieur Dromer après bien des remèdes n'a vescu que huipt mois après son retour, et me remercia fort de mon adresse.

Nos deux frégattes se trouvèrent toutes équipées et prestes à faire voille le 8ᵉ may, nous ne atendions que les ordres et un bon vent pour sortir du port, et le 10ᵉ Mʳ l'Intendant nous ayant apelés les deux capitaines seuls nous présenta deux officiers anglois ou Ecossois et nous dits que de la part du Roy nous embarquerions chacun un de ces officiers, et leur donnerions à coucher dans nos chambres et la table, et que au moment de notre départ il nous délivrera à chacun un paquet cacheté de la cour que nous n'ouvriorns qu'en présence des dits deux officiers, et de suivre exactement ce qui y sera marqué, et que l'ouverture ne s'en fera que lorsque nous serons au Nord de tous les bancs de Flandre, et qu'au cas de rencontre supérieure de nos ennemis qui nous fit succomber, prets à estre pris ou péris nous jetterons les dits ordres à la mer dans un sachet avec un ou plusieurs boulets à canons pour les faire précipiter au fond.

Les vents étant assez favorables, nous sortismes du Port sur le midy, et fismes les routes du nord jusqu'au 13° à 8 heures que nous étions dépassées tous les bancs, et fis serrer une partye de nos voilles, et fits le signal à Mr Keizer de venir à mon bord et d'aporter son paquet pour en faire l'ouverture ainssy que du mien, et il vint avec l'officier. Nos ordres étoient de fuir toutes les rencontres que nous pourions trouver qui nous peut engager en aucun combat ny mesme de ne nous arester à faire aucunes prises quelque aparente d'estre riche ou non, et d'aler vers les costes de Flandres ou Aberdin pour y débarquer chacun notre officier, dont nous raporterions un certificat comme ils sont contents du lieu de leur débarquement et bon traitement pendant le voyage. Et nous continuasmes la route jusqu'au 15° que nous étions en vüe des terres de Hulm, où nous trouvasmes plus de cent bastiments holandois pescheurs qui n'avoient que deux moyens convoys de 20 à 24 canons pour les garder. Nous avions les pavillons anglois arborées, et nous passions au travers parlant aux uns et aux autres sans leur faire la moindre peine, et nous creurent anglois leurs amis. Sur le soir nous n'étions qu'à trois lieux au large du cap Flamberghot que je fus parler à Mr Keizer et luy recommander de se tenir proche de nous, ce qu'il me promit. Mais je fus fort étonné que sur la minuit nous entendismes quelques coups de canons éloignés de nous, et qu'au petit jour nous ne voyons plus nostre camarade, ce qui nous mit en grandes inquiétudes, je faisois faire exacte découverte du haut de nos mats.

Et sur les huipt heures notre homme de la découverte nous advertit qu'il voyoit un navire venir à nous, et fit route pour sa rencontre, et à dix heures nous étions à portée de la voix, et un des officiers nous cria de leur envoyer ma chaloupe, et pour lors nous aperceusmes que cette frégatte avoit combattu, et la reconnusmes désemparée et bien mal traitée. Je m'embarquay dans ma chaloupe, et fus à son bord ; je trouvay bien de la consternation et le dit capitaine Keizer tout étendu sur le plancher de sa chambre ayant une épaule toute fracassée jurant et reniant comme un désespéré, et yvre. Je n'en pu tirer de bonnes raisons ; je sortys sur le gaillard et interrogeay le second capitaine qui étoit moins yvre. Pendant que nos chirurgiens travailloient sur les blessés, les charpentiers de leur costé raccommodoient les mâts et les vergues et le corps du vaisseau, ainsy que les matelots aux voiles et aux maneuvres. Enfin le second capitaine m'aprit que l'officier passager fut tué de la première décharge et a esté jetté à la mer. Je demanday pourquoy nous avoir quittés contre les ordres, et il me dits que depuis que nous eumes passé au travers de cette flotte sans en avoir pris, que le capitaine Keizer devint comme enragé et que sitôt qu'il fit obscur il força de voille, ayant mesme un peu changé nostre route pour se mieux écarter de nous, et que sur les onze heures ils aperceurent une lumière et coururent dessus, et qu'un peu avant minuit ils se trouvèrent proche d'un navire qui avoit cette lumière, et sans estre aucunement préparés pour le combat le sieur Keizer l'aprocha et cria : « D'où est le navire », qui luy répond : « De la mer » : « Et d'où est le vostre. » Keizer sans déguisement cria : « De Dunkerque. » — « Ameine, chien ! » — Et ce navire luy lascha une bordée de canons chargées à mitraille suivie d'une bonne mousqueterye qui tua l'officier anglois et blessa au costé Keizer et ensuite à l'épaule et une trentaine de l'équipage tuez et estropiez et nos gens à peine laschèrent leurs bordée de canons, n'ayant aucuns mousquets de préparées ; ils receurent une segonde et troisième bordée, et puis ce navire à nos gens inconnu se retira et continua sa route, et s'ils avoient voulu ils auroient enlevé notre frégatte sans que j'en euts connoissance. Enfin il se trouva 52 hommes morts, 21 estropiées et 14 passablement blessées. Je me fis reporter à mon bord pour conférer avec mon officier passager, et pendant qu'on raccommodoit toute chose, ce pauvre officier étant tout déconcerté me dit : « M^r, il nous faut retourner en France ; je ne puis plus rien sans mon camarade ; voilà une grande imprudence du vostre, et il mérite estre roué vif s'il échape. » Et je priay mon officier de se transporter au bord de Keizer avec notre écrivain et que nous allions dresser un procès-verbal, et puis nous en retourner, et cependant que s'il vouloit je le débarquerois à l'un des endroits destinés. Il dit : « Non Monsieur, il faut sy l'on peut retourner au plustot en France. » Et dès que ma chaloupe eut porté une vingtaine de mes matelots à la *Serpente* et qu'elle fut revenue à mon bord je fis la route pour Dunkerque, et le 23e may me trouvant proche de la rade d'Ostende, je trouvay quatre navires anglois dont j'en pris trois chargées de charbon de terre et de l'étain et du plomb les conduit à Dunkerque et ma frégate la *Sorcière* faisoit grande eau et dont il luy falloit faire un grand radoub, et l'on jugea qu'il y avoit bien moins de travail à faire à la *Serpente*. il fut ordonné que je la commanderois et l'armerois incessamment pour aller vers la mer Baltique et, le 10 de juin, étant tout prêts à sortir du port M^r l'intendant me dit de recevoir mes ordres du chevalier Géraldin, lequel cy-devant me les avoit donnés, et il m'ordonna de recevoir dans ma chambre et à la table un officier dont il ne m'importoit en savoir le nom, et défense d'attaquer ny chercher aucune rencontre de faire des prises, et moy d'éviter toutes rencontres, et de faire en diligence ma route pour me rendre au Zund, à Elzeineur, où se débarqueroit mon passager, et après quoy j'irois dans la mer Baltique en rade de Danzik prendre soubs mon escorte (1) la flute du Roy nomée la *Diepoise,* commandée par le capitaine Postel, de Honfleur. Au 12e juin je party de Dunkerque et, sur les 6 heures du soir étant entré à Ostende et l'Ecluse, je fus rencontré par cinq vaisseaux de guerre anglois, lesquels me donnèrent chasse, et pour me faire engager entre les bancs de sable ou de passer à leur portée de leurs canons je fis le semblant de vouloir donner dans les bancs, et les trois plus légers de leurs vais-

---

(1) Doublet remplit plusieurs missions de ce genre. Elles consistaient à convoyer les navires de commerce chargés d'approvisionnements achetés à l'étranger. A l'époque où Colbert prit en main les affaires de la marine (1665), il trouva les arsenaux fort dégarnis; tout y manquait à la fois. Aussi la France, pendant plus de dix ans, dut-elle tirer du dehors et notamment de la Suède et de la Hollande les bois de construction, les mâts, les cordages, le goudron, les canons de fer et de bronze.

seaux n'y coupoient le chemin, ce qui venoit à mon dessein de les faire séparer. Et lorsque je les creut assez distant de ne me pouvoir rejoindre, je reviray le bord en résolution d'essuyer la bordée des deux plus gros qui marchoient le moins et forçant de voile je passay bien à portée d'un moyen canon de ces deux vaisseaux qui ne me tiroient pas leurs canons crainte d'interrompre leur marche. Mais lorsque je les euts un peu dépassées et qu'ils voyoient que je les éloignoient, ils me cannonèrent fortement et tous les cinq couroient après moy, et je ne receut qu'un seul coup de canon du costé de tribord en arrière de mon artimon qui brisa dans ma chambre quelques-uns de nos fusils, et la plus légère étoit une frégate de 24 canons qui aloit mieux que nous continua la chasse jusqu'à 9 heures, mais elle n'oza m'aprocher de trop près, et nous nous tirasmes heureusement, et mon passager vint m'embrasser me disant : « En vérité, Monsieur, je vois bien ce qu'on m'a dit, qu'il n'y avoit rien à craindre avec vous. » Et je repris ma route, et passant sur le banc des Dogres, je passay proche de plusieurs de ces bastiments pescheurs de morues sans leur rien dire, j'avois les pavillons anglois arborés et me prirent pour frégatte d'Angleterre.

Et le 29e juin étant proche du cap de Kol (1) où l'on fait la cérémonie de baptizer ceux qui n'ont pas passé au Zund, il se fit un grand préparatif par mon équipage qui étoient tous flamands et que leurs coutumes ainssy qu'à tous les gens du nord est de donner la calle, en guidant les hommes au haut du bout de la grande vergue et de le laisser tomber d'en haut dans la mer trois fois quelque froid qu'il fasse, puis on leur donne un verre d'eau-de-vie et ils payent ce qu'ils ont promis et on l'écrit pour le payer sur leurs apointements. et cela revestit pour avoir de quoy les régaler tous. Mon navire n'y avoit encore passé ny mon passager ny moy. Je fis présent de deux bariques de vin ponr n'estre baptizé que d'un verre d'eau de la mer et empescher pour le navire qu'il n'en coupasse la figure en place du lion, ce qui est d'ancienne

---

(1) Le cap Kol, ainsi nommé sur les cartes marines du dix-septième siècle, est le cap Kullen, sur la côte de Suède, à l'entrée du Sund. Il est formé d'un groupe de montagnes qui, au dire du savant Rudbesk, étaient tout simplement les vrais colonnes d'Hercule.

pratique (1). Et le mesme soir nous entrasmes à Elseineur. Je fus à terre pour donner mes déclarations que j'étois frégate du Roy, n'ayant aucune marchandise dans mon bord, et le lendemain je fus à la rade de Copenhaguen, capitale du royaume de Dannemarc; je fus à terre avec mon passager et nous fusmes chez M^r notre ambassadeur, M^r le marquis de Martangits (2), qui nous receus très-gracieusement, et sur l'heure du midy il nous mena devant le Roy de Dannemarc (3) qui nous fit un bon acueil, et ensuite il nous conduit chez le prince de Guenldenlen (4) frère naturel du Roy, lequel nous convia pour le lendemain à disner chez luy, et enssuie nous fusmes chez M^r le premier admiral Bielcs (5) et chez M^r le comte de Rancinclos, chancelier, et il étoit plus de deux heures quand nous retournasmes à disner chez M^r l'ambassadeur, et ordonnasmes de débarquer les hardes de mon passager, lequel me mit en bonne réputation avec M^r l'ambassadeur. Après quoy je pris un pillote pour dépasser les bouez et entrer dans la mer Baltique le 5e juillet. Après quoy je fus pour me rendre devant Dansik où j'arrivé en rade le 4e aoust et y trouvay la *Dieppoise* qui n'avoit encore commencé de prendre sa charge, et le 5 je me fis porter dans mon canot à la ville de Dan-

---

(1) Plusieurs voyageurs, en effet, en ont parlé. « Nous nous trouvasmes, dit l'un deux, « vis-à-vis de Kolle, qui est une haute roche. Nous l'avions à main gauche. Ce fut là que « pas un de la compagnie ne fut exemt de la cérémonie qu'ont accoustumé de faire observer « tous les matelots qui passent par cet endroit. Ils sont deux qui mettent un cordeau « autour du cou et un autre qui jette un seau d'eau de mer sur la teste. La cérémonie fut « faite sans y rien oublier, car après avoir esté mouillé, il m'en cousta encore une pistole « pour le vin des matelots. » -- *Les Voyages de M. Des Hayes en Dannemarc*, 1664, p. 30.

(2) « M. de Martangis, ambassadeur du roi en Danemark se trouvant mal en ce pays-« là, a demandé son congé ; le roi y enverra bientôt un autre ambassadeur en sa place. » *Journal de Dangeau*, t. IV, p. 175, 179.

Le roi y envoya M. de Bonrepaus, intendant général des armées navales, qui conclut avec le roi de Danemark deux traités, l'un, le 11 mars 1693, concernant le duc de Wolfenbüttel, l'autre, le 11 avril suivant, pour le bombardement de Ratzebourg. — Deschard, *Notice sur le commissariat de la marine*, p. 94.

(3) Christian V, roi de Danemark et de Norvège, fils de Frédéric III, né en 1646, mort en 1699; marié à Charlotte-Amélie de Hesse.

(4) Ce nom est défiguré. Il s'agit du gouverneur de Norwège, comte Ulric de Gyldenloeve, frère naturel de Christian Ier, roi de Danemark, né le 4 juin 1638, mort le 17 avril 1714.

(5) Plus loin Doublet écrit *Bielks* et commet une erreur. En effet, il entend parler du grand-amiral-lieutenant Niels-Juel, l'un des plus célèbres marins danois, et non du maréchal Bielk ou de Bieck, suédois, qui fut gouverneur de Poméranie et ambassadeur en France.

sik trouver Mr Souchey, agent du Roy, auquel nous étions recommandées. Je le priay de nous diligenter le chargement de la *Dieppoise*, et il me fit conoistre que les mastures n'étoient encore dessendues la Vistule, ny les câbles encore faits, et j'eus le temps d'examiner cette belle ville qui est magnifique et bien policée par un sénat, et y ayant un bel arsenail toujours prêt à armer 30 mil hommes; toutes marchandizes combustibles sont en un quartier hors la ville entourées de grands fossées plains d'eaux, et à chaque bout des magasins ce sont de grands dogues enchainées le jour et qui la nuit rodent ; les magasins aux froments sont de mesmes et séparées et mesme garde les dehors de la ville sont en plaine remplie de jolis maisons de campagne où l'on va librement avec les dames faire des colations avec des truites et écrevisses et à très bon compte, et c'est une ville d'un très grand commerce.

Les câbles se trouvèrent faits : l'on embarqua des barils d'acier et de fer blanc et de cuivre en table et 18 gros câbles et d'autres à proportion, et 22 gros mâts et de plus moïens du godron et du bray, et le chargement s'acheva au 25, et ayant receu les expéditions je party avec la dite flûtte pour nous rendre devant Elseineur, et en partismes le 29 septembre. J'avois receu les ordres de n'escorter la dite flutte que jusqu'aux illes de Fer par le nord d'Ecosse, et après l'y avoir conduite de la laisser seule pour se rendre à Brest. Je tiray un certificat du capitaine Postel du lieu où je le quitois pour suivre mes ordres qui étoient que je ferois la course jusqu'au bout de mes vivres. Et croisant aux costes d'Ecosse devant la ville de Scarbourg (1), nous aperceusmes une moyenne frégatte qui nous reconnut, et c'étoit le capitaine Piter Baert ayant 54 canons, lequel m'ayant parlé me dits qu'il y avoit à la rade du dit Scarbourg cinq navires. Je luy dits : » Il faut les aller reconnoistre. » Il répondit : « Mais il y a une bonne forteresse pour leurs défférences. » Je luy dits : « La forteresse ne sortira pas de sa place pour venir après nous, et sy vous voulez me seconder nous yrons les attaquer ». Et il me le promit, et nous

---

(1) Scarborough, ville d'Angleterre, sur la mer du Nord, au fond d'une belle baie. Son port, le plus important de la côte orientale de l'Angleterre est vaste, commode et d'une profondeur suffisante pour recevoir les plus gros vaisseaux.

préparasmes un combat pour les attaquer, et lorsque nous fusmes à la portée des canons des dits navires et de la forteresse, c'étoit une gresle continuelle, et le dit Bart se tira au large, et je fus d'emblée en aborder un qui me couvroit des coups de la forteresse, et mon équipage ayant sauté au bord de la bordée ne savoit par où entrer, ayant les gaillards bien fermées, et tuoient mes gens autant qu'ils en découvroient, et de de dessus mon pont nous étions battues en ruine par les 4 autres navires qui avoient 20 et 24 canons. Je fits couper le câble de celuy auquel j'étois accroché ; je me trouvay abandonné tout seul sur mon pont, tous mes faux braves d'officiers s'étoient jettés dans la calle et dans ma chaloupe qui étoit entre nos deux navires. Je leur fis honte et ils remontèrent, mais le combat étoit fini, et étions hors de cannonades, et il est certain que sy j'avois esté tué ou bien blessé qu'au lieu de prendre j'aurois esté pris, ou s'il avoit sauté deux ou trois anglois dans mon bord je n'en pouvois échaper. J'eus de morts 28 hommes et six estropiés des bras et jambes et seize blessés, et dont j'eus une cuisse offencées dans les chairs, mon mats d'artimon hors d'estat de service et beaucoup de nos manneuvres endommagées, et ainsy que nos voiles, et mon coquin de prétendu camarade n'osa plus s'approcher de moy. Je pris résolution de faire route pour Norvègue où les ports de mer sont fréquents et sans forteresses, étant neutre, le capitaine de ma prise me proposa de luy ransonner, et j'en convins avec luy par dix mille livres, monnoye de France, quoy qu'il en valus plus de 25,000 liv. étant bon navire de 160 thonneaux, douze canons et chargé de charbon de terre et plusieurs saumons d'étain et de plomb. Je luy relascha son navire et chargement soubs la conduite de son pillote qui étoit son oncle, et que luy me resteroit pour seureté de la ransson. Je fis ma relasche à Suinneur (1) pour y reprendre un mât d'artimon qui ne me coûta que deux pots d'eau-de-vie et le travail de mes gens, et étant bien réquipé je remis en mer au 16e octobre après avoir bien espalmé ma frégatte en vue de ne pas retourner sans bonne prize. Je fus à l'embouchure du

(1) Elseneur.

Texel jusqu'à passer les deux premières boüées ou tonnes. Je pris une grande galliotte bien richement chargée destinée pour Londres, et je la conduis jusque tout proche de la rade de Dunkerque, et je repris la mer malgré les murmures de mon équipage sur ce que j'étois bien affaibli de monde par la première rencontre, Cependant je fus croiser entre le dogre blanc, la Flye et le Texel qui sont les entrées pour Amsterdam, et au bout de trois jours et nuitamment nous nous trouvasmes proche d'une flotte que nous reconnusmes par les lumières des fanaux des convois. J'éprouvai ma marche, et voulus me mesler dans le gros de la dite flotte; un convoy voulu m'aprocher et je l'évitay et ils étaignirent leurs feux. Je tiray, étant éloigné après deux lieux, dix à douze canons distant les uns des autres comme sy j'en avois combattu quelqu'un écarté, et les trois convois y coururent où avoient paru nos hommes, et moy je recours au-devant de la flotte et en aborde une grosse flutte et, sans bruit ny un seul coup tiré ny fait paroistre de lumière, je luy mets promptement vingt hommes de mon équipage et en retire partie des siens et la fait changer de route, et m'étant un peu écarté je refis ma première maneuvre de tirer quelques canons et mettre fanal à ma grande hune et les convois redonnèrent après moy, et au petit jour ils m'aperceurent seul et sans prize à ce qu'ils creurent, mais lorsqu'ils furent à leur troupeau ils en trouvèrent un de moins, et je forçay de voille pour suivre sur la route que j'avois ordonné à la prise de faire, et sy j'avois eu quelque autre frégatte avec moy je leurs aurois enlevé une partie de leur flote sur les contre temps que je leur faisois, et je ne savois ce que j'avois pris; étant fort attentif à la rencontrer, je fis ma chasse à peu près, et sur le midy notre homme de la découverte cria : « Navire devant et au-devant de nous. » Et à deux heures nous étions à la voix. Le Sr Havard, mon capitaine en segond, que j'y avois pozé pour la comandar me cria : « Voilà une belle prize venant de Moscovie. » Elle avoit 24 canons et plus de 600 thonneaux de port et toute neuve se nomoit la *Laitière d'Amsterdam*. Je l'escortois avec grand plaisir, mais les joyes de ce monde sont de peu de durée. Le 11 novembre, feste de St-Martin, nous étions au petit jour devant Ostende, — et je n'écris cecy qu'avec frayeur ; — nous tinsmes conseil sy nous yrions entre les bancs de Flandre et la terre ou sy nous en passerions au large. Il fut représenté que plusieurs vaisseaux de guerre anglois avoient gardé pendant l'été le passage du dehors, n'osant se mettre entre les bancs. Nous avions un pillotte pour les bancs, réputé habil homme, proche parent de M^r le chevalier Baert, portant mesme nom, lequel nous dit : « Il ne faut pas hasarder de faire prendre une si belle prize, et il n'y a rien à craindre de passer entre la terre et les bancs, je suis pour cela et je réponds sur ma vie. Et il fut conclu que nous y passerions, et étant au travers du vieux port notre homme de la découverte cria : « Il y a 4 gros navires à la passe du costé de Graveline. » Notre pilote dit : « Ai-je pas bien conseillé de ny pas risquer ? Et ne craignez pas, je suis sûr de mon fait. » Et il sondoit à chaque moment, et j'étois tout proche de luy, et il se crut échappé des dits bancs, en disant : « Monsieur ne craignez plus ; faites-moy donner un verre d'eau-de-vie, et sy vous avez quelque signal à faire, faites-le. » Et aïant convenu avec M^r l'Intendant avant mon départ que sy j'amenois quelque prise au-dessus de valeur de cent mil livres, que j'arborerois au grand mât un pavillon rouge je l'envoyay arborer ; et dans l'instant, nous sentismes nostre frégate toucher et s'arester tout cour malgré toutes les voiles déployées. L'épouvante prend un chacun ; la frégate s'emplit d'eau, et les vents du Nord-est s'augmentèrent, et un froid rigoureux et violent. Je fais couper tous les mâts et jeter les ancres à la mer afin que le bâtiment ne se rompre sytots. Un chacun se lamente et pleure ; notre prise n'eut pas meilleur sort, excepté qu'après avoir perdu son gouvernail elle sauta par dessus les bancs et elle fut s'échouer à la coste proche de Boulogne dont le monde fut sauvé. Mais ce ne fut pas de mesme à nostre bord, j'envoyai ma grande chaloupe avec 16 hommes et un de mes nepveux pour demander le secours à M^r l'Intendant qui fit tout le possible pour m'envoyer des chaloupes du Roy avec des officiers, et comme ils venoient à nostre secours les vaisseaux que nous avions creu estre des Anglois étoient quatre vaisseaux du Roy sortys de Dunkerque qui étoient à la rade, desquels l'*Ecueil* cassa par le gros vent son câble et fut risque de se perdre sur le banc du Brack, et il tira du canon qui obligea les chaloupes d'aler à luy plutôt qu'à nous ; plusieurs de mes gens se jettèrent en foule dans mon canot et me criant : « Sauvez-vous, nous dirons comme il n'y a pas de votre faute. » Et la mer les submergea tous à mes yeux. D'autres s'attachoient à des bouts de mats et à des bariques vides et périssoient tous. J'avois travaillé à faire un ponton des mâts et vergues que j'avois rassemblés et bien liées croyant m'y sauver avec le reste de l'équipage, mais leurs précipitations à se jetter dessus avant qu'il fut achevé fit encor périr tous ceux qui s'y étoient mis. Enfin comme la mer montoit et couvroit le corps du bastiment, je me mis à fourchon sur le dernier couronnement de poupe, tenant la gaule du pavillon et mon Rançon anglois etoit assys sur le fanal tenant aussy le mât du pavillon. Mr de la Houssaye et Guillemard (1) estoient à mes costés, et chaque vague nous couvroit par-dessus teste, et ne respirions qu'entre deux, et nous résistames, jusqu'à 4 heures du soir qu'il començoit destre nuit, lorsqu'un coup de mer rompit notre machine, et flottions dessus au gré des flots et des vents, et que sur les six à sept heures j'entendis un bruit extraordinaire, et j'aperçeu une grosse noirceur, nous étions le corps dans l'eau, n'osant nous tenir dessus notre pièce par crainte de le faire couler soubs nous, et nous tenions autour avec nos mains. Nous coupasmes nos habits pour estre moins chargés, et apercevant cette noirceur je criay : « Mon Dieu, sauvez-nous la vie. » Et nous entendismes des gens crier : « Ameine les voilles et promptement des lanternes. » Et nous jettèrent des cordes dont j'en receu une sur la teste, que j'atrapay d'une main et la tint ferme et les autres en receurent aussy, et l'on nous attira dans dans cette barque où aussitôt que je fus hors de l'eau je fus saisy du froid et fut sans parolle, et l'on me reconnut quoyque nud en chemize. L'on me couvrit de capots pour m'échaufer ainsy que les trois autres. C'estoit une barque à pescheur dans laquelle s'étoient jetté quatorze des plus braves capitaines de Dunkerque pour nous sauver, et il étoit une heure après minuit, et lorsqu'ils me débarquèrent Mr de Harcourt commandoit la ville pour lors et eut la

---

(1) Officiers-mariniers du quartier de Honfleur.

bonté de faire tenir les portes ouvertes, jusqu'à savoir de mes nouvelles. Je fus porté dans ma chambre sans avoir connoissance qui m'y avoit mis. Il me pris un vomissement d'eau salée et de sang, j'avois un de mes talons dont la peau étoit enlevée. Et le matin M^r l'Intendant se donna la paine avec M^r les officiers de me venir voir, et m'encourager sur ce qu'ils étoient bien informés qu'il n'y avoit nullement de ma faute et que j'avois agi en très brave homme et qu'il l'avoit écrit à la cour, cela me consola.

Et dans cet intervale Mr de Pontchartrain fils succéda au Ministère en place de M^r son père qui fut chancelier (1). Il ordonna à M^r l'Intendant de m'envoyer pour me justifier sitôt que j'en serois en l'état, et six jours après je party en poste pour Versailles où je n'imploray pas l'apuy d'un protecteur. Je paru le matin dans son antichambre où l'attendoient M^r les officiers de marinne, et je m'aprochay de luy disant : « Monseigneur. Je suis celuy échapé du naufrage de la frégate la *Serpente* qui vient soubmis aux ordres de Votre Grandeur. » Et il me regarda fixe de son œil et me dit : « J'ay receu les verbaux comme la choze vous est arivée. Vous estes lavé devant le Roy, mais ce coquin de pillote sera pendu. J'ay mandé que l'on fasse son procès. » Je dis : « Monseigneur, ça va estre un grand dégout pour M^r le chevalier Bart, c'est son parent et son filleul, portant les mesmes noms de Jean Bart. » — « Ha! Ha! Je vay informer le Roy, et vous demain à mon lever faites-vous énoncer pour me parler. » Je n'y manquay pas dès les six heures du matin. J'étois connu de Mr Potin, son valet de chambre, qui m'y présenta en son cabinet, et il me dit : « Le Roy fait grasce à ce malheureux, qui a fait périr la frégate et autant d'hommes et en considération de Mr Bart, ne manquez à luy dire. Et, vous, prenez bien garde qu'une autre fois il ne vous arive un pareil accident, tenez voilà une ordonnance de cent pistoles que vous ferez payer au trésorier de la marine que le roy vous donne pour

---

(1) Il se trouva 85 hommes de mon équipage noyés et 16 holandais de la prise. -- Note du manuscrit.

(2) Ce passage contient une erreur évidente. Jérôme Phelypeaux, comte de Pontchartrain, ne devint ministre de la marine que le 6 septembre 1699.

vous réquiper sur le *Profond* que vous commanderez, et de suivre les ordres que l'on envoira à l'Intendant, et ne tardez pas sans vous rendre à Dunkerque. » Je remerciay humblement Sa Grandeur et luy promis de n'arester que deux jours à Paris. et il m'arêta en me disant : « Tenez, voilà ce qu'on m'a écrit de vous mais j'ay esté informé du contraire, gouvernez-vous toujours sagement. » Et il me laissa la lettre. Je ne sorty pas de l'antichambre sans la lire et j'en fus surpris du contenu. Elle étoit du Sr Plets, grand armateur, qui écrivoit faux mesme jusque contre les intendants et l'état major. Je garday la dite lettre et partis pour Paris, où je ne fus que les deux jours, et pris ma route pour Calais.

Et entre Calais et Graveline courant la poste, je passay proche d'une chaize d'où l'on me souhaitoit le bon jour et comme je me portois. J'arestay à la portière et fus très surpris de voir Plets me faire sy bon accueil, me demandant des nouvelles. Je descendis de cheval et donnay à mon postillon la bride, et dis à celuy de la chaise : « Arreste. » Je dis en frappant de mon fouet : « Comment coquin, avez-vous osé me parler ? » Et redoublois mes coups du manche du fouet et des bourades du bout je l'obligeay de mettre pied à terre, et luy dis de tirer son épée. Il se jeta à genoux disant : « Que vous ai-je fait ? je ne suis pas homme d'épée, » Je luy présente un pistolet et il le laissa tomber. Je le fis soufler et je le blessay un peu à la lèvre d'en haut et me promit de ne s'en pas plaindre.

Je reprends ma route courant mieux que luy, et a demie-lieue en avant je fus rencontré de deux officiers de la marine, Mr de Maisonneuve et chevalier de Montant, (1) qui aloient à Calais. Ils s'arestèrent à me questionner comme j'avois esté receu et sur les nouvelles, et la chaise de Plets me passa devant et n'étions plus que trois quarts de lieux de Gravelines où il gagna un peu avant moy. Cependant je ne m'arestay pas à conter l'advanture de Plets et continué. En rentrant à la barrière des palissa-

---

(1) Nestor-Clemenceau de la Faudière de Maisonneuve, nommé lieutenant de vaisseau en 1675; capitaine de galiote en 1684; capitaine de vaisseau en 1689. Mort à Rochefort le 4 novembre 1700.

De Montault, garde-marine en 1671, enseigne de vaisseau en 1678 et lieutenant en 1691, fut interdit en 1692 et rayé des cadres en 1695.

des, je trouvay un officier avec un hauscol et un esponton qui m'aresta et me fait escorter par deux fusilliers chez Mr de Vercantière commandant. Je mets pied à terre et il m'attendit au seuil de la salle. Il me receut froid disant : « Comment, Monsieur, faites-vous mestier d'assasin sur les routes. » Je dis : « Aparamant vous êtes mal informé. » — Voyons et entrées. » — Sitots entré je trouvay mon plaintif dans un fauteuil tenant son mouchoir un peu ensanglanté contre sa bouche et Madame de Vercantière voulant se mesler de me gronder. Et pour abréger matière, je dis : « Il n'y a qu'un ordre du Roy, qui puis me faire arrester ; je vais à Dunkerque où j'ay ordre de m'y rendre incessament. » Et puis je présentay sa lettre et dis : « Monsieur et Madame, que feroit tout autre que moy ? Il a eu l'effronterie de m'apeler et me demander come je me portois, que ne me laissoit-il passer, je ne luy aurois dit ny fait, et il m'a fait serment de ne s'en pas plaindre. Il écrit contre l'Etat-major et contre les Intendants. » Monsieur et Madame luy dirent : « Alez vous plaindre ailleurs. » Il fit le pleureur disant n'estre pas en seureté de vie sy on ne m'areste jusqu'à ce qu'il puisse estre arrivé à Dunkerque Je luy dis : « Alées, marault, je vous assure de ma part vous n'en valez plus la paine. » Et il partit et M^r le commandant m'aresta bien une heure en buvant une bouteille de champagne, et je n'avois que pour une heure de course à faire. Je pris congé et repris la poste. Je croyais mon homme rendu mais je le trouvay encore entre Mardye et la basse ville ; sa chaise s'étoit embarrassée dans les dumes, et j'arrivay un peu plustôt que luy et les portes se fermoient. Il crioit de sa force pour qu'on l'entendit, et je priay M^r le Major de fermer et ne laisser entrer. Il dit : » Ho ! Ho ! c'est ce coquin, ferme, ferme. » Et il fut coucher à la basse ville, et j'eus loisir d'aller voir M^r les deux Intendants et commandants et les prévins sur les plaintes qu'il avoit à leur faire, et je fus me tranquiliser.

Vous ne devez pas doubter que je n'informats ma maîtresse de toutes choses, et qui avoit apréhendé que je ne fus entièrement disgracié puisque son oncle m'avoit écrit : « Il est juste pour votre honneur de vous justifier à la cour, mais ne vous inquiétez pas de n'y plus estre employé, cets ce que nous souhaitons et aurons une bonne frégatte à vous donner en commandement, et je luy manday qu'il m'étoit bien plus honorable d'estre remonté comme je l'étois et après quoy je quitteray le service quant je voudray et qu'on ne retient pas les officiers par force et qu'estant destiné pour aller désarmer à Brest que je ne manquerois pas d'aller pour accomplir ma parole et mes désirs.

CHAPITRE VII

Croisières et voyages dans la mer du Nord. — Aventure avec l'abbé d'Oliva. — Démêlés avec les Anglais. — Doublet comparaît devant le Sénat de Copenhague, il est acquitté. — Présents qu'il reçoit. — Il force les Hollandais à saluer son pavillon. — Retour à Brest avec des fournitures pour l'arsenal. — Mariage de Doublet. — Il refuse d'embarquer avec Duguay-Trouin. — Il arme en course. — Voyage aux Açores. — Combat. — Retour à Brest. — Nouvelle Croisière. — Prise du *Scarboroug*.

1692 Le 15 janvier M. l'Intendant me fit venir chez lui pour me communiquer les ordres qu'il recevoit de me donner le commandement de la flutte du Roy le *Profond* (1) et d'y mettre quarante canons avec deux-cents hommes flamands particulièrement les matelots afin que les matelots françois des classes futs réservées pour les autres vaisseaux du Roy. Mr le Marquis d'Amblimont (2), chef d'Escadre, et pour lors commandant au port, qui venoit de commander le *Profond* me dit : « Je suis surpris que vous ayez couru sur mes brisées ; j'ayme ce vaisseau et vous m'en voulez déposséder. » Je luy dis : « Monsieur, je ne l'ay pas demandé et le Ministre me l'a ordonné. » Et Mr l'Intendant print la parole en luy disant : « Je say qu'il ne l'a pas demandé et qu'on l'a choisy pour une expédition qui ne vous est pas convenable, et vous, Monsieur, estes destiné pour comander le *Grand Henry* à la teste de l'escadre que nous allons bientots armer. » Sur quoy mon dit sieur D'Amblimont me dits : « Je suis bien aise que se

---

(1) Voyez les *Mémoires de Duguay-Trouin*, année 1692.
(2) Thomas-Claude-Renard de Fuschamberg, marquis d'Amblimont, fut nommé capitaine de vaisseau en 1669 ; chef d'escadre le 1er janvier 1693 et fait commandeur de Saint-Louis la même année. Il devint gouverneur général aux Iles et mourut à la Martinique le 17 août 1700.

soit vous qui l'ayez et vous avez un très bon vaisseau. » Et il fut question de l'armer et de faire mon équipage de flamands qui n'aime pas à s'embarquer sur les vaisseaux du Roy, à cause de la paye qui est moindre et aussy par la subordination qu'il y faut observer, et pour ne pas paraître l'armement pour le service du Roy c'étoit le chevalier Géraldin qui fournissoit pour les advancer des gages aux matelots pour les vivres, et le gros de l'armement se fit à l'arcenail et futs prêt au 26 février que je le fis sortir du bassin pour le mettre le long des jettées affin de pouvoir le mettre dans la rade au premier beau temps qui ne fut propre qu'au 20ᵉ mars. Et aussy tots que je l'eus conduit en rade, Mʳ le prince de Tingry (1) se fit amener à notre bord par curiosité de voir un vaisseau armé, et nous levasmes l'ancre et mis soubs les voiles pour luy donner le contentement de voir comme se gouverne un vaisseau. Après quoy nous remismes en place pour recevoir le reste de mon équipage. Le 21 nous fismes voilles accompagné d'un corsaire de douze canons faisant route pour aller croiser vers le Nord pendant un mois comme le portoient mes ordres, et après le mois de course expiré, prises faites ou non, étoit d'aller en droitture à Dantzick où y trouverois des ordres. Et en croisant avec l'autre corsaire le 22ᵉ au matin d'un temps de brouillards nous aperceumes soubs le vent de nous une frégatte angloise sur laquelle nous donasmes chasse. Je la reconnus n'avoir que 24 canons et bien des officiers vêtus en rouge et gallonnées. J'en aprocha à portées d'un bon mousquet, et ne voulus luy tirer du canon crainte de rompre la marche, et vouloit l'aborder, et nous étions proche des bancs de jarmuits et elle couroit dessus. J'euts la précaution de faire sonder bien à propos, car il ne se trouva que 17 pieds d'eau et notre vaisseau en tiroit un peu plus que les 15. Je fis abandonner la chasse et retenir au vent dont il étoit grand temps, car avec très grande peine et à force de voiles nous échapasmes d'aborder un banc dont les brisants de la mer estoient à portées de pistolets de nous soubs le

---

(1) Christian-Louis de Montmorency-Luxembourg, prince de Tingry, fils aîné du maréchal de Luxembourg. Il était né en 1675. Chevalier de St. Jean de Jérusalem, colonel au régiment de Provence en 1693, brigadier d'infanterie en 1702, lieutenant-général des armées en 1708, il devint maréchal de France en 1734 et mourut le 23 décembre 1746. — Pinard, *Chron. hist. mil.*, t. IV, p. 638.

vent, et ne trouvasmes que 16 pieds d'eau et nostre navire couché par le costé si fort que nos canons du premier pont labouroient la mer, que nous aurions touché et péry tous. Nous aperceusmes devant et au costé de nous d'autres brisants, des bancs et plus rien du costé de dessoubs le vent. Je fis arriver vent arrière et lever toutes nos voiles et mettre un gros ancre sur un bon câble ajusté de trois sur un bout et nous tinsmes fermes à 15 brasses d'eau et un bon fonds de vase, et il s'éleva une tempeste qui nous obligea d'amener tout bas nos vergues et mâts d'hune et résistances pendant trois fois 24 heures, tousjours en crainte que nostre câble ne manquats, et après la tempeste cessée nous fismes de grands efforts pour lever notre ancre et elle rompit par sa croisée, sy cela avoit arrivé dans la tempeste l'on auroit jamais eu de nouvelles de nous. Enfin Dieu permis de nous retirer heureusement, et nous fusmes croiser au large où nous rencontrasmes un flibot écossois avec du charbon de terre apartenant à Mr Chaters dont j'ay parlé à mon voyage des pommes, et je le ranssonnay que pour trois cens livres sterling. Mon mois de course estant finy, je pris la route pour me rendre à Dantzic, et au 8e may j'arrivay à Elseineur après avoir fait les cérémonies accoustumées devant le cap Kol, et le unze je fus en rade de Copenhague et fus à terre saluer M^r, notre ambassadeur auquel je fis présent de cent bouteilles de vin de champagne; il en présenta une douzaine à la Reine de Dannemark qui nous dit n'avoir gousté d'aussy excellent vin, ce qui m'occasionna dès l'après midy de luy en envoyer cent autres bouteilles. Et le landemain M^r l'ambassadeur me conduit voir diner le Roy et la Reine et la princesse de Nassau, et la reine beut hautement à ma santé, ce qui me fit beaucoup d'honneur à la cour. Sortant de là nous fusmes disner chez son altesse sérénissisme Mr de Gueuldenleur frère naturel du Roy et vice-roy de la Norvègue et généralissime des armées. Il nous régala à la française et on y parla notre langue, mais il nous fit boire à l'allemande, *egregie*, et me trouvay heureux d'avoir prétexte d'aler me rembarquer pour continuer ma route, sur ce que le pilote me vint demander je prit congé et à la sortye je me sentis un peu chancelant, mais mon canot étoit tout proche et y étant ambarqué je m'endormis jusqu'à estre arrivé à mon bord, et eus loisir de reposer la nuitée pour partir le matin ensuivant que nous appareillasmes la route pour Dantzik où j'arrivé en la rade, le 27ᵉ may. Il est à remarquer qu'il n'y a que les petits navires qui peuvent entrer dans la rivière de Danzik et que les navires tirant 9 à 10 pieds d'eau sont obligés de rester à la rade à plus d'une lieue de l'entrée, ainssy je me fis porter dans mon canot jusqu'à la ville, où je fus trouver Mʳ Louchay, agent de France, et il me conduit chez les anciens sénateurs, et à notre retour chez luy il me dit de renvoyer mon canot, et que nous raisonnerions sur nos affaires, et il me communiqua ses ordres qui étoient de me charger mon vaisseau de plusieurs mâts de 80 à 85 pieds de long et de 32 à 33 palmes en circonférence et aussy 20 câbles de 120 brasses de long depuis 18 à 21 pouces de grosseur, mil à 1200 barils d'acier et des hossières de cordages depuis 4 à 6 pouces de grosseur et 200 barils de ferblanc, 200 paquets de fil de laiton et 200 paquets de fil de fer et du bray noir en barils et des petites mastures. Je luy dis de m'envoyer en premier lieu tout ce qui étoit de menu et le plus de poids pour servir de lest dans les fonds, et ensuite 2 à 300 longues planches pour mettre au-dessus avant de recevoir les mâts mais les fonds des payements n'étoient encore arrivés et j'eus le loisir de me promener et d'examiner le pays jusuu'au 20ᵉ de juin que j'eus advis qu'il faloit charger et le 21ᵉ nous commençames par les menus et plus de poids, le 25 et 26 par les câbles et le 2 juillet par les planches pour recevoir les mâts quoyque long et gros je trouvay le secret de les embarquer plus facilement et promptement que les Holandois qu'on m'avoit envoyés pour l'effect, et ordinairement ces grosses mastures se conduise par des basteaux qui les entraïnent proche du bord de celuy qui les doibt recevoir, et du premier j'en embarquay huyt, ce qui surprist fort mes Holandois qui n'avoient coustume d'embarquer que deux ou trois par jour.

Et la nuit il survint un coup de vent qui fit rompre le câble qui en tenoit cinq mats attachés derrière nous, et lorsqu'il calma j'envoyai mes chaloupes à leurs recherche le long de la coste où nous jugions à peu près estre transportés, et mon canot ayant esté du costé de la baye d'Olive (1) les y trouva échoués, et m'en ayant fait

---

(1) Oliva ou Olive, couvent de la Prusse Polonaise, sur la côte à un mille de Dantzik.

rapport, je changeay d'équipage du canot et my embarqué et my fits porter, et ayant mis pied à terre je trouvay deux païsans et nous dirent qu'ils y gardoient par ordre de M^r l'abé Dolives pour qu'on ne les enlevats. Je m'informay de sa demeure et ils me la montrèrent à bonne demie lieue en dedans les dunnes. Je fus saluer M^r l'abbé et luy dis de ne pas trouver mauvais que j'envoye reprendre les mâts du Roy mon maistre. Et il répondit : « Qui est-il votre Roy ? Il n'a rien icy ; les mâts sont à moy et tout ce qui vient en cette coste par droit de seigneur et de gravage : » Je dits : « Mon Roy et mon maistre n'a d'autre Seigneur que Dieu, ainsy je les auray de grey ou de force. » Il me brusqua en me disant : « Retirez-vous d'icy. » Je retournay à mon vaisseau me trouvant trop faible et sur le soir. Ma grande chaloupe y étoit, je laissay passer la nuit et dès le petit jour je fis armer la grande chaloupe de 4 périers et des fusils et sabres et des grenades et 45 bons hommes, un cric et de bons leviers et des rouleaux et 25 hommes armés dans mon canot où je m'embarquey, et fusmes descendre proche de nos mâts et y déjeunasmes dessus pour avoir meilleur courage d'y travailler. M. l'abé en fut adverty à son lever ; j'avois posté des sentinelles en découverte et l'un d'iceux m'advisa qu'il venoit des gens armés. Je fus les examiné et je remarquay comme une procession de païsants mal armés et M. l'abé vêtu en camail et rochet qui suivoit à pas graves. Lorsqu'il fut approché et son armée de membrin je luy oposé 30 fusilliers, et les fis faire halte, et il demanda à me parler. Je m'aproché et luy dis qu'il n'auroit autres raisons de moy que de me laisser reprendre mes mâts, et que s'il s'y oposoit le moindrement ou ses gens que j'avois donné ordre de faire main basse sur tout, excepté luy que j'enleverois en France. Il répondit d'un air doux : « Monsieur, cela est bien violent et j'en écrirai au Roy de France. » — « Alez, Monsieur, je luy dits et vous me ferez plaisir. » Et j'enlevay tous mes mâts sans plus d'oposition.

Je me trouvay près ayant levé toutes mes expéditions pour partir pour France. Il y eut plusieurs dames chez lesquelles j'avois fréquenté à Dantzik qui me témoignèrent avoir envie de voir un vaisseau du Roy de France, et je ne peut me dispenser de les convier d'y venir disner avec M^rs leurs maris, et je retournay à mon bord pour faire préparer le repas et renvoyay Mr Durand, mon capitaine en segond, dans ma grande chaloupe et le fils de Mr Alvarès, garde de la marinne, mon enseigne, dans mon canot pour amener cette compagnie, que j'atendois à disner. Et un peu après que mes chaloupes furent parties il arriva en cette rade un grand yac du Roy de Dannemarc et duquel sa chaloupe vint à mon bord où étoit Mr de Rancey que j'avois connu à Lisbonne, lequel m'aprits que monsieur le vidame Denneval, (1) chez qui je l'avois veu lors de son ambassade en Portugal, étoit avec Madame son épouse et M^r le chevalier son fils dedans le dit yac, et venoit se débarquer à Dantzick pour se rendre ambassadeur à Varsovie, cour de Pologne. Je marqué mon ressentiment à Mr de Rancey de ce que je n'avois mon canot ny ma chaloupe pour aller rendre mes respects à Son Excelence, mais que s'il le vouloit bien j'y allois aler dans le canot du Danois, et il me marqua que je ferois plaisir à Son Excellence. Je fits arborer les pavillons et tirer treize coups de canons avant de m'embarquer pour saluer la venue de M^r l'ambassadeur, et fus le saluer. Il me reconnut et j'en receus beaucoup d'honnestetés et de Madame. Après quoy, il me dits : « Vous voudrées bien sur le soir me prester vos chaloupes pour aider à nous débarquer. » Et je lui dis : » N'y penssées pas, Monsieur, vous recevriées un affront de n'estre pas salué des forteresses et de la ville. » Il me dit le pourquoy donc ? « C'est qu'il n'en ont pas receu nouvelles de la cour de France et ils le savent par voyes indirectes comme je l'ay pu apprendre, et sy vous débarquez vous ne trouverez vostre logement préparé, ny salut ny le Sénat à vous recevoir, et il faut que vous envoyez votre secrétaire ou votre écuyer leur annoncer votre venüe pour

---

(1) « M. le Vidame d'Enval, qui était ambassadeur du roi en Portugal, s'en va en la « même qualité en Pologne en la place du marquis de Béthune. » *Journal de Dangeau*, t. III, p. 447.

Robert le Roux, baron d'Esneval, vidame de Normandie, d'une très-ancienne famille de cette province, avait été conseiller au parlement de Rouen. « Madame son épouse », dont parle le narrateur, était Anne-Marie-Catherine de Canouville, marquise de Grémonville et « Monsieur le chevalier son fils » se nommait Anne-Robert-Claude Le Roux d'Esneval ; ce dernier mourut président à mortier au parlement de Rouen, en 1766. Voy. Lachesnaye-Desbois.

que l'on se dispose a vous recevoir dans les dispositions dues à votre rang et dignité et vos chaloupes reviendront et pourront demain vous servir suivant vos réponses que vous recevrez. » Surquoy il m'embrassa et dits : « Parbleu, je suis heureux de vous avoir trouvé icy. » Et envoya Mr de Rancey au Sénat de Danzick dans le canot du yac, et je luy dits : « Monsieur, je vais m'embarquer avec luy pour qu'il me remette à mon bord n'ayant d'autre batteaux, car les miens sont en la recherche d'une compagnie d'hommes et de dames qui viendront disner à mon bord, et je ne puis y manquer pour rester avec vous. » Et il me dit : « Je m'en vais avec vous. » Sur quoy je répondits qu'il me feroit beaucoup d'honneur et Madame sy elle le vouloit bien. Il en parla à Madame qui dits n'aimer à aller dans des chaloupes. Et nous nous fismes porter à notre bord et il envoya Mr de Rancey et mes deux chaloupes sur le midy m'ameinèrent la compagnie que j'atendois et dont M^r l'ambassadeur fut fort aise de s'informer de ce que je l'avois prévenu, et lorsqu'il vit le préparatif de ma table il dit : « Hé, mordié, quelle bonne chère ! Madame et moy avons paty n'ayant que des viandes salées et fumées au bord de ces mesquins Danois. » Je luy dits avant de faire servir : « Choisissez tout ce qui peut estre du goût de Madame et je luy vay envoyé. » Il fit un peu de difficultés disant qu'il ne falloit qu'une ou deux assiettes et j'en envoyay de huipt sortes de différents mets.

Mr Durand mon segond nous raconta que, amenant notre compagnie on apprit la nouvelle que notre armée navale avoit esté battue et défaitte à la Hougue (1) et que, au bas de la rivière de Dantzik, il avait rencontré un moyen navire de six canons qui leurs dits mille insolences, criant : « chiens de François votre armée est deffaite, » et montrant leur derrière à nud à toutes ces dames qu'ils apeloient putains. Et cela nous diminna de beaucoup les dispositions que nous étions proposées, et M^r l'ambassadeur par une prudence achevée remis un peu la compagnie en disant : « Il peut y avoir quelque disgrâce, évènements de la guerre, mais

---

(1) 29 mai 1692.

jamais si grand que les ennemis les publient, et il ne faut pas paroistre déconcertés.

L'on disna bien, et sur les six heures il falut reporter à terre notre compagnie et Mr Durand avoit eu la prévoyance d'embarquer plusieurs menues armes dans ma grande chaloupe sans le faire paroistre. Et entrant dans la rivière, il ne peut éviter de passer proche le navire Anglois qui avoit insulté, lequel ne manqua pas de recommencer, et il pacifia tout autant qu'il fut occupé. Mais lorsqu'il eut tout débarqué, et revenant pour se rendre à bord et passant proche le dit anglois qui récidiva en luy jettant des pierres dans sa chaloupe, il prit les armes et fit sauter nos hommes avec luy à l'abordage ; l'anglois tira un coup de canon qui passa par dessus nos gens, lesquels de toc et de taille, à coups de sabre, ruoient sur ce qu'ils rencontroient, puis en ayant mis 8 à dix sur le carreau se rembarquèrent et étant à bord firent le récit à M. l'ambassadeur, qui y étoit encore sur les neuf heures et nous dit qu'on avoit bien fait de réprimer cette insolence et que nous n'eussions à nous pas embarrasser. Le dit navire anglois échoua en coste, mais il échapa le lendemain. Mr de Rancey revint rendre compte à Son Excellence de sa négociation et comme le Sénat fut assemblé où il fut délibéré pour le recevoir, mais que l'on prioit Son Excellence de différer au lendemain pour se débarquer pour donner loisir de préparer son logement, et Mr l'ambassadeur pour se desennuyer vint à mon bord avec Madame et y passèrent la journée jusqu'au soir, étant bien content des advis que je luy avois donnés. J'étois tout prêt à partir et il me pria de luy prester mon canot et ma chaloupe pour lui aider à le débarquer et son meuble, et je m'embarqué dans mon canot pour recevoir leurs Exellences, et les conduire, ayant mon trompette qui jouait des famfares. (1) Et lorsque nous débordasmes du yac Danois il tira dix coups de canons, et en dépassant nostre vaisseau on tira treize coups et nous fusmes au Heels, à l'entrée de la

---

(1) Au dix-septième siècle, les officiers généraux et les capitaines entretenaient des trompettes ; c'était un luxe d'une assez grande considération pour qu'un des hommes de mer les plus graves, l'illustre Abraham Du Quesne, prit vivement à partie le comte d'Estrées qui voulait lui enlever un des siens. — *Gloss. naut.*

rivière de Dansik, où ets la première forteresse d'où l'on tira neufs coups, et nous y trouvasmes une demie galère couverte d'un damas rouge avec des franges d'or, où il y avoit deux députés du sénat qui prièrent leurs Excellences de s'embarquer, et puis on monta devant la ville où toutes les forteresses tirèrent. Et à cause de l'affaire de l'Anglois je quittay leurs Excellences après en avoir receu bien des honnestetés et marques de leurs amitiez, et sitost que je fus à mon bord, et que ma chaloupe fut venue je mis soubs les voilles pour me rendre a Copenhague.

J'arrivay le 16ᵉ ; je fus trouver Mʳ le marquis de Martangist notre ambassadeur, qui à l'abord me receu froid, ayant receu des plaintes pour ce navire anglois, et que cela avoit fait bien du bruit à la cour de Dannemark par les ambassadeurs d'Angleterre et d'Hollande qui demandoient qne je fus arresté avec mon vaisseau jusqu'à avoir une satisfaction. Et me doutant de l'affaire j'eus la précaution d'aporter mon journal où j'avois dressé le procès-verbal de tout ce qui s'étoit passé envers le dit Anglois et que j'avois fait attester véritable par tous les messieurs et dames qui avoient receu les insolences lorsqu'ils vindrent et se débarquèrent de mon vaisseau, et dont le greffier du Sénat et Mademoiselle son épouze étoient du nombre et avoient tous signé le contenu. Lorsque Mʳ de Martangis en prit lecture, il fut fort content et me fit mettre avec lui dans son carrosse et son secréttaire, et nous fusmes trouver Mʳ Bielks grand admiral pour le prévenir. Il fut content de ma précaution et il nous dit qu'il aloit se rendre au consseil qui s'assembloit pour ce subject où seroient les ambassadeurs d'Anglettere et d'Holande et que Mʳ de Martangit n'avoit besoin d'y paroistre puisque j'étois muni de si bonnes défences, et Mʳ l'ambassadeur me conduit à l'hotel du conseil où il me laissa avec Mʳ Bezé son secrétaire et retourna à son hostel, m'ayant dit qu'il me renvoirroit chercher pour aler dîner avec luy. L'on nous fit entrer dans une antichambre du conseil et peu après l'on m'y fit entrer seul et l'on ne voulut pas que Mʳ Bezé y entrats. Je vis tous les seigneurs autour d'une grande table couverte d'un velours vert et Mʳ l'admiral au haut bout soubs un dais et les deux ambassadeurs un à chaque de ses costés, tous assis en fauteuils. Je les saluay tous ; et puis un de l'assemblée me demanda mon nom et celuy de mon vaisseau en langue françoise. Je ne fis aucune réponce. Il recommença et demanda pourquoy je ne répondois pas. Je dis appartenir à un trop grand maistre pour que son officier fût traité avec autant de mépris d'estre comme un valet interrogé sur pied lorsque toute l'assemblée étoient assis. Et l'on m'aprocha un fauteuil, où avant de m'asseoir je saluay tous ces messieurs. Et puis je dis : « Ce seroit trop vous fatiguer et par trop ennuyeux à une si honorable assemblée de faire un long interrogatoire et recevoir mes responces. Voici au net tout le procès-verbal de ce qui s'est passé et bien vérifié ; examinées les plaintes de mes partyes, je n'ay autre chose à vous répondre, et surquoy il vous plaise rendre vostre bonne justice. » Et l'ambassadeur anglois présenta son mémoire de plainte et dans lequel il y avoit beaucoup d'exagérations outrées, disant n'avoir pas insulté qui que ce soit et que mes gens n'ont eu d'autres intentions que de piller ce qui étoit dans le dit navire et de le faire périr à la coste pour que l'on ne s'aperceut d'un vol fait, ayant enlevé plus de 25 mille florins d'espesces d'or et d'argent, etc. L'on leut tout au long mon procès-verbal et les temoignages, et il n'y eut d'autres répliques à me faire que sur le prétendu vol. Et je pris le discours : qu'il nets pas surprenant que l'auteur d'une querelle ne dise beaucoup de faussetées pour se disculper et pour agraver sa partie ; que l'on examine sur les factures de son chargement sy l'on y a rien pris, et que le total avec son navire qui n'avoit que des mâts et des planches et quelques balles de chanvres sont propres d'enlever, et quant aux espèces il n'est nullement probable que l'on en remporte de ce pays ; et qu'il produise sy son chargement en allant auroit pu produire en retour la dite cargaison et remporter autant d'espèces quand mesme elles seroient d'usage en Angleterre. Après quoy l'on me dit : « Monsieur, passés dans l'antichambre et l'on vous rendra vostre journal. » Je rejoins le secrétaire de son Excellence et luy conte comme j'ay abrégé matière et comme j'avois agi à l'entrée. Il en fut très content et dits : « Dans peu nous saurons ce qui vat estre jugé. » Et un quart d'heure après les deux ambassadeurs sortirent par notre antichambre, et celuy d'Angleterre me dits : « Monsieur, vous devez estre content ; vous avez trop bien défendu vostre cause, et j'ai connu que l'on ne m'a pas accusé juste, et suis votre serviteur. » Le Holandais me dits : « Tous les capitaines n'ont tant de précautions que vous. » Et le Conseil se sépara, et on me rendit mon journal sans me rien dire, et au sortir nous trouvasmes le carrose de M'' nostre ambassadeur où étoit M'' De Cormaillon (1) qui nous attendoit et pour me dire que M'' Bezé retourne à l'hostel et que nous alions chez le Roy où M'' de Martangits étoit. Nous atendismes que leurs Majestées euts commencé à disner, et le Roy fut informé du résultat du conseil dit tout hault à son Exellence : « Monsieur, je suis bien aize que votre capitaine se soit sy bien justifié, avec aplaudissement mesme de ses ennemis. » Et la Reine dits : « J'en suis bien aize et je vais boire à sa santé. » Je répondis par des grandes humiliations et puis on se retira, et fus disner chez Son Excellence avec M'' de Cormaillon, homme de qualité de France qui s'étoit batu en duel avec M'' le comte de Chapelle et de Montmorency et se sauva en Dannemark où il a esté fait lieutenant général des armées, ayant le cordon de l'ordre de l'Elephan Blanc et promit de ne jamais lever les armes contre le Roy de France et a esté fort estimé. Je fus étonné de voir venir disner avec nous M'' l'admiral Bielks et qui fis mes élloges sur les manières du soutient d'honneur pour ma séance et comme je m'étois si bien défendu, et l'après disner Son Exellence me promena à toutes les curiozetées de plaisances de cette cour où il n'y a rien qui mérite récit que la tour pour l'observatoire. (2) Je prits congé de Son Exellence qui fit embarquer dans ma chaloupe 24 grands jambons de Mayence dont douze m'estoient présentés par la Reine avec un flacon d'or pour l'eau de Hongrie (3) et dont le

---

(1) De la famille de Damas-Cormaillon, originaire de la Bourgogne.
(2) L'ordre de l'Eléphant Blanc cité plus haut avait été institué par Christian Ier, roi de Danemark, né en 1425 mort en 1481, à l'occasion du mariage du prince royal Jean avec Christine, fille d'Ernest électeur de Saxe. Il fut rétabli au dix-septième siècle par Christian V.
La « tour pour l'observatoire » est la tour de l'église de la Trinité, dite *Tour Ronde*, bâtie en 1642, où l'on peut monter par une allée en spirale.
(3) Autrement dit : eau de la reine de Hongrie, médicament aromatique autrefois célèbre, tiré de l'essence du romarin.

pied étoit tout à vice en boite remplie d'un exelent beaume, et les douze autres jambons étoient de M^r l'ambassadeur, le tout pour le vin de Champagne que j'avois présenté.

J'arrivey à Elseineur sur le midy, où je trouvay en rade une flotte de navires anglois et une de Holandois. Les premiers n'avoient que deux convoys, l'un de 50 et l'autre de 32 canons qui en atendoient deux autres avec d'autres navires, et les Holandois avoient une cinquantaine de navires marchands à escorter avec trois convois depuis 40 et 36 et 30 canons, qui n'atendoient qu'un vent propre à sortir le Zund ainsy que moy, qui sur les deux heures je fus à terre pour retirer mes despesches et fus trover Mr Hanssen, agent de France, pour mes expéditions; et comme c'est l'ordinaire d'aler an cabaret nous y fusmes dans une belle et longue salle où ets plusieurs tables comme au café. Les capitaines des convoys Holandois y entrèrent et un me demanda sy j'étois le capitaine de cette flutte. Je réponds pourquoy ? « Cets, dit-il, que vous ne devriez porter la flame devant plusieurs navires de guerre comme nous sommes et ceux d'Angleterre. » Je fus surpris d'un pareil discours et leurs dits : « Venez l'oster, je vous y attendray. » Et il répondit : « Cela pourra arriver sy nous nous trouvons hors le Zund. » — « Je le souhaite, luy dis-je, et si vous n'estes que vous trois je me propose bien de vous faire abattre les vostres et de faire saluer celle du Roy mon Maistre. » Et Monsieur Hanssen fit changer la conversation, voyant que je prenois feu. Il me donna mes despesches et je retournay sur les quatre heures à mon bord, où vint pour me voir ce pauvre capitaine Danshin que j'avois rançoné et qui s'échapa avec moy du naufrage de la *Serpente*. Je le régalay avec de bon vin, il se grisa, et je lui en donnay six bouteilles dans son canot. Sur les six heures qu'il s'en retournoit à son bord et comme il passoit proche d'un de ses convois, celuy de 52 canons, il en fut apelé par Mr Robinsson commandant qui le gronda d'où vient qu'il étoit venu à mon bord, et si c'étoit pour déclarer leurs forces. Danshin luy dits que je l'avois bien traité cy-devant et qu'encore après l'avoir régalé je lui avois donné six bouteilles de bon vin desquelles il en donna quatre à Mr Robinsson. Sur quoy

Mr Robinsson soit par raillerie ou autrement luy dits : « Retournés au bord de Doublet et luy dire de ma part qu'il ne soit si prodigue de ce vin, et que je feray en sorte de luy en faire boire en Angleterre. » Danshin qui estoit grix vient me faire le compliment, et je luy donnay un chapeau de castor bordé d'or et luy envoyay dire à son comandant que je doute de nous rencontrer, et que s'il en vouloit boire qu'il eust à se faire débarquer présentement et seul sur l'ille de Wein qui étoit proche de nous et que sur le champ je m'y ferois débarquer seul et y porterois six flacons et que le vainqueur les emporteroit. Il avoit compagnie à son bord lors de mon compliment qu'il n'accepta pas, et le lendemain cela fut dit à terre où il fut baffoué de tous les officiers Danois et de sa nation. Le 19e au point du jour le vent se trouvant bon je tiray un coup de canon comme si j'avois eu quelqu'un à conduire, et fit appareiller pour que les Holandois n'euts publié que je me sauvois d'eux à la sourdine, et je sortys du Zund sur les 4 heures du matin ayant salué de sept coups de canons, les chasteaux de Crunnebourg, et d'Elsembourg (1), de Dannemarck et Suède, lesquels me rendirent le salut. Et estant un peu dépassé le cap Kol un calme me prit et les courants me portoient en arrière, je fis jetter une ancre à la mer pour m'arrester, et sur les six heures nous aperçeumes la flotte des Hollandois qui sortoit le Zund avec un petit vent favorable qui nous les faisoit approcher, ne pouvant passer que bien proche de nous je les atendits, et dans cet intervale nous aperceusmes du costé de la mer une escadre de cinq vaisseaux de guerre portant les pavillons de Dannemarck qui faisoient route pour entrer au Zund, et les Holandois ayant le bon vent se trouvèrent proche de moy et dont l'avant garde étoit à portée d'un bon pistolet. Je luy somma d'abaisser ses huniers et sa flame et de saluer le pavillon de France. J'étois bien disposé au combat n'ayant que d'un costé à combattre. Ils furent un peu lents à me répondre. Je recommençay ma sommation vu que j'alois les couler à fonds. Ils abaissèrent leurs huniers et saluèrent de sept

---

(1) Helsinborg, ville de Suède, sur le Sund, vis-à-vis de Kronenbourg, forteresse située dans l'île de Seeland près d'Helsingor (Elseneur). — L'île de Ween ou Hueen citée plus haut est située également dans le détroit du Sund et appartient à la Suède.

coups de canon. J'aperçus encore leur flame au mât et je les fis abaisser, et ensuite l'arrière-garde se joignit au comandant qui étoit au gros de la flotte et je creus qu'il y auroit résistance et action, mais sur la deuxième semonce ils me saluèrent comme avoit fait l'autre, et entre temps l'escadre des cinq vaisseaux que nous voyons s'approchèrent de nous et m'envoya un canot avec un officier françois me dire que le fils aisné du roy de Dannemarck (1) commandoit cet escadre et qu'il vouloit savoir qu'en sa présence d'où procédoit cette violence dans leur mer qui étoit sacrées et neutre pour les nations. J'excitay l'officier et ses gens à boire, et luy dits que j'alois en sa compagnie dans mon canot en rendre un fidel compte à son Altesse Royale. Et lorsque le canot de l'officier déborda, je fis tirer treize coups de canon et fit abaisser ma flame pour faire salut au prince qui trouva bon mon salut. Et il me fit recevoir lorsque j'entray dans son vaisseau, les soldats en hays soubs les armes, la caisse battant, et il me receut au travers de son grand mât et me conduit dans sa chambre, où je luy fis un récit de ce que les Holandois dans l'auberge d'Elseineur m'avoient insulté en me menaçant de se faire saluer et me faire abaisser ma flame dès la sortie du Zund, et je ne peux croire que les gens d'une République eussent autant de droit pour entreprendre sur une teste couronnée et aussy puissante qu'est mon Roy, et je les ay mis à la raison et sachant très bien que le Roy de Dannemark a esté informé de leur audace, qu'il trouvera bon ce que j'ay fait, et que Son Altesse Royalle m'approuveray aussy. Le prince m'embrassa et me dit : « Vous méritez une récompense et eux sont des coquins qui ne méritent pas comander des vaisseaux. » Et me convia à boire et salué sa santé, puis il dit : « Je veux aller voir votre vaisseau, allez et je vais vous suivre dans mon canot. » Et lorsque je déborday il me fit saluer de treize coups de canons, ce qu'il ne devoit pas, et vint incontinent. Je fis mettre mes soldats en hays, la caisse battant et le trompette joüant, et il fit sa revüe jusque entre ponts, et puis entra dans ma chambre où je luy présentay la colation dont il mangea un peu et beut à la

---

(1) Plus tard roi sous le nom de Frédéric IV, 1699-1730.

santé du Roy, le segond à la mienne et se rembarqua après bien des marques de son amitié, et lorsqu'il déborda je le fis saluer d'une décharge de mousqueterie et treize coups de canon et puis deux autres décharges de la mousqueterye, et fis mettre soubs les voiles pour continuer ma route pour passer par le Nord d'Ecosse et d'Irlande afin de me rendre à Brest, où je suis heureusement arrivé au 25 aoust.

Je fus saluer Mʳ le maréchal de Cœuvre (1) qui étoit comandant et luy rendis compte de mon voyage et de la carguaison que j'amenois. Il me dits : Voilà un beau bouquet pour le Roy, nos vaisseaux en ayant grand besoin et vous méritez récompense. » Je lui dits : « Monseigneur, il y a bien du temps que l'on me l'a faite espérer, et je n'obtiens rien et suis déterminé à quitter le service. » Il dits : « Il ne faut pas faire cela. » Et je prits congé de luy pour aler à M. l'intendant pour lors Mʳ Descluzeaux qui me receus encor très bien, et avec lequel je tins les mesmes discours. L'on fit incontinent la décharge de mon vaisseau, puis je rendis mes comptes et j'en tiray une décharge et fut simplement payé de mes gages, et j'eus ordre de remettre mon vaisseau aux mains de Mʳ Dugué-Troüin pour armer pour faire la course, et je party de Brest au commencement d'octobre pour me rendre à Saint-Malo afin d'aller accomplir ma parolle de me marier comme je l'avois promis par toutes mes lettres, et le 24 du mesme mois la célébration en fut faite, (2) et dix jours après il me survint ordre de me rendre à Brest pour recommander le *Profond* sur ce que l'équipage que j'avois amené étoient tous Flamands et qui ne vouloient servir soubs Mʳ Dugué, et lorsque je fus arrivé on me proposa de m'embarquer pour segond soubs luy, et je n'en voulus point et retournay à Saint-Malo et il me falut songer à m'occuper.

(1) Victor-Marie duc d'Estrées, né en 1660, pair, maréchal et vice-amiral de France, prit le nom de maréchal de Cœuvres. — Il était entré dans la marine comme volontaire en 1678. Il fut nommé capitaine de vaisseau le 5 janvier 1679 ; lieutenant général et vice-amiral en survivance le 12 décembre 1684 ; maréchal de France en 1703 ; vice-amiral en pied le 19 mai 1707 ; vice-roi d'Amérique le 19 mai 1707. Il mourut à Paris le 27 décembre 1737.

(2) L'acte de mariage de Doublet est du 14 octobre 1692. Voyez aux additions la pièce n° 3.

Et il ne se trouvoit qu'une moyenne frégatte de 18 canons qui étoit à Grandville où je pris intérest et la fust armer pour la course. Je fus croiser dans la Manche de Bristol, et je fis trois moyennes prises de peu de valeur et puis je fus aux costes d'Angleterre où je fus rudement poursuivi par plusieurs gardes costes qui m'obligèrent de jeter ma chaloupe dans la mer et qu'à force de porter les voiles pour échapper je fus prest à périr, et heureusement je m'échappay et fut pour croiser vers les illes des Assores, où j'étois tort connu et me flattant d'y trouver des vivres à très bon compte et sur mon crédit. Au dix de may 1693 je dessendit à Punte Delgade, ville capitale de l'ille de Saint-Michel, appartenante à M^r le comte de Ribeira-Grande et où tout les moinnes de l'ordre de Saint-François étoient en grand désordre pour faire élection d'un Prouvincial, ayant deux factions l'une pour Nolet et l'autre pour Sapator, et cherchoient à se battre courant les jours et les nuits par troupes comme des bandits portant des ceintures rouges et les autres blanches, allant mesmes quelques-uns à cheval avec des fusils criant comme des enragez : « *Vivat Nolet; Vivat Sapator.* » Et me demandoient de quel party j'étois, et je dis bonnement : du plus fort, Ils se prirent à rire. Le gouverneur me fit aller chez lui et me pria de recevoir dans mon bord le R. P. Sapator avec dix ou douze de ces religieux pour les porter jusqu'à l'ille Tercère qui n'est éloignée que de 30 lieues, et je dis avoir besoin de vivres pour mes gens. Il envoya chercher son ami Sapotor qui me dit : « N'en acheptez pas, faites votre mémoire et tout vous sera promptement envoyé sans qu'il vous en couste. » Et je fis sur le champ le mémoire bien ample et sans rien oublier et fut bien exécuté dès le 16°. Les moinnes s'embarquèrent nuitamment et avoient deux barques caravales qui les suivoient soubs mon escorte crainte des Salletins, et le 17° may nous estions à 6 lieues dépassés la pointe du ouest de l'ille que les deux caravalles étoient à plus d'une lieue de l'avant de nous. Il s'éleva un grand bruit de la mer quoyque tout en calme et soudain un volcan en sortit avec tant d'impétuosité que nous crueusmes tous estre à notre dernière fin, sentant notre navire tout ébranlé et que les deux caravalles avoient sauté à perte de vue dans l'air et entourés d'une épaisse fumée qui nous offusquoit d'odeur de soufre ; un chacun de nous agenouillé demandant la bénédiction de nos séraphins qui en avoient autant besoin que nous, et les prières ne manquèrent pas. Mais ayant revüe à nos pompes et que le navire ne faisoit point d'eau, je les rassuray tous et poursuivis la route espérant sauver quelqu'uns des deux caravelles, et nous n'aperceusmes pendant près de deux lieues que des pierres de ponces flottantes sur l'eau avec quantité de différents poissons, dont en ayant pris on n'en peut gouster tant ils étoient corrompus du souffre. Et le 18 nous entrasmes au port d'Angra où est la ville capitale, et débarquasmes nostre marchandise, les restes des franciscains qui me laissèrent toutes leurs provisions et le lendemain me régalèrent splendidement au grand couvent et envoyèrent bœufs et moutons, volailles, vin, jusqu'à des biscuits sucrés pour toute mon équipage au nombre de 120 hommes, et je ne m'arrestoy que trois jours. Je fus comblé de remerciements et de provisions jusqu'à des herbes potagères. Et malgré les régalles je ne fus pas 8 jours en mer que je voyois dépérir mon équipage, et mes chirurgiens, furent obligés de me déclarer qu'ils étoient tous gastées de maux vénériens, mesme jusqu'à un mousse de 15 à 16 ans, et au bout de 20 jours je n'avois pas 30 hommes en état de combattre. Je prits une flutte Angloise sans canons et qui n'avoit pas de sable pour son lest, et fut contrainct d'aller désarmer à Saint-Malo vers le 15 juin.

Après quoy (1) je m'intéressay d'une huitiesme partie d'une frégatte de 36 canons nomé le *Comte de Revel* (2) pour la comander et faire la course. Je l'équipay avec beaucoup de diligence et engageay 220 bons hommes, et Mrs de Villestreux de la Hays (3) et de Beauchesnes-Guouin (4) armoient à mesme dessein les vais-

---

(1) La frégate portait le nom de Charles-Amédée de Broglie, comte de Revel, brigadier par brevet du 12 mars 1675, maréchal de camp en 1678, lieutenant général des armées en 1688 ; mort le 25 octobre 1707.
(2) Comme nous l'avons déjà dit, le manuscrit contient des dates marginales placées en regard de chaque passage principal. Un grand nombre de ces dates sont inexactes. Ici Doublet a écrit en marge : « août 1693. » La croisière et la prise du garde-côte d'Irlande qu'il va raconter appartiennent au contraire à l'armée 1694 et devraient prendre place après le récit du premier bombardement de Saint-Malo qu'on trouvera plus loin. Voyez aux additions les pièces n° 4 et 5.
(3) De La Haye de la Villestreux.
(4) Jacques Gouin de Beauchêne, marin né Saint-Malo. Il fut le premier malouin, dit

seaux, le *Sainct-Anthoine* de 52 canons et le *Prudent* de 44, le premier avec 320 hommes et l'autre 290. Et sortismes du port de Saint-Malo à quelques jours différents les uns des autres étant prévenus de nos signaux et du lieu de nous rencontrer qui étoit sur les environs des sondes de la Manche, où nous nous joignismes peu de jours après le départ. Et le lendemain suivant nous aperceumes une flotte de 60 navires desquels il y avoit dix gros vaisseaux de guerre et quatre frégattes. Nous en approchasmes à deux portées de canon et mesme plus proche et les reconnusmes Anglois qui tenoient un bon ordre dans leur marche sans se diviser pour nous chasser et continuèrent leur route vers l'Espagne ou le détroit. Nous les suivions pendant 3 jours et deux nuits, ce qui nous écarta de notre croisière, et nous chassasmes chacun de nostre costé.

Et me trouvant seul au 21 aoust à environ 70 lieux au ouest du cap de Finisterre, nous aperceumes une flotte de 40 navires desquels nous aprochions pour les reconnoistre avec leurs forces. Notre homme de la découverte cria qu'il y avoit un navire qui en étoit fort écarté. Nous chassions dessus, et il nous fit nos signaux où nous luy répondismes, et il s'approcha de nous pour nous parler. C'étoit la frégatte *L'Amitié* de 24 canons commandée par le Sr La Janais Le Gouts (1), de Saint-Malo, lequel nous dits qu'il y avoit trois jours qu'il suivoit et observoit cette flotte, et que n'étant assez fort il n'avoit osé l'attaquer, et je luy demanday de quelle force à peu près il croyoit estre leurs convoys. Il me répondit que le commandant et le plus gros ne pouvoit avoir que 36 canons, le segond de 30 et le 3e de 24 à 26, mais qu'il y avoit des navires marchands depuis 30 à 36 canons. Surquoy je luy demanday que s'il me vouloit segonder que nous les irions attaquer, et que sa frégate qui étoit plus légère que la mienne qu'il faudroit qu'il poussat avec toutes ses voiles tout proche et par dessoubs le vent du commandant et de lui lascher toute sa bordée afin de luy

---

M. Cunat (p. 480), qui ouvrit le commerce avec les colonies espagnoles. Il doubla le cap Horn en 1698.

(1) Legoux, sieur de la Jannayé ou Jéannais, d'une famille de marin originaire de Saint-Malo. Il commanda plusieurs corsaires de ce port en 1692 et 1695.

faire partir la sienne, et qu'incontinent je serais en état de lascher la mienne et tout d'un temps sauter à son abordage et que luy sieur Trouard reviendroit m'aborder, me metant son monde dans mon bord qui suivoient les miens de dedans le dit commandant. Et il ne le jugea pas à propos ; je lui dits de me suivre très proche pour me seconder, et que j'alois livrer le combat, et le commandant Anglois me voyant disposé pendant que je discourois avec mon camarade, il fit un signal à sa flotte et qui luy envoyèrent à son bord dix chaloupes, remplies d'hommes et fit amarer derrière sa poupe et il cargua ses basses voiles, ainsy que tous les navires de sa flotte pour nous attendre dans un bon ordre ayant son arrière garde derrière luy à portée de pistolets qui avoit 40 canons et son avant garde 36 canons, et voyant tout mon équipage bien animé et bien disposé j'approchay du commandant à demie portée de pistolet et luy laschay ma bordée et la mousqueterie. J'essuyay la sienne et de ces deux confrères, et notre mousquetterie étoit bien servie et fusmes plus dune grosse heure à nous chamailler. mais mon camarade s'écarta dès la première volée qu'il receut de l'arrière garde dont il avoit receu quelque dommage. Mes officiers m'advertirent qu'il s'étoit retiré, je les encourageois à soustenir, et ils me dirent que je ne voyais pas notre domage où nous étions par la quantité des morts et estropiez ainsi que plusieurs de nos canons démontés et qu'il y avait plus de trois pieds d'eau dedans notre fonds de calle, et par un bonheur le commandant, ses camarades et toute sa flotte firent toutte voile pour se tirer de nous et je ne peus plus les poursuivre. Lorsque j'eus considéré le mauvais état où nous étions, nous travaillasmes à étancher l'eau que les coups de canons nous avoient causés, et quarante six de nos hommes tuez dont notre aumônier fut du nombre, ayant sorty de son poste de la calle pour me prier de cesser le combat, dont le dernier coup de canon de notre ennemi luy emporta la teste. Nous eusmes 21 estropiez des cuisses, bras et jambes et 32 de bien blessés et huit de nos canons entièrement démontés de leurs affûts qui estoient brisés et toutes voiles coupées à morceaux, ainsy que nos manœuvres dont il ne nous restait qu'un seul lanbau du grands mât et les mâts et vergues hachés ainsy que le corps de notre vaisseau par des carreaux de fer, de pied et demy à deux pieds de longueur sur 2 à trois pouces d'épaisseur, qu'ils nous avoient envoyés par leurs canons, et il est surprenant comme nous en avons échappé. Et pendant que nous nous raccordions le sieur de la Jannais vint m'approcher et m'offrir quelques secours. Je le gronday de ce qu'il mavoit abandonné sitôt et il me dit avoir reçu deux coups de canons à l'eau et que son segond capitaine le sieur Truchot avoit un bras emporté. Je luy redis : « Sy vous m'aviez aidé seulement une demie heure nous aurions eu la victoire. » Il me répondit : « Vous estes trop heureux d'avoir échappé après estre si mal traité et nets-ce pas victoire de les avoir faït lascher pied et prendre la fuitte. » Je luy dits de se retirer d'avec moy, et il s'en alla. Ma chaloupe et le canot furent brisés des canons, et je fis routte sur celles que nos ennemis abandonnèrent pour mieux fuir et j'en choisis une tres belle, puis on aperceut un moyen navire à une lieue des dites chaloupes et c'étoit un flutton d'environ 150 thoneaux de port chargé de bons balots de diverses étoffes et toiles de merceries, lequel estoit de la mesme flotte que nous venions de combattre, et nous déclara leurs forces et qu'ils aloient en Pensilvanie et portaient neuf cens hommes de troupes réglées. Et je fis route avec cette prise pour relascher à Sainct-Malo me faire racomoder et étant par trop mal traité, je ne peus résister aux vents un peu contraires, et je fus contraint d'entrer à la rade de Brest où M. Herpin le capitaine du port vint à mon bord, et fut très surpris de ce que je m'étois retiré d'un pareil embarras, voyant mon navire et mon équipage sortis mal traités ; et il eust la bonté de m'envoyer aussitots un batteau chalant pour avec des chirurgiens faire enlever mes estropiez et blessez au grand hospital du Roy et puis fit entrer notre frégatte, et je fus saluer M. le Marquis de Langeron qui était commandant et M. Descluseaux intendants, qui me promirent de bien faire radouber et équiper ma frégatte et que j'eus à aller par terre à Sainct-Malo refère un équipage et que je ne me mis en paine que mon radoub seroit sur le tault du Roy. Les effets de ma prize produire autour de trente six mil livres et ayant rengagé 162 bons hommes je les aconduits à Brest le 19 septembre.

L'on me fournit mesmes un des magazins du Roy sur le mesme prix pour la bonne amitié qu'avoit pour moy M. Albust munissionnaire. Je partis seul de Brest le 26 septembre et fut croiser entre le cap Lezards et les Sollingues, J'aperceu un vaisseaux de 50 canons; je fis nos signaux et il me répondit juste; nous nous aprochasmes à nous parler, c'était le vaisseau du Roy: Le *François* comandé par M. Dugué-Troüin armé par des particuliers et nous fusmes à l'ancre en rade de la grande ille Sorlingue ayant nos pavillons anglois. Il vint à nostre bord une chaloupe du pays, j'étois au bord de M. Dugué pour y disner, et nous aperceusmes un vaisseau seul venant sur nous, lequel nous croyoit anglois voyant nos pavillons. Je me fis promptement reporter à mon bord, où il me resta un officier de M. Dugué. Nous levasmes nos ancres, le dernier vaisseau qui nous avoit approché à portée du canon se deffia ou il nous reconnut. Il prit la fuitte et nous lui donnions bonne chasse. J'alois beaucoup mieux que le *François*, et aproché à portée du fusil le vaisseau anglois qui avoit 60 canons et il m'aurait enlevé avant que M. Dugué m'euts peu secourir. Le dit anglois jetta des chaloupes, mats et vergues d'hune de rechange et ses éclouaisons à la mer pour mieux aller et s'échapper, je le laissay s'échaper et me rejoignit à M. Dugué et luy renvoyai son officier, et la nuit il survint un coup de vent, qui nous sépara d'avec mondit sieur Dugué.

Et je pris résolution me voyant seul d'aler croiser au Nord des côtes d'Irlande jusqu'au travers et en vue de Londondery où nous aperçeumes une moyenne frégatte, à laquelle nous fismes les signaux et elle y répondit, et nous nous approchasmes à nous entreparler. C'étoit l'*Etoille* de 18 canons, capitaine Pignon-Vert-Creton, de Sainct-Malo, et tombasmes d'accord de croiser quelques jours ensemble. C'étoit au soir et que le lendemain au matin nous aperceusmes à deux ou 3 lieues soubs le vent de nous un navire qui vouloit nous approcher, le jugeant pour un garde coste denviron 40 canons et qu'il falloit tascher à l'éviter, le Sieur Creton en convint et nous serrasmes le vent à toutes boulinnes, et le dit gardecoste nous approchoit à vue d'œil, ce qui intimidoit grandement nos équipages, qui se servoient de lunettes d'aproches et raisonnoient ensemble : « cets un garde coste de 50 canons » ; d'autres : « il est bien plus fort que nous. » Et entendant ces murmures j'arachey toutes les lunettes d'approches et les jettay dans la mer et d'un ton colérique je prits parrolle leur disant : « Vous voyez tous que nous ne pouvons éviter le combat ; quant à estre batus en fuyant vous l'estes à demy et l'ennemy se fortifie ; je suis d'avis de fronder sur luy et il aura la moittié de la peur. » Et j'en dis autant au s^r Creton qui me répondit : « nous ferons ce qu'il vous plaira », mais du ton trop lent, et mon équipage la mesme chose. Je fis aporter du vin, le versant à tous, je bus hautement à la santé du Roy et qu'il vive ; et la plus part crièrent. Vive le Roy ». Je dis : « Allons mes amis vous estes des braves gens soutenons l'honneur du pavillon, et qu'on leur verse encore à boire, et nous disposons à vaincre nostre ennemy ; ce nets pas les canons qui batte se sont les braves gens et il nen a pas dix plus que nous, et alant nous mesme l'attaquer ils sont plus qu'à demy battus. » Et fis armer vent arrière sur luy, et l'Etoille nous suivoit lentement, ainsy ce n'étoit pas celles des trois Mages. Le garde coste nous atendoit avec ses deux voilles majeures carguées et le vent sur le petit hunier ayant son costé de tribord au vent, et y avoit échangé trois de ces plus forts canons croyant que je l'ataquerois du mesme costé, mais étant tout proche de luy je fis ariver par sa poupe et luy tirant ma volée coup après coup qui le prenoient en enfilade, et puis fits tenir au vent soubs le vent de luy qu'il ne peut faire aucune manœuvre, et notre mousqueterie très bien servie nous luy coupasmes la drisse du grand hunier dont la vergue et voile tomba ; nous redoublames nos décharges et en une heure de combat, il se rendit, je ne perdits qu'un homme qui eut la teste emportée nommé Mazelinne, d'Honfleur, et notre ennemy eut 24 tuez avec leur capitaine Mr Kilincword. Le navire étoit tout neuf, mis à l'eau depuis 3 mois, armé de 40 canons, percé pour 44, se nommait le *Scarboug*, avec 200 hommes ; et l'*Etoille* ne me seconda nullement cependant a eu part à cette prise pour avoir assisté de tesmoing, et après l'avoir pris les officiers et équipages qui restoient me prièrent de les faire débarquer à la terre d'Irlande, dont nous n'étions éloignés que de trois lieues, ainsy que leurs blessés et estropiez dont ils périroient la plus grande partie sy je les enlevois en France. J'accorday leurs demandes et m'en débarrassay et les fit porter à terre dont je fus grandement loué par leurs nations, et j'escortay la dite prise au Port-Louis le 6 de novembre et en ressortis 2 jours après sur ma frégatte le *Comte de Revel* ne l'ayant montée que de 30 canons à cause de l'hiver, ainsy l'anglois en avoit 10 canons plus que moy et de plus gros calibre et 24 hommes plus. Je partis du Port-Louis seul le 8 novembre pour retourner à Sainct-Malo désarmer où j'arivay le 12 novembre (1).

(1) Voyez aux additions les pièces n° 4 et 5.

CHAPITRE VIII

Bombardement de Saint-Malo. — Visite de Vauban. — Voyage à Bourg neuf. — Second bombardement de Saint-Malo. — Croisières. — Excursion en Irlande. — Superstition de Doublet. — Voyages aux Açores. — Lutte contre les Anglais. — Séjour de Doublet à Salé et à Saffi. — Il refuse le salut à deux vaisseaux portugais. — Martyre de la fille de Dom Garcia. — Retour à Marseille.

1693. Le 26 sur les deux heures de l'après midy, je fus à la promenade sur les remparts proche de la porte de Sainct-Thomas, avec plusieurs messieurs de la ville, et l'on aperceu au large de la Conchée (1) une flotte qui s'en approchoit. La pluspart de nos messieurs croyoient estre une flotte du party des gabelles qui venoient d'Honfleur, et nous les regardions avec des lunettes d'aproches. Je dits : « Ce n'est nullement une flotte de navires marchands, ce sont vaisseaux de guerre. » Et il y eut presque un pary entre M. de la Motte-Gaillard et moy. Il se fondoit que la saison étoit par trop advancée et j'opinay tousjours que c'étoit des vaisseaux de guerre jusqu'à payer dix pistoles pour gajeures. Et sur les 4 heures ils mouillèrent leurs ancres en dedans de la Conchée à la fosse aux Normands, je quitay ma compagnie en leur disant qu'ils feroient bien d'ordonner de préparer les forteresses pour les deffences de la ville, et que j'alois changer d'habit pour m'y disposer. Je fus chez moy très embarrassé pour advertir mon épouse qui étoit sur son huitiesme mois de sa première grossesse et pour l'envoyer à la campagne de

(1) Le fort de la Conchée, situé au nord-quart-nord-ouest de la partie la plus septentrionale de Saint-Malo, fut commencé en 1689 et achevé en 1707. C'est un des chefs-d'œuvre de Vauban.

sa mère, et j'étois encore plus embarrassé comment la quitter. Je dis à son frère de l'aler conduire et que je ne le pouvois faire, crainte que l'on ne m'accusât de lascheté et qu'on ne dit que j'avois pris ce prétexte pour me sauver, et elle consentit de partir avec son frère. Et je fus au fort Royal où il n'y avoit rien de préparé aux batteries des canons, et les ennemis se postèrent ayant des pavillons blancs, ce qui faisoit encore doubter que ce ne fut des françois. Et lorsqu'ils eurent bien placé deux galiotes à bombes, sur les 5 heures, ils envoyèrent plusieurs grosses bombes qui par un bonheur outrepassoient de beaucoup la ville et sans faire aucun dommage, et alors les portes se trouvoient trop petites pour passer l'afluence du monde qui se vouloit sauver. Et nous leur envoyames plusieurs coups de canons sans nous apercevoir leur avoir fait dommage. La nuit survint et l'on cessa de tirer de part et d'autre.

Nous avions deux mortiers au pied du glacis sous la guérite du bastion du fort Royal. Au lendemain nous les mismes en estat de les faire jouer, mais il n'y avoit pas gens expérimentés pour cela, je m'y offris sachant le fait, mais M. le Camus, écrivain principal, qui représentoit la place de M. le commissaire qui étoit à Paris (1) m'osta cette pratique la croyant mieux savoir que moy (2), et se voyant sans réussite et par la sollicitation de plusieurs messieurs il m'abandonna les mortiers. Et avec l'assemblée nous aperçeusmes que lorsque les galiotes avoient envoyé leurs bombes elles changeoient de leur place pour n'estre pas endomagés par les nostres, et je proposay que si l'on ne me veut pas troubler que je feray crever toutes les bombes en l'air que j'envoirray, et que par les éclats épars de tous cotez que nous pourrons par ce moyen plustot incomoder les dites Galiotes. Je commençay par mettre le feu à la fusée de chaque bombe et puis, à une distance de deux *Ave Maria*,

---

(1) Dans une lettre du 25 novembre 1693. M. Le Camus annonce le départ de M. Le Bigot des Gastines pour Paris. Arch. de la Marine, serv. général.

(2) M. Le Camus écrivait au ministre, le 26 novembre 1693 : « M. le chevalier de Ste-
« Maur et M. de Sever, capitaines, se sont trouvé en passant pour aller à Paris qui se
« mettent en estat de faire tous leurs efforts du costé de la marine, et moy, Monseigneur,
« je me rendray demain avec M. Doublet à la batterie des mortiers pour bombarder les
« ennemis et pour tacher de les incommoder. » Arch. de la Marine, serv. général,
1693.

je fis mettre feu à l'amorce des mortiers et le mât d'hune de la Galiote la plus éloignée fut emporté, et se retira de sa place; et de ma seconde volée la poupe de l'autre galiotte fut fort endommagée et mis le feu à un baril de poudre qui fit bien du fracas, et se retira au large, dont j'eus bien des applaudissements. Et lorsque j'eus cessé, je montay au fort Royal pour découvrir d'où provenoit des pierres de taille que nous tomboient proche de nostre batterie des deux mortiers qui risquoient à nous blesser, et je remarquay que c'étoit la guérite du bastion qui tombait par l'effort de nos mortiers. Je fis achever d'abattre la dite guérite, et y fis porter une pièce de canon de 36 livres de boulet, qui avoit démonté l'affut à l'embrasure voisine qui ne pouvoit donner sur nos ennemis, et la place vidée de la guérite battoit directement ou ils étoient mouillés et fit un bon effet, et nos ennemis se tirèrent plus que très lentement. Nous étions dans le château Royal avec tous les plus braves et signalés capitaines de frégate de Sainct-Malo, tous enfants des meilleures familles, et qui agissoient du concert sans se piquer du commandement, résolus de combattre jusqu'à la fin, lorsque sur les 5 à 6 heures du soir il survint une compagnie d'infanterie dont l'officier creut nous comander comme à ses soldats et nous vivions à nos frais — nous nous retirasmes tous du fort et y laissames les officiers et soldats. Nous estions tous très échauffés par nos agitations; nous fusmes souper et changer. Sur les huict heures du soir, on se croyoit tranquille pour la nuit, j'étois à souper en bonne compagnie lorsqu'il se répandit comme un terrible coup de tonnerre que l'on creut entièrement abismée, les lanternes de tous costés, que un chacun regardoit sy sa maison subsistait. Nous courusmes vers le fort Royal où avoit esté le grand effort et on aperceut un navire échoué derrière les murs qui avoit sauté par une quantité de poudre et d'artifices dont les murs de la ville du mesme costé étoient entr'ouverts, et au jour on ne remarqua que très peu de maisons peu endommagées, et presque tous les vitrages et des églises entièrement fracassés, et le lendemain les ennemis voyant la ville encore debout se retira sans bruit et les gens de ce navire furent trouvés écrasés et brisés. C'étoit cette fameuse machine infernale dont les gasettes avoient fait mention que l'on la composoit dans la tour de Londres, et sy les soldats ne nous euts dépossédez du fort Royal nous aurions coulé à fonds cette dite machine avant qu'elle eut approché de la ville ; c'est un hazard comme elle (la ville), n'en at esté ruinée, etc. (1).

Je fus pris d'un grand rumatisme par tout le corps des fatigues que j'avois euts. M^{rs} les intéressés en la frégatte le *comte de Revel* me déclarèrent qu'ils aloient se rendre adjudicataires de la prise du garde côte que j'avois faite et que sy je voulais bien m'y intéresser que je la commanderois de compagnie avec le *Revel*. J'acceptay le party aux conditions que mon beau-frère le Sr Demarets-Fossard auroit le commandement du dit *Revel*, Et il étoit connu pour un très brave homme et il n'y eut aucune difficultés.

Peu de jours ensuitte Monsieur le duc de Chaulne, (2) gouverneur et admiral de la Bretagne, vint faire sa demeure a Sainct-Malo, et il fut informé comme j'avois agy au bombardement et comme j'avois enlevé corps à corps un vaisseau de guerre plus fort que n'étoit le mien, Il dits : « Cela mérite une récompense. » Et il me fit venir devant luy et me fit présent d'une espée à garde et poignée d'argent doré et un beau ceinturon brodé, et dits : « Je veux prendre intérêts avec vous dans le garde coste que vous avez pris et le nommerez de mon nom. » Je le remerciay humblement des bontés de Sa Grandeur et de l'honneur qu'il me faisait.

Mr de Vauban premier ingénieur du Royaume vint pour examiner la ville de Sainct-Malo, et lorsqu'il passa au fort Royal il vit la guérite en question abatue, il demanda sy savoit esté par quelque boulet des ennemis, et il avoit une grande troupe d'officiers à sa

---

(1) Sur le bombardement de Saint-Malo, voyez les relations de la *Gazette*, p. 625 et 637, du *Mercure*, décembre, p. 285-331 et les correspondances du dépôt de la Marine, service général et campagnes, année 1693. — L'escadre anglaise comptait en tout 42 voiles. Elle lança 150 bombes dont 26 seulement tombèrent dans la ville. La machine infernale dont Doublet parle consistait en un brûlot de 160 tonneaux environ, rempli d'artifices et de bombes. L'effet de son explosion fut à peu près nul. Les bombes trop épaisses, d'un fer trop liant et contenant trop peu de poudre n'éclatèrent pas ; il en resta environ deux cents sur la grève. Le P. Daniel a donné (*Histoire de la Milice Françoise*) une description de cette machine.

(2) Charles d'Albert d'Ailly, duc de Chaulnes, chevalier des ordres du roi en 1661 ; lieutenant-général puis gouverneur de la province de Bretagne en 1670 ; ambassadeur à Rome ; mort à Paais en 1698. Il était le neveu du connétable de Luynes dont la sœur, Louise d'Albert, épousa Antoine de Villeneuve, marquis de Monts premier maître d'hôtel de Gaston d'Orléans, gouverneur de Honfleur de 1645 à 1682.

suitte et entr'autres Mʳ Carajean ingénienr en chef à Sainct-Malo qui sourdement m'en vouloit. Il dit à mon dit Sʳ de Vauban que c'étoit moy qui avoit démoly la dite guérite et sans subjet. Mᶠ de Vauban s'échauffa et dits : « Que l'on me fasse venir cet homme je luy feray rédifier à ses frais. Quoy, moi-mesme je n'oserois faire abattre ma guéritte de bois sans le permis du Roy. » J'étois assés proche de luy pour entendre son discours, et je ne me démonté pas. Je luy dits : « Monseigneur, ayez la bonté de m'entendre, il faut que j'aye quelqu'ennemy caché qui vous a mal informé, et je me raporterai à la pluralité des voix d'une aussy belle cour que vous avez. Je ne mérite pas un sy mauvais sort pour mes paines. Il dit : « Hé bien, qn'avez-vous à dire ? » Je luy contay comme j'avois agy et fait, et quantités d'honnestes gens m'aprouvèrent et luy dirent que j'acusois vérité, et il se tourna vers l'ingénieur et luy dit : « Vous avez grand tort d'accuser à faux cet homme ; il mérite plustot une récompense qu'une reprise. » Et je fus affranchi de monter les gardes dont les Mʳˢ de la ville y sont obligez.

Et sur la fin de l'année 1694, mes intéressés m'avertirent que le garde coste que j'avois mené au Port-Louis nous étoit adjugé par trente quatre mil cinq cens livres, et que j'eusse à me disposer de partir par l'aller armer avec seulement soixante hommes d'équipage, et que j'irois le conduire à Bourneuf pour y charger aux deux tiers de sel pour aporter à Sainct-Malo, afin d'y armer tout d'un mesme temps avec le *Revel*, que j'avois cédé à Mʳ Desmarets et je partis par terre. Etant arrivé au Port-Louis, je fis équiper simplement le navire qui fut nommé le *Duc de Chaulne*, et le 20 janvier 1695 je fus arrivé à Bourg neuf pour y charger le sel. Je fus par terre à Nantes pour faire l'épreuve de 70 fusils boucaniers que j'avois fait faire et les fis apporter par charrette. Ayant chargé le sel, je partis de Bourgneuf au 4 février et par vents contraires, je relaschay à Camaret (1) où il y avoit une flotte de nos navires marchands qui atendoient le vent favorable pour passer par la Manche et tous les capitaines me prièrent de leur servir de convoy

---

(1) Camaret, (Finistère).

et je les conduis jusqu'à Sainct-Malo après les avoir préservés de cinq corsaires de Garnesey. Etant arrivé au 26 avril nous travaillasmes fortement à armer nos deux frégattes et à engager plus de quatre cents matelots et 120 volontaires pour la mousqueterie, et sur le 20ᵉ juin nos frégattes étoient armées et mis en la rade de Rance. (1) Je demanday à Mʳ Desmarets (2), s'il étoit en état de sortir en mer, et il me dit qu'il ne le pouvoit que pour la marée du lendemain. Je luy dits de se bien aprester et que j'alois sortir pour l'attendre à la rade du dehors qui est sur le vieux banc, et que je me disposerois à mettre tout en estat et réglerois mes bordées pour les quarts et pour régler les portées au cas de combat, et comme le temps étoit beau je faisois ces réglements étant soubs les voiles pour aussy éprouver la marche du vaisseau,

Nous fusmes (3) trois à 4 lieux en mer que j'envoyay un homme au haut du mât pour faire la découverte. Sitots qu'il fut en haut il cria qu'il voyoit plusieurs batteaux qu'il croyoit estre des pescheurs, et j'envoyay en haut un de nos enseignes, lequel me cria aussy que e'étoit des batteaux, cependant qu'il y en avoit quelqu'uns qui paroissoient plus gros. Je montay aussitost sur la hune du grand mâts, et me servit de moyennes lunettes d'aproche pour mieux examiner. Et j'aperceus que c'étoit de gros vaisseaux qui venoient vers nos rades, allant dans un bon ordre. Je redessendis et dis : « Quelle diable de méprise de prendre des vaisseaux de guerre pour des bateaux pescheurs ! et il fant que nous les remarquions de plus près afin de les bien connoistre. » Et comme ils venoient de notre costé ils s'aprochèrent en très peu de temps, dont nous ayant aperceus il y en eut deux qui me donnèrent la chasse et j'aperceu que le plus gros de ces vaisseaux portoit à son

---

(1) Embouchure de la rivière qui forme la rade de Saint-Malo.

(2) Déjà cité plus haut. François Fossard, sieur Desmaretz, capitaine marchand et corsaire de Saint-Malo, était le beau-frère de Doublet.

(3) Le passage qui suit contient le récit du bombardement de Saint-Malo, les 14 et 15 juillet 1695, par la flotte anglo-hollandaise aux ordres de lord Barckley, forte de 70 voiles. Quoique Doublet affirme que cette attaque ne causa aucun dommage à la ville et aux forts, on sait qu'il en fut autrement. De cinq à six cents bombes tombèrent dans Saint-Malo; huit personnes furent tuées et sept maisons incendiées. On évaluait le dommage que la ville avait souffert à trois cent mille livres. Arch. de la Marine, Campagnes, Lettre du 24 juillet 1695.

grand mât un grand pavillon rouge. Et je fis revirer de bord pour rentrer à la rade de rancée. Devant la ville il y avoit une grande quantité de monde sur la Holande (1) et sur les remparts à nous regarder. Les uns croyoient qu'il se seroit ouvert quelque voye d'eau à nostre vaisseau et on ne savoit que présumer, car on ne voyoit pas de la ville les vaisseaux qui m'avoient obligé de rentrer. C'est que la marée baissoit et le vent cessa qui les obligea de reculer plutots que d'avancer. L'on m'envoya un bateau de la ville pour s'informer ce qui me pouvoit estre arivé. J'avois défendu à tout mon équipage de ne rien dire, et je dits aux gens du dit bâteau que j'allois dessendre à terre et j'ordonnay à mon segond capitaine de ne laisser aprocher aucun bateau de nous, et je m'embarquay dans mon canot avec M^r De la Motte Nepveu, mon premier lieutenant, et luy ordonnay qu'aussitots que j'aurois débarqué à terre qu'il eut à retourner à nostre bord et ne pas déclarer à qui que ce fut ce que nous avions veu. Mes intéressés et amis se trouvèrent à mon débarquement, étant très inquiets m'empressoient de leur déclarer le subjet de ma relasche sy précipitée. Je les priay de ne pas obliger à parler devant une sy grande quantité de monde et que j'alois chez M^r le comte de Polastron (2) qui étoit le comandant, et que là ils sauroient toutes chozes. Et lorsque j'entray je dits : « Monsieur, que j'aye s'il vous plaits l'honneur de vous entretenir un moment en particulier avec M^{rs} mes intéressés. » Et il nous fit entrer dans une autre chambre et gardée par deux sentinelles. Et je déclaray ce que nous avions veu et le prévint que s'il ne le voyoit pas que c'étoit les marées qui les avoit empeschées d'avancer et que j'avois compté jusqu'à quarante vaisseaux de guerre et qu'infailliblement venoient pour attaquer la ville et qu'il donnât

---

(1) Partie des remparts de Saint-Malo où était établie la batterie dite *de Hollande*.

(2) Denis, comte de Polastron, enseigne au régiment du roi en 1663, obtint le rang de capitaine en 1667, de major en 1676 et devint lieutenant-colonel en 1678. Brigadier par brevet du 28 février 1686, il combattit à Fleurus en 1690 et servit au siège de Mons en 1691. Il fut créé maréchal du camp la même année. En 1693, il fut envoyé sur les côtes de Bretagne et commanda à Saint-Malo jusqu'à la Paix. Il contribua à la défense de cette place en 1695. Nommé lieutenant-général des armées en 1696. Gouverneur de Mont-Dauphin en 1698. Il commanda dans les évêchés de Dol, de St-Malo et de St-Brieuc, sous le maréchal d'Estrées par commission du 7 juillet 1701. Il mourut le 28 février 1706. — Pinard, *Chronologie hist. mil.* T. IV, p. 407.

les ordres pour les deffences. Il me prit par la main et me dits : « Allons chez Mr le commissaire, nous y trouverons tous les officiers. » Nous y fusmes et je le priay de me laisser pour un moment aller chez moy advertir mon épouse et famille pour mettre ordre aux affaires de ma maison. Et il me dit : « Je vous prie de ne vous pas séparer de moy. Vous allez estre accablé de questionneurs et ne pourrez vous en débarrasser. Cette affaire est de toute importance.

Et nous fusmes chez Mr Desgastimes (1) commissaire. Je fus retenu pour estre du conseil et j'étois très faible par la faim. Je priay que l'on me donna du pain et du vin, mais l'on me servit une petite table avec du dindonneau froid et je mangeois et buvois d'un grand appétit. Il fut résolu qu'on feroit sonner le tocsin dans toutes les paroisses voisines pour assembler du monde pour les deffences de la ville. Je dits que autant de matelots que l'on pouroit trouver qu'il falloit les porter dans nos deux frégattes où je les norirois, et que j'aurois soin d'envoyer 50 hommes et un chirurgien et des poudres pour défendre le fort de la Conchée et autant au fort de l'isle Erbout. L'on m'aprouva et l'on me pria encore d'envoyer six barils de poudre au fort Royal, ce que je fits. Mrs de la Palletrie et de Langeron (2) comandant les gallères se préparèrent,

---

(1) Le Bigot des Gastinnes (Louis), commissaire ordinaire à Nantes en 1677 ; à Saint-Malo de 1693 à 1699 ; commissaire général à Brest de 1699 à 1703. Il fut fait intendant à Dunkerque le 15 juillet 1703. Il se retira le 1er décembre 1704 et fut nommé inspecteur général des Echelles du Levant et de Barbarie en 1705.

(2) Le chevalier puis bailly de la Pailletrie avait servi sept ans dans un régiment de cavalerie avant d'entrer dans la marine. Il fut nommé lieutenant de la galère réale le 1er janvier 1685 ; capitaine de galère le 1er mai 1690 ; chef d'escadre le 11 juillet 1702 ; décédé le 5 octobre 1719. Arch. de la Marine.
Sur le marquis de Langeron, voyez page 104 et Jal, *Abraham Duquesne*, T. II, p. 392-403.

(3) Les galères du roi au nombre de quinze, commandées par le chevalier de Noailles, étaient passées de Levant en Ponant. Le 14 juin 1690 elles partirent de Rochefort et après plusieurs escales elles mouillaient à la rade du Havre le 17 août. Deux d'entre elles, la *Palme* et l'*Emeraude* séjournèrent pendant deux ans environ dans le bassin de Honfleur. Elles quittèrent ce bassin, « qui est si petit que l'on n'avoit pu exercer à la rame les cents matelots de ces galères », et furent amenées au Havre à la fin de septembre 1693. — Deux autres galères, la *Sublime et la Constante*, sous les ordres du chevalier d'Escrainville, furent chargées de protéger Saint-Malo contre les attaques des Anglais ; elles jetaient l'ancre devant ce port le 24 avril 1693, mais elles ne rendirent aucun service. Arch. de la Marine, Ordres du roi, Galères, 1690, campagnes, 1689-1690, 1er décembre 1693 ; service général, 23 juillet, 20 et 29 septembre 1693, correspondance de M. de Louvigny.

et il y eut douze chaloupes armées avec chacun un canon comme les gallères et étoient bien matelassés et commandés par des enseignes des vaisseaux du Roy et des gardes marinnes. Et je priay M^{rs} les comandants d'avoir la bonté puisque je ne pouvois agir de faire conduire mon épouse et ma belle mère du costé de St-Servant, et M^r des Gastinnes me promit de se charger de ce soin et qu'il les alloit faire porter dans son canot ce qu'il fit faire, et je futs à mon bord pour satisfaire à ce que j'avois promis. M^{rs} les comtes de Verus et Kailus, De Mailly et Hautefort (1) placèrent leurs régiments le long de la plage et sur les remparts, et les portes de la ville se trouvoient étroites pour sortir les femmes et familles, dont il y en eut plusieurs étoufés,

Mais au lendemain matin les vaisseaux me paroissoient encore pas. Le murmure du peuple me calomniait, disant que j'étois aparament saoul et que j'avois pris des bateaux pescheurs pour des navires de guerre et mille imprécations, désirant me tenir pour me lapider, et ce qui les confirma d'autant plus est que sur les 6 à 7 heures il entra une frégatte de dix huipt canons avec une prise holandoise et n'avoit pas veu l'armée. Je me tint à mon bord tranquille me doutant de tout ce murmure et toute la populace rentroit avec leur rage dans la ville. Mais sur les huipt heures et demie, les ennemis parurent venir en bon ordre, et un chacun reprenoit la fuitte, et je fus dans tous les applaudissements que c'étoit pour moy la 2e fois que je sauvois la ville et la populace. Et les ennemis passèrent par la Conchée et mouillèrent à la fosse aux Normands et attachèrent à la dite Conchée un gros navire remply de poudre et d'artifice où ils mirent le feu sans beaucoup d'effect. (2) J'y per-

---

(1) Entré au service comme garde marine en 1685, il fut fait enseigne de vaisseau en 1687, lieutenant de vaisseau en 1691, capitaine de vaisseau en 1692, chef d'escadre en 1712, lieutenant général des armées navales le 8 juin 1722. Il mourut à Paris le 7 février 1727.

(2) Le commandant du fort de la Conchée a exposé le rôle qu'avait joué la machine infernale destinée à ruiner l'œuvre de Vauban.

« Ils me vinre canonner avec leurs gros navire, dit-il, et manvoyère à la faveur de la fumée un brulot. Il vint à la portée du fusil sans que je peux tirer dessus, venent du costé que ie naues point de canon. Ils y mire le feu et lanvoyerent vent arriere au pied des baterie avec des ancre pendente pour acrocher la roche, il vint au pied, le feu dedent et une sy grosse fumée qu'il estoit impossible de se voir, le vent la poussant avec la flame dans nos embrasures avec une grande violance. C'est une nouvele machine inventée en Holande

dis mon contre-maitre et un matelot. Les 3 galliottes à bombes se postèrent en moins d'une heure et envoyèrent leurs bombes qui outrepassoient de beaucoup la ville. Les deux gallères et les chaloupes furent sur les ennemis qui estoient à l'ancre et leur envoyèrent plusieurs décharges de leurs canons en les attaquant en poupe, et immanquablement les incommodèrent fort et leur tuèrent bien de leurs hommes puisque les ennemis abandonnèrent et ne firent aucun domage à la ville ny aux forteresses. Ils firent dessente sur l'ille Sinzembre (1) où il n'y avoit qu'un couvent de Récollets abandonné et sans monde, et ils le brulèrent. Il y eut le soir une de leurs galiotes à bombe qui prit en feu et nous n'avons seu si c'étoit par nos bombes à feu, et étant presque bruslée elle alloit en dérive et nos chaloupes furent s'en saisir et la conduirent à la plage, et on y trouva deux beaux mortiers de bronze montés sur des pivots. Et il n'y a aucuns de ce temps qui puissent dénier que sans moy on étoit surpris au dépourveu. (2) Et après le départ des ennemis je fis demander les poudres et munitions et vivres que j'ay fournies pour les deffences de la ville et dont j'eus peine à recouvrer la moitié et il nous en cousta à notre société plus de mil écus pour remplacer ce que nous avions donné de bonne grasce.

Je fits travailler à réquiper nos frégattes et partismes de Sainct-Malo le 15ᵉ May 1696 et fis une routte pour aller le long des costes d'Angleterre y croiser et la 3ᵉ journée après notre départ et

---

pour empescher des baterie de tirer et de voir. Dans ce tems-là, ils envoyèrent un autre bâtiment rembly d'artifice et de marchine à feu pour mestre le feu aux baterie qu'il saves que les platte forme estés de bois. Ce navire mit le feu de mesme que le premier mes le courant le fit passer de lautre costé du fort où il sauta après avoir touché et ouver contre une roche ce quy empescha son grand effet. Il ne nous laissa pas de nous remplir d'artifice, de mestre le feu aux logements quy nestes couvert que de prelats goderonez et extrêmement combustible. »

Lettre de M. de La Marguerie, 17 juillet 1695. Arch. de la Marine, Campagnes.

(1) L'île de Césambre ou Sezembre, en vue de Saint-Malo, vers le nord-nord-ouest.

(1) D'après une dépêche de M. de Nointel, intendant de Bretagne, ce fut M. le chevalier de Cargrées de Tracy qui apporta la première nouvelle de la venue des Anglais : « La première nouvelle que l'on en eut fut par le sieur de Kergrée, capitaine de frégate légère, lequel revenant de la découverte aprit à la fosse d'Amonville qu'on les avoit veus six lieues au large ; il fut envoié le mesme jour pour avoir des nouvelles plus certaines et en effet il aperceut les vaisseaux ennemis faisant voile vers Saint-Malo. » Arch. de la Marine, Campagnes, 1695.

pendant la nuit notre frégate le *Revel* se trouva écartée de nous et au jour je fus surpris de ne plus le voir. Il faisoit de la bruine, je cherchois au hazard ou le pouvoir rejoindre et sur le midy dans une éclaircie nous aperceumes trois navires bien à deux lieux dessoubs le vent de nous et dont deux d'iceux donnoient la chasse sur le 3ᵉ lequel étoit enfermé de la terre et des deux autres. Je voulois m'en aprocher et ils tournoient leur chasses pour aussy me faire envelopper entre leurs costes et eux et j'aurois immanquablement esté pris ou désemparé avant de pouvoir rejoindre Mʳ Desmarets. Nous assemblames nostre conseil et y fut resoult de ne nous pas exposer avec deux vaissaux bien supérieurs en force que nous, et ne pouvant nous joindre il valoit mieux en perdre un que les deux. Cependant j'insistois d'aller dessus et tous mes officiers et équipages sy opposèrent en disant : « Lorsque nous serons bien battns et pris cets perdre deux armements considérables pour un et peut-être ferons-nous quelque bonne rencontre qui récupérera toutes choses. » Et la bruine nous sépara de vue et ne les vismes pas combattre ny prendre, et j'étois dans un très grand chagrains. Mes officiers me représentèrent que nous étions au parages des gardes costes, et que nous ny ferions rien, et au risque d'estre tous les jours battus ou pris, et nous trouvasmes à propos d'aller vers les costes d'Irlandes, où nous fismes une petite prise ne valant que 19 à vingt mille livres que j'envoyay au hazard, et nous fusmes pour croiser tout au Nord d'Irlande autour d'une petite isle la plus exposée en mer nommée St-Kilda, que d'ordinaire tous les navires en esté qui veulent passer au Nord d'Ecosse vont la reconnoistre. Jy futs et mis à l'ancre dans une petite baye de cette isle où il y a un beau courant d'eau douce, et j'envoyé quelques hommes sur le haut de la montagne pour découvrir sy l'on verroit quelques navires en mer aux environs. Elle n'a pas demie lieux de circuit. Je fits remplir nos futailles d'eaux, et mes gens dirent n'avoir rien découvert qu'un petit troupeau de moutons, dont ils n'en purent attraper à la course et qu'ils n'avoient veu aucun arbre ny bois autour, et nous passames la nuit en cette rade, et le matin je renvoyay pour prendre des eaux et faire la découverte pour les navires. Mon capitaine d'armes qui estoit Irlandois me demanda d'y aller et permission de porter quelques fusils. Je luy permis et il fut à la recherche des moutons, et il n'en peut découvrir. Il aperceu une petite fumée au pied d'un gros rocher qui formoit une caverne et il assembla trois de nos hommes et y furent et cria en sa langue, et il sortit un homme qu'il m'emmena à bord. Il étoit bien fait de corps et de visage, couvert comme d'un chasuble sans manches ataché d'une couroye de cuir de bœuf à poil par la ceinture, une tocque à la Béarnoise, le tout d'un gros lainage et sans culote, ny bas ny souliers, les cheveux mal peignés ou point du tout, et salope, pûoit la fumée et le fumier et l'oiseau de marine, et sans se décontenancer il nous dit qu'il étoit le gouverneur de l'Isle où il pouvoit y avoir trente deux familles dans des cavernes, et qu'ils vivoient d'oiseaux marins qu'ils prenoient de nuit, qu'ils prenoient du poisson et qu'ils en faisoient sécher l'hiver par les gelées; qu'ils ramassoient quelquefois un peu d'orge qu'ils écrasoient entre des pierres et qu'ils payoient tous les ans vers la Pasques un tribut de moutons et bœufs et poisson à un seigneur milord d'Ecosse qui leur envoyoit un batteau et un Ministre qui les venoit donner la cesne pasquale et marier et baptiser lorsqu'il y en avoit pour le subject. Il nous creut Anglois et nous vendit deux petits bœufs pas plus gros qun veau d'un an et demy pour cinq écus pièces, et il nous dit que leurs bestiaux estoient dans les cavernes pour profiter de leurs chaleurs lorsqu'il fait froid et qu'ils les treuvent cachées lorsqu'ils voient des navires venir en leur rade, et que plusieurs s'en sont allés sans s'apercevoir qu'il y eut du monde sur l'ille. Pour moy, j'ay bien parcouru et bien veu de toutes sortes de sauvages, maures et neigres, je n'ay jamais veu de sy pauvres ny de sy misérables gens. Je les croy sorciers, car sans vent ny la mer agités mon ancre chassa quoyqu'en bon fonds de gravier; nous penssasmes perdre notre vaisseau contre la dite ille et fut contraint d'y abandonner un câble et un ancre pour nous en retirer, mais la vie auroit esté sauve.

Je repris la mer à croiser de tous costés jusqu'au bout de nos vivres et ne fit qu'une moyenne prize chargée de raisins et figues que je conduit à Saint-Malo, où je désarmé vers la fin de juin. —

Mes armateurs me proposèrent de réarmer promptement et que j'irois guerre et marchandize ; qu'ils avoient des balots sufisament tant à Saint-Malo qu'à Morlaix pour les porter à Faro aux Algarves apartenant au Roy de Portugal qui étoit en neutralité et qu'aussy je changerois pour 70 à 75 mil livres d'autres marchandizes que j'irois négoscier à Salé après que j'aurois débarqué les balots à Faro. Et dans l'intervalle mon beau frère Mr Desmarets revint et son équipage des prisons d'Angleterre, et raporta avoir esté pris par les deux vaisseaux que j'avois pu voir, l'un de 60 et l'autre de 66 canons, et que pour peu que j'en eus encore aproché j'aurois esté pris comme luy ; et comme nul ne peut se dire exempt d'ennemis il s'étoit répandu un faux bruit que j'avois abandonné laschement, et que les deux anglois n'étoient que de 30 à 40 canons. Mais les gens d'esprit considéroient le contraire, sachant que j'avois intérest dans nos deux frégattes, et que j'aimois Mr Desmarest auquel j'avois fait avoir le comandement. Peu de jours après son retour, il mourut en deux jours par une apoplexie et fut grandement regretté par sa bravoure et grande douceur.

Je continuay mon armement, et on arma aussi une frégatte de 18 canons avec aussy des balots pour venir soubs mon escorte, et apartismes de Saint-Malo au 28e juillet 1696 et fis la routte pour passer hors les caps à plus de 80 lieux au large pour éviter mauvaise rencontre. Mais ayant dépassé la hauteur de Lisbonne, il falloit revenir attérer au cap de St-Vincent, où nous trouvasmes la nuit du 12 aoust presque sans vent a demie lieue du dit cap, et au petit nous n'en n'étions qu'à portée d'un fusil du dit cap, et le s^r Moinerie-Trochon (1), capitaine de la petite frégatte, nous cria : « Nous voyons deux navires au large de nous. » Nous les voyions aussy et que estant chargés aussi richement que nous étions il ne convenoit pas d'exposer le bien de ceux qui nous l'avoient confié et qu'il faloit voir clair, et qu'il eut à ne pas s'éloigner de moy que nous ne puissions découvrir autour de nous, et par précipitation il me cria autre fois : « Monsieur, courons des-

---

(1) Originaire de Saint-Malo, il appartenait à une famille qui a fourni plusieurs marins connus, tel que La Moinerie-Miniac qui fut promu capitaine de frégate en 1711 et mourut commandant la *Fidèle* le 18 janvier 1712.

sus ; ne voyez-vous pas qu'ils sont petits. Ce sont des Saltins qui attendent à ce passage des navires marchands. » Je luy demanda qu'il fasse plus de jour et que nous les connoistrons mieux. Et peu après le jour augmentant nous aperceusmes qu'ils estoient dessoubs leurs deux basses voiles à la cape pour ne pas tant paroistre et qu'ils ne nous avoient pas aperceus à cause que nous étions proche de la terre, et sitôt qu'ils nous aperceurent ils déployèrent leurs huniers et toutes les menues voiles pour nous donner la chasse, et heureusement nous doublasmes le dit cap de Sacra qu'il falloit aussi dépasser pour être en bonne rade et à couvert d'insulte. Mais le plus gros des deux navires m'y avoit coupé le chemin et avoient arboré leurs pavillons anglois et nous les nôtres blancs sans déguisement, et comme il faisoit très peu de vent j'avertis le s^r Moinnerie qu'il falloit promptement mouiller chacun un ancre, quoyque ce n'étoit qu'entre deux rochers entre ces deux caps de St-Vincent et Sacra, et plutots risquer et perdre nos deux frégattes le tout ou partie plutost que de nous livrer avec un sy bon butin à nos ennemis et de nous tenir toujours prêts sur la deffensive au cas d'un combat que nous ne pouvions éviter. Et je m'avizay d'envoyer mon canot avec Mr Fossard, mon segond beau frère qui étoit pour lieutenant et marchand avec nous. Je luy donnay 24 pièces de thoile de Bretagne et deux castors blancs pour présenter au gouvernement du chasteau en luy demandant sa protection pour ne me laisser maltraiter soubs ces dépendances, veu qu'il étoit pour le Roy qui estoit neustre et que nous estions destinés pour Faro où son Roy recevoit de grands droits de nous. Le gouverneur receut de grand cœur les présents et dits qu'il luy manquoit d'habiles canoniers et Mr Fossard luy dit : « J'en vay servir avec de mes gens ». Et me renvoya mon canot avec deux des moins habiles. Mes officiers par trop impatients et le sieur Moinerie me disoient de tirer ma volée de canons sur celuy qui étoit à portée de nous. Je dis : « Doucement, Monsieur, ce n'est pas à nous à comencer et nous tenons seulement bien préparés à la deffense sy l'on nous attaque. et c'est au gouverneur à faire son devoir. » Et dans cet interval nos ennemis mouillèrent leurs ancres à un quart de lieux au large de nous par crainte que je ne mis nos navires sur les rochers, et je fis sons leur faire a conoistre fresler nos voiles avec des fils de caret pour dans l'ocasion les apareiller tout d'un moment, et fit aussy embosser le câble et la mesme chose au bord du sieur Moinerie, et nous restasmes plus de deux heures à nous entre observer de part et d'autre. Après quoy il paru une Seitie qui venoit du costé de Lisbonne ; nos ennemis la creurent être de notre nation et ils envoyèrent audevant leurs chaloupes et leurs canots, et le vent s'augmentoit. J'avertis La Moinerie de se préparer à me suivre et que j'alois faire couper mon câble et apareiller tout d'un coup pour nous tirer du péril où nous étions et tascher de primer nos ennemis à doubler le cap de Sacra, et qu'il fit comme nous pendant que leurs chaloupes estoient absentes et qui avoient une partye de leurs équipages, et nostre manœuvre fut en un instant exécutée et qui surpris fort nos ennemis, lesquels tirèrent chacun un coup de canon pour faire ramener leurs chaloupes, et le plus gros qui avoit 66 canons coupa son câble et mis soubs voile pour nous chasser sans atendre ces chaloupes, et véritablement nous atrapoit et creu en venir en action, mais Mr Fossard tira très à propos une pièce de canon du chasteau qui frapa dans l'avant du vaisseau ennemy et il s'aresta en mettant le vent sur ces voiles d'avant et nous entrasmes heureusement dans la bonne baye, et sans coup férir. Et un peu après le canot du gros navire sur lequel on avoit tiré vint avec un officier au pied du chasteau demander raison pourquoy on luy avoit tiré, et qu'on leur avoit tué deux hommes dont l'un étoit le premier lieutenant et avec deux estropiez. Le gouverneur respondit : « Tant pis pour vous, nous devons garder la neutralité. Pourquoy venez-vous sy proche troubler ceux qui cherchent asile ? J'en ferois autant aux François pour vos navires et n'ay autre satisfaction à vous faire. Retirés vous au plutôt. » Et ce qu'il firent. Le gouverneur me renvoya Mr Fossard et mes gens avec son fils âgé d'environ 24 à 25 ans, lequel ne manqua pas de bien faire valoir sa protection et me remercia du présent que je luy avoit fait et qu'il espéroit quelque chose de plus. Je luy dits que sy je débarque heureusement nos effets que je le gratifierois encore mieux, et comme nous n'étions eloignés que de 7 lieux de Faro pour y faire notre décharge, et que nos ennemis ne s'éloignoient de vue pour nous observer, je pris résolution d'envoyer par terre Mr Fossard advertir de toutes choses nos marchands auxquels nous estions adressés et les priois de me députer quelqu'uns portans ordres signés de tous pour pourvoir à ce que nous ferions pour l'advenir. Et le lendemain Mr Fossard revint avec deux des plus intéressés ayant les ordres des autres pour que j'eus à faire débarquer en lieu sec proche le rivage de Sacra tous les balots et qu'ils les feroient enlever par des barques qui estoient bonnes voilières et nous travaillasmes à tout débarquer pendant 2 jours, au bout desquels il se joignit trois autres vaisseaux avec les deux précédents qui après s'estre entretenus de ce qui s'estoit passé à notre subject le comandant m'envoya son canot avec un pavillon au mât d'avant et deux officiers soubs prétexte de demander qu'on leur permis de prendre des eaux pour toute l'escadre. Et le gouverneur leur dit qu'à deux lieux plus bas il leur étoit plus facile d'en prendre et sans troubler personne, cette démarche n'étoit que pour observer nos forces et ce que nous faisions. Et ils virent bien les balots que nous débarquions et lorsque le dit canot fut au bord du comandant il fit tirer un coup de canon comme un signal et déploya ses voiles faisant la routte pour donner dans la baie où nous étions croyant peut-estre que par la peur nous échourions nos frégattes en coste. J'envoyay Mr Fossard avec 6 bons canoniers au chasteau et fis disposer sur nos câbles nos frégattes pour la deffense. Mais l'escadre n'oza aprocher sous la portée des canons du dit chasteau et se tint à distance. Mrs de Faro nous envoyèrent des barques pour recevoir les balots ; l'escadre s'en aperceut et se doubtant bien que nous ne les ferions partir que nuitament, ils envoyoient leurs chaloupes armées proche de terre pour en surprendre, mais pendant qu'ils étoient retournés à leurs vaisseaux je fis porter deux canons de 4 livres de boulet sur le cap de l'Est opozé à celuy du chasteau qui forme la dite baye par où devoient passer nos barques. Je pozai 12 bons fusilliers avec deux canonniers et de distance à autre 6 fusilliers, en ayant adverty le gouverneur, crainte d'alarme et aussy les maitre des barques, et lorsque tout fut disposé je fis partir deux barques avec leur charge un peu plus d'une heure avant que le soleil couché. Les Anglois les aperceurent, ils envoyèrent cinq chaloupes armées après et les dites barques ne s'éloignoient pas de la terre et les Anglois ne se doubtant pas de nos embuscades n'ayant rien découvert la nuit précédente fonssoient sur nos 2 barques et ils receurent la décharge de 2 canons chargés à mitraille et la mousqueterie. Il y en eut 2 désemparées qui s'échouèrent à la coste avec dix hommes morts, et quelques blessés qui furent noyés, et 4 furent pris par nos gens, et les 4 autres retournèrent à leur bord rendre compte de ce qu'ils avoient trouvé, et le comandant fit signal à son escadre pour assembler conseil. Après quoy il envoya son canot avec pavillon au mats d'avant et un officier, lequel fit ces plaintes qu'on leur avoit bien massacré injustement de leurs gens qui étoient à la pesche proche de terre où il y avoit des officiers de la première qualité d'Angleterre et qu'ils en porteroient leurs plaintes en Cour de Portugal, et que tout au moins on leur envoya leurs chaloupes qui avoient échoué à leurs gens. Le gouverneur me pria d'aler chez luy et nous convinmes qu'il leur répondroit que, ayant eu bonne connoissance la nuit précédentes que leurs chaloupes étoient armées et non pour pescher et qu'ils vouloient enlever les barques et effets par conséquent frustré le Roy de ses droits, que je luy avois demandé la permission de précautionner aux inconvénients et qu'il me l'avoit permis, et ne s'est meslé d'autre chose, à joindre que leurs chaloupes échouées n'avoit aucun appareil pour prescher mais bien armée et qu'ayant eu le malheur de se trouver sous les coups elles étoient brisées par les rochers et pillées par les gens de la coste et les miens; quant aux 4 hommes qui ont échapé, qu'on leur aloit délivrer et que s'ils veulent les cadavres qu'on a découvert du sable qu'on leur délivrera et les débris du bateau. L'officier du canot reçeu les 4 hommes et fut rendre compte de sa gestion, et après ce petit rencontre je fis partir cinq autres barques chargées doubtant bien que les Anglois les laisseroient passer contents de ce qui leur venoient d'arriver. Et le gouverneur me dit que l'officier du canot pestoit comme un enragé contre moy disant que j'ay joué plusieurs tours et que s'ils m'attrapent ils me hacheront par pièces : ce sont les propres termes. Je luy dits : « Laissez aboyer les chiens. » La dite escadre gardoit toujours l'entrée de la baye, mais n'envoyèrent plus leurs chaloupes et nous envoyasmes le restant de nos balots à Faro, et fit retirer mes deux canons et mes gens et je pris de bons receus des députés de ma livraison et réglay pour le fret du total et passay mon ordre à Mr Allaire, consul de Faro, pour en recevoir les deniers pour en tenir compte à mes intéressés ainsy que Mr de la Moinerie pour les siens, et puis nous espalmasmes nos deux frégates pour nous échaper à quelques moments d'une nuit un peu obscure malgré l'observance de l'escadre de nos ennemis. Je devois suivre ma route pour Salé et Moinerie pour St-Malo ; j'envoyois le jour en découverte au plus haut lieu du cap de Sacra et au 22e d'aoust. sur le soir, on reconnut la dite escadre divisée et plus de 8 lieux au large, et la même nuit nous fismes force voile avec un bon vent de la terre cachant bien nos lumières et nous passasmes heureusement, dont il n'y eut qu'un qui nous aperceu et qui tira du canon pour appeler les autres. Mais au jour à paine on les voyoit du haut de nos mâts et je faisois faire notre route pour aprocher à l'ouvert de la baye de Cadix dans l'espérance d'y faire quelque prise. Et nous en sentant assez proche sur les 9 heures du soir je fis mettre à la cape jusqu'au jour que nous aperceumes trois navires qui avoient party de Cadix et qui venoient à notre rencontre voulant chercher le détroit de Gibraltar. Je fis arborer les pavillons anglois et eux aussy, et mon navire qui avoit esté construit en Angleterre ils me crurent estre de leur nation, et ils s'aprochèrent à bonne distance de nous particulièrement une frégatte galère de 20 canons qui n'étoit qu'à portée d'un fusil et sur laquelle je ne voulu faire tirer pour que les deux autres s'aprochassent : il y en avoit une de 36 canons et l'autre de 24. Je fis ouvrir notre batterie de bas pour leur donner la décharge et ils s'en aperceurent et prirent la fuite vent arrière, mettant toutes leurs mesmes voiles. Je ne faisois pas tirer crainte d'interrompre notre marche, et ils jetoient à la mer leurs chaloupes et mâts d'hune de rechange, et ils nous échapèrent et entrèrent en Gibraltar. Ils avoient bien du monde et beaucoup d'officiers en habits rouges galonnés. Je fus surpris de leurs lachetées d'avoir fuy étant trois contre nous seuls ; je repris la route pour me rendre à la rade de Saley pour y faire nostre négosse et y arrivasmes au 2ᵉ septembre 1696. J'envoyay Mʳ Fossard avec mon canot pour s'emboucher avec le consul de notre nation nommé le sʳ Gauttier, lesquels furent demander la permission au gouverneur du château de la Barre de négossier, ce qu'il accorda en payant les droits et un quintal de poudre et 12 pièces de toile de Bretagne pour luy. Et l'on nous envoya deux batteaux du pays pour débarquer nos marchandises, conduis par des Maures a cause de la barre qui est très périlleuse pour entrer et sortir le port. J'avois une partie de sacs de maniguette (1) qui est une graine noire et carrée plus violente que le poivre, et Mʳ le consul n'eut pas la précaution d'en faire quelque présent au Mufty et il fit prescher par les Marabouts des mosquées que cette drogue étoit contraire à la génération et que les chiens de crestiens leur en aportoient exprès, et il me fit renvoyer le tout dans mon navire et mesme la populace voulut maltraiter quelques uns de mes gens qui étoient à terre. Mon navire étoit trop grand pour entrer audedans de la barre et restions à la rade toujours en état de se mettre soubs les voiles au cas de mauvais temps ou qu'il y survint quelques navires de nos ennemis. Et le 6ᵉ de septembre, il nous aparu quatre navires qui venoient en rade, j'eus peur que ce ne fut de l'escadre qui m'avoit bloqué à Sacra. Je mis à la voile et lorsqu'ils eurent mouillé à la rade avec leurs pavillons de Portugal je fus rassuré et revint reprendre place où j'avois abandonné mon câble, et comme s'estoit vaisseaux du Roy de Portugal je les fis saluer par neuf coups de canon, et ils me rendirent le salut. Deux avoient chacun 66 canons et 2 frégattes de chacun 30. Le comandant nommé Dom Antonio de Gamache, m'envoya sa grande chaloupe armée d'une trentaine de fusilliers et un sergeant ayant une pertuisane et un pot de fer sur sa teste et un officier, lesquels s'étant aprochés à la voix de nous je fis mettre mes gens en armes, et leur criai de faire halte, et ce qu'ils vouloient. S'estant arestés, le

---

(1) Maniguette ou graine de Paradis. « A Sanguin, côte de la Guinée, dit un mémoire, on commence à traiter de la maniguette qui est une espèce de poivre. » Arch. de la Marine.

dit officier cria : « N'ayez pas de peur, je viens de la part de Dom et cœtera vous demander qui estes-vous et d'où vous venez et que venez-vous faire icy, et j'ay ordre de visiter votre navire, savoir sy vous n'apportez pas des poudres et des armes à nos ennemis les Maures. » Je luy dis : « Retirez-vous au plutots, et alez dire au sieur comandant qu'il n'a nul droit de visiter sur les vaisseaux du Roy très chrestien et que périray plutôt que de le souffrir, et que s'il m'y veut contraindre que j'iray l'aborder et mettray le feu au mien pour nous chauffer enssemble, et que s'il y a quelqu'autre chose à me demander qu'il m'envoye seulement son canot avec un officier raisonnable, que je conteray les raisons avec telle honnesté que l'on me rendra, mais que l'on ne m'envoie pas de chaloupe armée ny prendre d'autorités ». Ils s'en furent faire leurs rapports ; le comandant par des signaux fit venir les autres capitaines à son bord. Ils tinrent un conseil et nous les examinions qui faisoient de grands remuement pour se préparer à me combattre. J'en faisois autant et assurois à mes gens qu'ils n'en viendroient jamais à l'excès. Après avoir fait leurs préparatifs, il me fut envoyé un canot sans hommes armés et avec le mesme officier que j'avois parlé. Je le fus recevoir civilement au pied de l'échelle et le conduis dans ma chambre. Il remarqua que tout étoit bien disposé et les mèches alumées et des pots à feu et des grenades. Il fit un signe de croix puis il dit : « Quoy, vous voudriez en venir à ce point de périr plutots que d'obéir à la force. » Je luy dis : « La résolution en est prise plutots que de souffrir un affront pareil puisqu'on attente à l'honneur d'un aussy puissant Roy. Et que le comandant prenne bien garde que cela ne rejaillississe sur sa teste et que je suis très seur que ces ordres ne portent pas à une pareille offense et qu'il se souvienne de ce qui arriva en 1681 par deux de leurs vaisseaux devant leur place de Cascaye (1) qui voulurent faire saluer une de nos frégattes et de ce qui en ariva, et je n'atends que la première attaque. » Je luy présentai un verre de vin et saluai sa santé. Lorsqu'il eut beut à la mienne il me dit : « Du moins puisque vous ne voulez souffrir de visites abaissées

---

(1) Voyez page 110.

votre flamme, et cela apaisera nostre escadre et vivons en paix. »
Je luy dis : « J'ay comencé le salut, et sy j'avois creu que pareille
insulte n'eut esté proposée, j'aurois péry plutost que de le faire. »
Je luy offris une autre fois à boire et il me remercia et s'en retourna, et étant dans son canot il me dits : « Vous voulez donc
quon agisse en rigueur. » Je luy dits : « Cets l'honneur de mon
maistre et imprudence à M^r votre comandant. » Lorsqu'il est
rendu compte de notre conversation nous les aperceusmes se remettre en estat, de ne pas agir, et le canot revenoit à nous avec le
premier officier et le premier major de l'escadre qui parloit bon
françois, et étant sur mon pont où je le recevois il m'embrassa de
la part dn comandant et des autres capitaines, disant qu'ils avoient
une vraye estime pour moy et que nous vécussions en bons amis
et qu'ils estoient venus en cette rade pour empescher les corsaires
de Salé de sortir ny de rentrer dans leur port, et que sy je voulois
faire l'honneur au s^r comandant d'aller souper avec luy que je luy
ferais bien plaisir. Je fis mes humbles remerciements disant que
dans une rade il n'est pas permis à un capitaine de quitter son
bord.

Et sur l'après midy Mr Fossard m'envoya deux batteaux du
port pour prendre le reste des effets et en mesme occasion il
m'envoya plusieurs rafraichissements du pays savoir : un bœuf
coupé par quartiers et 6 moutons vifs, dont il y en avoit deux à six
cornes et quatre à quatre, deux sangliers frais tués, plusieurs douzaines de perdrix vives et des cailles et un bon nombre de tourterelles vives, et dont j'en mis bon nombre en des cages pour les engraisser, et quatre grands paniers de raisins blancs et des noirs ; et
j'envoyai une partie de toutes ces choses au comandant qui n'en pouvoit avoir à cause qu'il étoit pour leur faire la guerre. Et dans l'un des
bateaux étoit incognito l'admiral de Salé, nommé Benasche, qui
par curiosité voulu voir mon bâtiment qu'on luy avoit dit que je
l'avois pris en une heure sur les Anglois, et que celuy avec lequel
je l'avois pris n'avoit que 30 canons et luy 40 de montés, et il me
fit dire : « Vous pristes ces gens endormis. » Et il examina partout mon vaisseau, et je ne luy fit aucuns honneurs puisqu'il ne
vouloit estre reconneu. Et ayant débarqué mes effets destinés

pour Salé, m'estant resté la partie de maniquette, je me disposay dès le soir de mettre à la voille croyant les pouvoir aller vendre ou troquer à Saffy et d'un mesme temps faire la course environ un mois pour donner le temps à M{^{r}} Fossard de faire la négociation et pendant que je mettois soubs voile le comandant Portugais [m'envoya son canot avec le major qui me fit présent de 12 jambons de la Mega et 24 fromages du Lenteja; le major me demanda si je ne saluerois pas l'escadre, je luy répondis que c'étoit bien mon dessain et que j'espérois bien que l'on me rendroit coup pour coup, et il dit : « je vous'en assure », et nous nous embrassasmes, et peu après qu'il fut rendu à son bord je déployai les voiles et saluay de neuf coups qui me furent rendus.

Et je fis route pour Saffy où j'arrivay le 23{^{e}} à la rade où je trouvay un moyen navire soubs pavillon et commission de Suède quoyque Holandois; j'envoyai mon canot avec mon écrivain à terre avec une lettre que j'avois écrite à M{^{r}} Lenoir, commis étably au comptoir de M{^{r}} Thomas Legendre (1), de Rouen, lequel s{^{r}} Lenoir me manda que je pouvois luy envoyer ma partie de maniguette et qu'il me la troqueroit pour des cires en brut et j'en fis aussitôt charger 50 poches dans ma grande chaloupe avec 14 de mes hommes et mon écrivain, et dans cet interval le capitaine du Suédois fut dire au gouverneur de Saffy qu'il ne se croyoit pas en seureté que je ne l'enlevast avec son navire, et le gouverneur sans autres formalités donna ordre de s'emparer de ma chaloupe et équipage aussitots qu'elle arriveroit et ce qui fut exécuté avec cruauté et perfidie. Et il y avoit au bord du rivage plus de 200 maures qui les atendoient et sitots qu'elle en fut aprochée partye de ce peuple se mit à la nage et s'emparèrent de l'équipage les maltraitèrent rudement jusqu'à les mordre à belles dents et échouèrent tout haut ma chaloupe et menèrent tous mes 15 hommes dedans une matamore qui est un puits à sec, profond de 40 pieds et qui se ferme par une trape de fer et dont il faut descendre et monter par une échelle que l'on retire après s'en estre servi. J'atendois avec impatience le retour de ma chaloupe, et voyant

(1) Voyez page 87.

qu'elle retardoit j'envoyay mon canot avec un enseigne au bord du navire Suédois, et il nous apprit ce qui s'étoit passé sans avoir déclaré qu'il en estoit l'agresseur, et nous fusmes encore assés heureux qu'il nous rendit les services d'introduire mes lettres pour Mr Lenoir et de m'en apporter les réponses qui m'informoient de toutes choses et surtout de la prétendue captivité que le gouverneur vouloit faire de mes gens et de garder ma chaloupe. Et entr'autres il me donna advis d'écrire à Mr Gautier, notre consul, et à Mr Fossard à Salé pour qu'ils dépéchassent un courier avec remontrances à l'empereur de Maroc contre l'injustice et manque de bonne foy de ce gouverneur, et le s^r Lenoir envoya un exprès porter à Salé mes dépesches, et au bout de 10 jours les ordres de l'Empereur furent arivés qui portoient de me rendre mes hommes et ma chaloupe moyennant que je payats deux cents ducas et que la partye de maniguettes débarquées seroit jetée dans la mer étant contraires aux générations sur l'advis que je luy en avoit donné le Mufti de la ville de Saley. Et mes gens et chaloupe ne furent sitost arivées dans mon bord, qu'il survint au gouverneur un [contrordre portant de les arester et les envoyer à Miquenez ou étoit le dit empereur, mais il nest pas croyable de voir en un si peu de temps le changement de mes pauvres gens, qui la plupart avoient leur esprit très aliéné et leurs vues égarées et tous contrefaits de leurs visages, et eusmes bien des paines à les rétablir quoyque rien ne leur manquats. Je me retiray de ce mauvais pays le 9 octobre pour aller croiser vers les illes de Madère et Porto Santo, où je n'ay fait d'autre encontre que deux navires d'Alger auxquels je donnay chasse pendant six heures que j'en 'aprochay à la voix du plus grand qui avoit 36 canons et plus de trois cents hommes, je luy fits mettre sa chaloupe en mer et venir à mon bord m'aporter son passeport, et celuy qui me l'aporta étoit lieutenant et rénégat anglois. Et lorsqu'il fut retourné à son bord ils saluèrent notre pavillon de unze coups de canons et leur en rendis neuf, puis je repris ma route le long des costes de Barbarie, pour me rendre à Saley y recueillir nos effets que Mr Fossard y pouvoit avoir négossier, et arivay en la rade au 26 novembre, et y trouvay encore l'escadre portugoise qui devoit se retirer à cause de l'hiver. Et avant que d'en partir ils voulurent le lendemain de mon arrivée canonner la ville de Saley et ils n'y firent que brusler leurs poudres aux moineaux. Le vaisseau le *Saincte-Claire* s'estant aproché de la barre y pensa périr et toucha par plusieurs fois et par un bonheur tout extraordinaire, elle s'en retira et avoit 60 canons et plus de 300 hommes d'équipage. Mr Fossard m'envoya plusieurs bateaux avec des cires, du cuivre tangoul, des laines grasses et des cuirs en poil et des cuirs de chèvres et des amendes cassées.

Et dans l'un des bateaux il vint un Espagnol nommé Dom Antonio de Garcia qui étoit avec toute sa famille esclave de l'Empereur du Maroc, lequel l'avoit député pour venir au bord du comandant Portugais, affin qu'il emmena sur son vaisseau au Roy de Portugal afin de faire quelqu'échange de part et autre de plusieurs captifs des deux nations. Je le fis conduire par mon canot au bord du portugois qui le receut bien quoyque pauvrement habillé, et il pria le sieur comandant de diférer son départ de trois à quatre jours pour atendre les instructions de son ambassade, et le présent de l'Empereur pour le Roy de Portugal, lesquels présents estoient de deux chevaux barbes, un lion et un tigre et quatre autruches et six béliers à six cornes, le tout de très peu de valeur, à l'ordinaire des affriquains pour recevoir au quadruple.

Ce Dom Garcia revint à mon bord souper et coucher et m'entretint du comencement de son malheureux esclavage et de son épouse, et que son père étoit le lieutenant du Roy de la place de Larache coste d'Afrique et qu'elle fut subjuguée par les armes de Maroc, qui manqua au traité de la capitulation ayant permis de mettre en liberté et de renvoyer tous les prisonniers et au contraire il les rendit tous esclaves, et que son père en mourut de chagrin peu après et qu'après une rude servitude luy et sa femme fut affectionnées de l'Empereur qui les mit ensemble dans le grand jardin de Fez ou estoient des bains et un sérail, étoient posées concierge des bains et vivoient des fruits du jardin d'une vie assées paisible et puis de leur mariage est issu une fille puis un garçon et une autre fille, et que sa première fille ayant atteint l'âge de 15 ans, l'empereur la demanda à Dom Garcia pour son sérail. Dom Garcia luy répondit que Dieu l'avoit fait maistre de leurs personnes et non de leurs âmes et que l'enfant appartenoit à la mère, et le Roy luy dit : « Je t'ordonne de me l'envoyer dès ce soir à un tel bain. » Garcia tout affligé le fut dire à son épouse ; elle en tomba en faiblesse et lorsqu'elle en fut revenue elle dit à sa fille sy elle n'aimeroit pas mieux souffrir le martyr et mourir en la foy de Jésus-Christ plutots que de renier son Dieu et se faire mahométante. Elle dits : « Chère mère, tuez-moy plutots vous mesme avant que pareil malheur m'arrive, peut-estre ne serais-je maitresse de résister aux menaces ou tourments. » Et la mère qui estoit munie d'un gros canif coupa et tailla en divers endroits le visage de sa fille, en luy disant : « Soufre pour Jésus-Christ. » Et la pauvre fille sans se plaindre ny crier disoit : « Encore, ma chère mère », par plusieurs fois, et elle fut toute défigurée. Ce qu'ayant seu l'Empereur, il fit donner cent coups de bâton sur la plante des pieds à Dom Antonio et deux cents coups sur le ventre de la mère, dont elle expira soubs les coups, et que sa fille cadette qui prenoit dix années leur fut ostée et mise au sérail et mourut de chagrain peu de jours après y estre enfermée, et que six mois après ces malheurs, le Roy le reprit en amitié et luy redonna sa première office dans le jardin et luy permis d'élever son fils avec les missionnaires servant d'interprettes, et que c'étoit pour la troisiesme fois qu'il le députoit pour traiter des échanges d'esclave : effectivement ce s^r Garcia étoit homme d'esprit et bien prudent. Et le lendemain par un bateau qui nous vint, il retourna à terre recevoir ses dépêches et trois jours après l'escadre partit avec luy et les présents.

Les temps devenoient fascheux et les bateaux ne pouvoient plus sortir sans risquer cors et biens. J'écrivis une lettre à Mr Fossard de faire en sorte de m'envoyer le restant de nos effects s'il le peut, et que nous courions de grands risques de perdre la vie et biens sy pas tempestes nos câbles ou ancres nous manquent ou que ceux qui échaperoient à la coste seroient esclave, et il trouva les moyens de m'envoyer sa responce pour lequel il me marquoit n'avoir plus qu'une barque de marchandizes à m'envoyer et qu'il serait impossible de le faire avant huit jours qui seroit nouvelle lune, temps où la barre est la plus agitée, et que luy ni l'homme que je luy avois donné pour le servir ne pouroient se hasarder de s'embarquer

Et le 28 décembre par un rude coup de vent de sud-ouest notre maistre câble se rompit et nous mismes promptement soubs les voiles pour nous échaper de la coste, et puis nous poussasmes pour entrer au détroit de Gibraltar afin de nous rendre à Marseille pour y débarquer nos marchandizes, et arrivasmes en rade au 20e de janvier 1697, où nous eusmes ordre de M^r de la santé de nous placer dans la baye de l'ille de Pomégué (1) pour y faire la quarantaine à cause des effets venant de Barbarie que nous envoyasmes par bateaux au lazaret pour y estre éventés, et lorsque nous avions quelques besoins nous mettions un pavillon au bout de la pointe de l'île, on nous envoyoit un bateau et nous luy donnions une lettre trempée au vinaigre et nous raportoit sur la mesme pointe ce que nous avions demandé, et après les quarante jours on nous demanda de venir à la chaisne à l'entrée du port et en présence de Mr de la Santé, le médecin et chirurgien nous examinèrent tous et ensuite ou nous enfuma et le navire, et on nous permis d'entrer dans le port. Je disposay à faire caresner notre navire et à le ravitailler pour faire la course en faisant notre retour vers le Ponnant. Et il se fit une sédition dans mon équipage qui fut suscitée par un nommé Le Désert. Ils jetoient les plats et les gamelles plaines de vivres dans le port. Je demanday d'où cela provenoit. Le Désert qui étoit contre-maître prit la parole et dits : « Nous ne prétendons point travailler à moins que vous ne nous payez ce qui est deubs jusqu'à présent et que vous nous payez encore trois mois en advance de partir d'icy. » Je dits qu'il n'étoit pas besoin de venir à l'extrémité de jetter les gamelles plaines et que l'admirauté étoit pour rendre justice sur l'engagement de la charte-partie. » Et il fut ordonné que je payerois ce qui étoit deub des advances étant continuation du voyage. Le dit Désert sur le souper recommença la mutinerie jetant en mer une gamelle plaine, et je le frappé d'une corde et luy fit mettre les fers aux pieds dans la proüe du vaisseau, et le matin je portay mes plaintes à Mr de Montmaur (2) pour lors intendant de

---

(1) Petite île de France (Bouches-du-Rhône) dans la Méditerranée, à 8 kil. de Marseille. Les navires qui arrivent d'Afrique et du Levant y font quarantaine.
(2) Hubert de Fargis de Montmort (Jean-Louis), conseiller au Châtelet de Paris, intendant au Havre, 1684 ; intendant général des galères, 1688 ; conseiller honoraire au parlement d'Aix, 1690 ; intendant des armées navales, 1710. Décédé le 6 décembre 1720

police et de gallères, et il députta Mʳ Lemonnier, lieutenant du port, pour venir à mon bord faire les informations afin de rendre compte du subject de la mutinerie, ce qui fut fait avec exactitude et en porta le reffect à Monsieur l'intendant, lequel envoya deux sergents des galères pour y conduire Le Désert qui étoient de sa caballe, et furent tous mis à la chaisne avec chacun un forçat dans la Réalle (1), et on leur coupa les cheveux. Ils se creurent perdus entièrement et ils employèrent des personnes charitables pour me prier de commisération et m'écrivoient des lettres pitoyables, ce qui m'engagea d'aler prier Mʳ l'intendant d'acorder leurs grasces. Et il me dits : « Lorsque vous serez prets de mettre soubs les voiles, je les feray rendre à votre bord. » Et ont esté plus de trois semaines en cet état.

(1) Nom que dans l'escadre des galères, on donnait à la galère destinée à porter le Roi, les Princes, l'Amiral de France ou en leur absence le général des galères. Le musée du Louvre possède un fort beau modèle de la Réale de France. *Gloss. naut.*

CHAPITRE IX

Croisières sur les côtes d'Afrique. — Relâche à Lisbonne. — Doublet est pris par les Anglais. — Retour à Saint-Malo et à Honfleur. — Voyages à Terre-Neuve. — Voyage à Saint-Domingue. — Historiette du Sr Gotreau. qui pesait les sacs à procès. — Tempête. — Retour à Saint-Nazaire. — Voyage à Paris. — Doublet prend le ccmmandement de quatre vaisseaux de Compagnie. —

Le 9e avril je sorty du port de Marseille ; l'on me renvoya mes cinq mutins et Le Désert étoit attaqué de fièvre; il étoit naturellement mal souffrant et en avoit souvent contre les uns et autres qui luy disoient ne vouloir pas faire comparaison avec un galérien, il s'en chagrina et mourut, un mois après estre rembarqué à mon bord. Je fus détenu près d'un mois à la rade de Dome par vents contraires et pris la mer au 12 may j'ay croisé depuis aux costes d'Affrique et celles d'Espagne sans autre rencontre que des corssaires d'Alger avec lesquels nous étions en paix et qui nous évitoient de nous parler. Et étant pour sortir le détroit, m'étant approché de Senta et du camp des Maures, l'on m'envoya plusieurs bombes dont une surpasssa pardessus nos mâts, et je fits prendre au large et il étoit le 6e juin quand je sorty le détroit sans rien trouver. Je fits les routes de m'aprocher de Cadix et les costes D'Algarves jusqu'au travers de Lisbonne que je prits un flûton anglois de 150 thonneaux de port n'ayant que du sable pour l'est. Je le conduits à Lisbonne pour y espalmer le navire et y remettre des vivres, et vendits ma prise pour 2.700 croisades dont je paya les frais de ma relasche, et partis le 16 aoust. Je prits la mer à 60 et 70 lieux au large des caps jusqu'à l'entrée de notre Manche sans rencontre et nous aprochâmes aux costes d'Angleterre entre les Sorlingues et le cap Lézard au 4e de septembre, et le neufviesme nous aperceusmes un navire sur lequel nous chassions, et il nous fit nos signaux et auxquels uous fismes réponsce et nous nous joignismes, et nous parlasmes. C'étoit aussy un Garde coste Anglois de 36 canons, que le Sr Belière-le-Fer avoit pris et donné à commander au S^r De la Rüe, et nous convinsmes de croiser quelques jours par enssemble et n'ayant pas eu plus de bonheur dans les rencontres que nous, et après sept jours de notre jonction nous apperceusmes 2 navires proche de Lézard, et comme nous allions pour les reconnoistre ils nous prévindrent en donnant eux-mêmes vers nous. Je criay à M^r De laRüe que c'étoit deux gardes costes ennemis et ils dits : « ce peut estre aussy des marchands », et ne se mit en peine de fuir que trop tard. Mes officiers et équipage en murmuroient. Je leur dits : « Quoy faire ? si ce jeune homme est pris il publiera que je l'ay abandonné, et s'il en échape il dira que c'étoit deux forts navires marchands et quétant luy seul n'osoit les ataquer il est allié des plus puissants de St-Malo, il nous tirera l'honneur et le crédit, et il vaut mieux se battre en braves. » Cependant pour l'engager à fuir je le faisois moi-même, mais il n'en étoit plus tems et les Anglois marchoient mieux que nous. Le plus gros qui avoit 66 canons m'atrapa à portée de son canon et il ne m'entira qu'un seul dont je ne fits aucun cas, et il poursuivit le S^r De Larüe. Voyant son camarade venir sur moy je dits : « M^{rs}, celuy qui nous poursuit n'est pas aussy fort que nous laissons encore dépasser le gros et puis nous mesmes yrons d'emblée aborder celuy qui nous chasse, et nous l'étourdirons et le prendrons à coup seur avant qne l'autre puis revenir sur nous, et disposons-nous, bien. » Et j'ordonnay de serrer toutes nos menues voilles pour revirer sur luy, et dans ce moment mon grand mât rompit à l'uny du tillac, emporta avec luy le mât d'artimon et tomba sur le mat de missenne et le cassa et le tout tomba à la mer. Nostre pont estoit couvert de nos voilles, notre navire vint le costé au travers sans pouvoir gouverner, et nos canons que nous avions désaisis passoient d'un bord à l'autre par les grands roulie de notre vaisseau Aucun homme n'osoit se présenter crainte d'estre écrasées, et nous fusmes pris sans pouvoir combattre contre une frégatte qui n'avoit que 32 canons nomée le *Rie*, et Mr de la Rüe en fuyant avec des coups de retraite fut aussy pris par le *Cantorbéry* de 66 canons, et ils nous conduirent tous les deux à Pleimuts où nous fusmes emprisonnés le 18 septembre 1697 nous achevasmes de remplir la prison, où nous fusmes très étroitement logées à 3 et 4 officiers sur des méchants lits ; quant aux aliments nous les faisions achepter dans la ville et l'on nous les survendoit plus de la moittiée et estions fort observées par deux corps de garde, et au mois de décembre l'on dépescha un paquebot avec 200 de nos prisonniers pour les porter à Sainct-Malo et faire un échange pour des Anglois. Mrs de Ferville et Cochard avec leurs officiers de la marine furent renvoyées avec leurs équipages en partie, et deux jours ensuitte on dépescha un autre paquebot avec 200 autres prisonniers et les officiers dont partie avoit esté pris depuis nous. J'en fis mes plaintes à M^{rs} les commissaires de leur injustice que de renvoyer ceux depuis nous et ils me dirent : Nous renvoyons la plus part de vos équipages et nous avons ordre de vous garder jusqu'à ce que l'on nous renvoie un ambassadeur qui aloit en Suède et que les Dunkerquois ont pris. » je dits : « Cela n'a pas relation d'avec les malouins. — Pourquoy ne déteniez-vous plustots que moy les officiers de la marine ? » Et ils me dirent : « Ils n'ont pas esté sy bien recommandées que vous l'estes ; ils ne nous ne sont pas sy connus ; ils n'ont pas enlevé de navire dans ce port et ils n'ont pas esté sy bons marchands en Ecosse et ils ne sont pas réclamés de M^r De Pontchartrain comme vous l'estes. Tenez, en voilà une lettre ; consolées vous et prenez patience il en partira encore d'autres avant vous. » Et sur un placet que je fits présenter à la Reine, il me fut accordé permission d'aler à la ville et une lieux en dehors soubs l'escorte de deux soldats qui tous les soirs me reconduiront à la prison. J'ay eu cette satisfaction pendant un temps et avec grands frais de dépences. L'on dépescha encore deux autres paquebots sans me permettre de m'y embarquer, et à la fin de l'an 1697 l'on me permit de m'embarquer au dernier paquebot que la paix fut déclarée.

Etant de retour à Sainct-Malo, me trouvant démonté de navires et ne sachant quoy entreprendre, je proposay à mon épouze de venir à mon pays natal y voir ma mère et mes parents, et que j'avois un peu de bien dont je n'avois rien receu en considération de ma chère

Mère, et qu'il étoit bon de vois à nos petites affaires. Et nous entreprismes avec une chaize ce voyage. Nous fusmes bien reçus de tous nos amis, desquels une partie me proposèrent que sy je voulois me tabler que nous ferions une petite société d'achepter un navire pour entreprendre de faire la pesche des morues au sec, à la coste du Canada, pour les apporter à Honfleur où il s'en étoit fait de grands débits au temps passé, et que nous ne serions que deux navires du pays à faire ce commerce. J'acceptay ces propositions et reconduits mon épouze à Sainct-Malo affin de disposer à nos affaires pendant que j'yrois à Dunkerque ou Hollande achepter un navire, et que lorsque je l'aurois a conduit à Honfleur j'yrois la prendre avec deux enfants que nous avions (1) affin de nous établir au dit Honfleur. Je trouvay à Dunkerque un navire de 300 thonneaux et 16 canons qui me parut convenable pour notre entreprise. Je l'acheptay et l'équipay simplement pour l'a conduire au dit Honfleur et pour y faire le nécessaire pour notre entreprise comme des grandes barques et chaloupes, et après quoy je fus pour a conduire mon épouse et nos deux enfants et affrettay une barque pour aller m'apporter nos meubles, le tout arriva heureusement. Et au commencement de mars 1698 je party pour le voyage du Canada, et après que j'aurois pris du sel à Sainct-Martin de Rey d'où je partis sur la fin d'avril, et après cinq semaines de traversée ayant dépassé le grand banc à vert nous trouvasmes devant nous un enchainement de glaces qui m'empeschoient ma route. Je parcourus plus de cent lieux sans en trouver le bout, et nous apperçumes une ouverture entre deux hautes montagnes de glace qui nous fit croire qu'elles estoient divisées et creusmes y trouver nostre passage et donnasmes dedans jusqu'à 15 et 16 lieux, que nous y rencontrasmes un petit navire de Grandville qui faisoit la route pour en sortir, lequel nous apprits quil n'y avoit pas de sortye et nous retournasmes fort à propos sur nos pas, car le lieu où nous avions entré se fermoit, et en arrière la brume survint fort épaisse et l'avons creu enfermé, et après que nous fusmes échapés nous fismes la route pour approcher la terre du Cap Breton et dont nous eumes la con-

(1) Nous connaissons trois enfants de Doublet, Jeanne-Rose, née à Saint-Malo vers la fin de 1693 ; Marie-Magdeleine, baptisée à Honfleur le 27 août 1699 ; Françoise-Louise-Marguerite, baptisée dans la même ville le 10 février 1704.

noissance au lendemain matin, mais nous y trouvasmes encore un grand banc de glace qui nous baroit le chemin de notre route, et nous arrivasmes courant au sud le long du dit banc, et en attrapasmes le bout, et nous aprochasmes de la dite terre, où nous aperceusmes à trois lieux au large un navire que nous croyons estre de Granville et nous luy parlasmes. Il étoit de la Rochelle, nommé le capitaine Thomas, qui nous dit avoir party de la Rochelle le 3ᵉ février et qu'ayant fait la route jusqu'au 16 mars, il avoit rencontré les mesmes glaces que nous qui l'avoient empeché de passer plus outre pendant sept semaines et que par les grandes froidures qu'ils ont ressenty ils avoient consomé tout leur bois à feu jusqu'à avoir décloué les planches du dedans de leurs bords et mesme ont été contrainct de brusler des bariques et tous leurs mâts et les vergues de leurs perroquets. Je leurs dits que sy avant la nuit nous pouvions mouiller l'ancre dans la baye qui paroissoit devant nous, qu'il m'envoyroit sa chaloupe et je l'en assisterois, mais que nous n'avons pas ce temps à perdre pour y attraper, le vent nous favorisa et nous donnasmes à l'ancre tous les deux dans la dite baye sur les 3 heures du soir, et la reconnusmes pour la baye de Ste-Anne, et il envoya aussitot à terre deux chaloupes pour prendre du bois et je me fis porter à terre par curiosité de voir ce pays où à ma dessente je ramassey sur le rivage plusieurs morceaux de charbon de terrre, qui me fit conjecturer qu'il y avoit aux environs une mine de ce charbon, Sur la nuit je me rendis à mon bord et le lendemain j'envoyai un de mes officiers représenter au capitaine Thomas que les glaces étoient desendus par les courants vis à vis de l'ouverture de la baye et que nous ne pourrions sortir qu'après qu'elles seroient dépassées, et que s'il vouloit d'intelligence, que je luy donnerois un homme et qu'il m'en donnat, un des siens afin qu'au cas de notre séparation le premier arrivé à L'ille Percée, lieu de nos destinations, l'on prendroit possession d'une des meilleures places pour l'arrivée du navire et il y consentit. Et voyant que nous ne pouvions sortir, je fis embarquer des provisions dans une de mes chaloupes et me fis conduire au haut de la dite baye on donnoit une rivière afin d'y faire quelque découverte et avant de partir j'avois donné mes ordres que, au cas qu'il y eut apparence de pouvoir partir de tirer un coup de canon pour m'appeler, et j'avancey près de quatre lieux dans cette rivière, où nous voyons de temps à autre plusieurs ours et je vis une futaye d'ormes prodigieux dont un que le vent avoit abattu avoit 65 pieds de long portant à cette longueur 14 pouces de largeur et au pied trois pieds et 10 pouces de diamètre, et il y en avoit quantité. Il survint un brouillard qui m'empescha de pénétrer plus avant, et comme je retournois à bord sur les 3 heures j'entendis un coup de canon et ne savois que présumer voyant qu'il ne faisoit pas bon d'appareiller tant par les glaces et que la nuit survenoit. J'arrivay à mon bord sur les six heures, où j'appris que le capitaine Thomas avoit dans le brouillard appareillé sans envoyer son homme, ny advertir pourquoy. Je dits : « Voilà un fourbe qui croit arriver le premier et il se trompe et se met dans un grand hazard. » Le brouillard fut extrême et jugey très à propos de ne pas bouger, et sur une heure après après minuit nous entendions souvent des coups de canons de ce navire que nous creusmes bien avoir esté transporté dans les glaces, mais d'une aussy grande obscurité où le pouvoir trouver? et mettre mes gens au péril. Et à 3 heures nous n'entendismes plus les canons, et sur le jour il tomba une grande pluye, et nous restasmes à notre place. Le lendemain il fit beau clair et du haut de nos mats onne voyoit plus de glaces, et nous appareillasmes et rangions la terre à portée d'un moyen canon, et nous retrouvasmes d'autres glaces après avoir fait 8 lieux de chemin, où nous trouvasmes une autre petite baye où je fits mouiller l'ancre. Je dessendis au fond de la dite baye nommée Niganich; on trouva le débris d'une carcasse d'un navire perdu; je fus sur une petite isle où je trouvay huipt chaloupes sur le terrain qui en les accomodant pouvoient servir pour faire la pesche et, voyant la saison un peu avancée et l'obstacle des glaces, je proposay à mon équipage de nous tenir en ce lieu pour y faire nostre pesche. Ils répondirent qu'ils le vouloient bien, et je dits qu'il en falloit dresser un procès-verbal que nous signerions tous l'ayant jugé utile pour le bien commun des intéressés et de l'équipage qui étoit engagé au tiers du provenu de la pesche, et ils refusèrent de signer, et pendant 4 jours que nous restasmes je leur fits couper des bois pour les préparatifs de la pesche, et les glaces ayant disparu nous mismes à la voille. Je fis passer notre navire entre l'isle de St-Paul et le cap St-Laurent, et ensuitte passey entre les isles Brion et la Madelaine, lieux si peu fréquentés que tous mes officiers disoient que s'ils avoient cent navires il n'y en risqueroit pas un, et nous passames sans accident, et au 24 juin feste de St-Jean, nous arrivasmes à l'isle Percée tout le premier et travaillasmes d'une grande diligence à nous cabaner et acomoder nos barques et chaloupes que nous avions portés par pièces numérotées, et au premier de juillet on commença notre pescherie, et sur la fin de septembre elle fut achevée ayant notre charge. Il y eut quatre de nos gens qui voulurent bien rester à hiverner avec un pauvre habitant qui avoit sa femme. Je leur fit faire un bon logement par des doubles rangs de pieux, entre les deux de bons gasons, et fut couverte de planche, et y reportasmes leurs vivres et toutes choses à servir à la pesche pour l'année ensuivant qu'il avoit fallu porter et rapporter et nous partimes au 4 octobre.

Et arrivasmes à Honfleur au 20 de novembre, et comme il n'y avoit qu'un moyen navire qui avoit fait la mesme pesche avec nous, nos morues furent assés avantageusement vendues. Mais l'envie qui ne meurt jamais fit entreprendre à d'autres particuliers d'équiper encore deux autres navires pour nostre mesme dessein et furent avec nous à l'Isle Percée et arrivèrent tous les quatre à bon port, et par la quantité des morues la vente s'en fit à bien moindre prix, et mesme il en resta bonne partie à vendre, et l'année 1700 ce fut encor pis et qui causa bien des pertes. A ce dernier voyage (1) une de mes chaloupes m'advertit avoir veu une grosse baleine morte et échouée près du cap enragé à deux lieux d'où nous étione établis. Je my fis porter et mesuray sa longueur qui portoit cent six pieds de long sans y comprendre la queue qui en avoit bien encore quinze ; j'en fits couper plusieurs grands morceaux de lard et les portay à fondre dedans nos plus grandes chaudières, et en emplis deux bariques d'huile ; j'y renvoyay deux chaloupes pour en rapporter, et la mer avait enlevé le reste du cadavre. Voyant la perte que nous faisions sur les deux derniers voya-

---

(1) Doublet veut dire son avant-dernier voyage à Terre-Neuve, car au mois de décembre 1701 il entrait dans le port de Honfleur avec le navire le *Repos de la Patrie* qu'il commandait. Il rapatria alors un sieur Pierre Remy, ancien habitant de l'île Percée, qu'il avait trouvé dans cette ile abandonné sans vivres et sans asile. Reg. de l'amirauté.

ges notre société ainsy qu'une des autres se rebutèrent, et il n'y eut que deux navires qui retournèrent ; le nôtre avec l'autre demeurèrent au fossé. Et la guerre survint au sujet de M^r le duc d'Anjou, les Anglois prirent ceux qui étoient à l'isle Percée et brulèrent toutes nos barques et ustensils et mon magasin. Il survint un différent entre deux ou trois de mes intéressés qui vouloient envoyer notre navire charger à fret du sel pour les gabelles. Les autres s'y opposèrent en voyant que je ne voulois plus le comander ; on adjusta les comptes où il y eut une contestation de trois livres dix sols dont ils eurent un procès qui a conté plus de mil livres en fraix et le navire demeura au fossé à dépérir, et à la fin il fut vendu par justice dont on a pas retiré cinq mil livres de ce qui en avoit cousté cinquante deux mil.

1702. Et pendant leurs brouils il vint à notre ville un espagnol nommé Dom Bartolomé Ramos, qui ne sachant notre langue s'informa si quelqu'un savoit la sienne et le maître de son auberge me l'amena, et cet espagnol me raconta son désastre (1), que s'estant embarqué sur un de leurs navires avec peu de force, luy et plusieurs de sa nation partant de Portobello pour se rendre à Carthagesme, ils furent rencontrés d'un forban qui les pilla toutes leurs richesses et que luy dit Ramos y perdit à sa part un peu plus de quarante mil piastres dont il en avoit gardé les connoissements, et que ayant appris le nom du capitaine forban et sachant qu'il avoit esté désarmé et débarqué tout le butin au Petit-Goave, Ille de Sainct-Domingue, et sachant que nous étions en bonne paix avec l'Espagne par le Duc d'Anjou qui y feut receu pour Roy, le dit Ramos étant muni de bonnes attestations du vol qui luy fut fait, trouva les moyens de se faire aporter à Saint-Domingue pour réclamer ce qu'on luy avoit volé, porta des plaintes au commandant pour lors deux lieutenants du Roy : Galifet (2) pour le

---

(1) Le récit qui suit est confirmé par plusieurs actes des reg. de l'amirauté de Honfleur (2 et 3 décembre 1701). Un espagnol arrivé dans ce port sur le navire du capitaine Jacques Gaspard et ayant pris Doublet pour interprète exposa devant les officiers de l'amirauté qu'un capitaine Delaunay, commandant le navire l'*Europe* « dont il se servoit en qualité de forban », avait capturé et pillé, à la côte de St-Domingue, le navire sur lequel il était embarqué. N'ayant pu obtenir justice auprès du gouverneur, l'espagnol venait en France s'adresser au Roi.

(2) M. de Galiffet, gouverneur de Sainte-Croix et du Cap prit l'intérim et le titre de com-

département de Leogane et Mr Du Paty (1) au Petit Goüave, ils contrefirent les faschées et qu'ils aloient faire justice, et au lieu de faire avertir les forbans ils les firent évader dans d'autres quartiers. Et le dit Ramos ayant appris et reconnoissant que l'on le jouoit prit la résolution de passer en France pour faire ses remontrances à la cour par l'ambassadeur d'Espagne qui luy obtint un ordre du Roy qui en joignoit aux deux susdits deux lieutenants de faire rendre au dit Ramos ou à son comettant l'entière somme et de faire punir les forbants à peine de répondre à leur privé nom. Le Sr Ramos vint me trouver et me prier de passer avec luy à Sainct-Domingue et qu'il me donneroit le quart de ce qui luy seroit rendu croyant la chose très seure avec de sy bonnes ordres, et il me fit consentir d'aller avec luy. Et étant disposés d'aler à Nantes trouver le passage il survint des lettres au dit Ramos de sa femme et de sa famille, qui le demandoient à San-Lucar de Barameda pour affaire qui luy estoient de plus de conséquence, ce qu'il me fit voir et me pria instamment d'aller à cette poursuitte et qu'il m'en céderoit le tiers veu qu'il n'étoit pas en état de me rien advancer.

J'entrepris le voïage à mes fraix; je fus à Nantes où je trouvay un navire prêt à partir, et en 6 semaines je débarqué au Leogane et délivray le paquet de la cour à Mr de Galifet, qui l'ayant leu me regarda et me traita de mauvaises paroles et bien colère en me menaçant de me mettre dans un cachot dont on n'entendroit pas de nouvelles. Je luy répondis : « Monsieur, je n'ay ouy dire à personne qu'un porteur d'ordre du Roy fut maltraité et vous estes trop sage pour le faire. » Et il changea de ton, et pour toutes conclusions je n'obtins rien en huit mois de poursuite au conseil de Sainct-Domingue lesquels s'entendoient comme larons en foire. Et peu après que je fus arrivé il survint un religieux Augustin qui

---

mandant en chef, attendu le départ de M. Ducasse pour la France.
M. Du Paty, lieutenant du roi, commandant la partie de l'ouest y rendait les ordonnances pendant cet intérim.

(1) Garde-marine, capitaine et major à St-Domingne de 1694 à 1697. Fait lieutenant de roi dans la même colonie le 3 février 1699. Chevalier de Saint-Louis le 23 mars 1706. Gouverneur au Petit-Goave le 25 mars 1713; à St-Louis le 19 novembre 1700 Lieutenant de roi au gouvernement général le 7 septembre 1723. Mort en passant en France sur le *Paon* le 17 octobre 1723.

fit jonction avec moy s'étant trouvé avec le Sr Ramos lors du dit forbant, le dit Religieux prouvant avoir esté pillé de plus de soixante mil livres piastres, et il fut joué comme moy, et nous cherchons repasser ensemble en France et j'avois dépensé inutilement bien de l'argent. Et Mr Morville (1), lieutenant de vaisseau, comandoit une grande flutte du Roy nomée la *Gironde* ayant 40 canons, et il s'apprêtoit pour partir et me promis et au Religieux notre passage gratis, et je fis embarquer une partie de mes hardes et provisions au bord. Et en même temps il parut cinq vaisseaux le travers de la Gonave qui est une isle inhabitée à 4 lieux de Leogane où notre navire étoit devant la petite rivière, et lorsque nous reconnusmes les pavillons anglois M^r De Morville jugea à propos pour sauver son navire de tascher de le faire entrer dans le grand cul de sac, et nous fismes nos diligences; mais à l'entrée le vent nous manqua et voyant que nos ennemis s'approchoient nous mismes nos chaloupes en avant pour nous attirer à terre et échouer pour ne pas nous laisser enlever. (2) Nous échouasmes proche des mangliers qui sont des tissus d'arbres entrelassés qu'à peine les hommes y peuvent passer, et nos ennemis voyant notre manœuvre nous cannonnèrent fortement, tirant dans nos mastures pour favoriser et ne pas endommager deux brigantins et leurs chaloupes qu'ils avoient envoyées armées pour nous enlever. Je dis à Mr de Morville qu'il falloit faire percer quelques trous dans notre calle pour y faire entrer l'eau et de ne permettre à l'équipage de se débarquer affin de deffendre l'abordage des brigandins et des chaloupes. Nous les rebutasmes par plusieurs décharges de notre mousqueterie, mais ils envoyèrent deux frégattes légères de 24 à 30 canons qui ne tiroient pas tant d'eau que nous et qui ne venoient pour nous aborder et auroient enlevé nostre vaisseau, ce qui nous engagea d'y met-

---

(1) Bidé de Maurville, fait capitaine de flûte le 1er janvier 1696, capitaine de brulôt en 1703. Il mourut sur le *Magnifique* le 18 octobre 1704.

(2) L'*Histoire navale d'Angleterre*, t. III, p. 278, fait mention de ce fait : « Il (l'amiral de Benlow) poursuivit un vaisseau de guerre du port de cinquante canons, mais qui n'étoit monté que de quarante, lequel gagna le rivage et y échoua.

Nous croyons qu'il existe de nouveau dans le passage qui suit une erreur de date. Les faits dont parle Doublet ainsi que son voyage aux Antilles se rapportent à l'année 1702.

tre le feu à trois différents endroits, et nous nous sauvasmes à terre simplement qu'avec ce que nous avions sur notre corps, et le tout fut conssomé par le feu, et de dépit nos ennemis cannonnèrent le bourg de la Petite Rivière et ceux de l'Ester et du Petit Goave sans nous faire que très peu de domage, et un seul homme fut tué et un qui eut une jambe emportée et nous n'avons pu savoir ce que nous leur avons fait par nos canons. Nous aprismes seulement que c'étoit l'admiral Benbou (1) qui comandoit une escadre et qu'ils cherchoient Mr Ducasse (2) qui comandoit une de nos escadres, (3) enfin nous nous trouvions presque dépourvus de nos commodités et privés de repasser sitost que nous l'espérions en France. Et plusieurs riches habitants s'efforçoient à qui nous auroit chez eux et de nous bien traiter entr'autres un M^r Le Maire, originaire de Dieppe, et le gendre de son épouse procureur général du conseil, nomé Me Duquesnot. Et un nomé Gottreau de la Rochelle n'étant qu'un tonnelier de profession sans savoir ny A ny B., avoit hérité d'une belle succession avec une belle terre et sucrerie et plus de 50 neigres travaillants et vivoit honorablement, Et par amys il obtint une charge de consseiller qui l'anoblit, et M^{rs} ses confrères l'ayant receu et enregistré ses provisions luy défférèrent de rendre un raport sur un procès qui étoit assées d'importance que l'on creut bien estre lui estre donné par dérizion. Il n'y avoit ny procureur ny advocats pour se conssulter. Il me vint chercher avec mon Religieux dans

---

(1) John Benlow, amiral anglais, né vers 1650, mort le 4 novembre 1702. Il est surtout connu par le bombardement de Saint-Malo, en 1693, où il faisait fonctionner une machine infernale, par ses croisières devant Dunkerque qu'il était chargé de bloquer et par son combat entre Ste-Marthe et Carthagène des Indes en 1702, contre l'escadre française commandée par Ducasse.

(2) Jean-Baptiste Ducasse, né dans le Béarn en 1650. Lieutenant de vaisseau le 15 mars 1686; capitaine de frégate le 1er novembre 1689 ; gouverneur à Saint-Domingne le 1er juin 1691 ; capitaine de vaisseau le 1er janvier 1693, chef d'escadre le 20 juillet 1701 et lieutenant général des armées navales le 27 décembre 1707. Mort à Bourbon le 25 juin 1715.

(3) En effet, les deux escadres se cherchaient. Elles se rencontrèrent entre Ste-Marthe et Carthagène des Indes (côte de Vénézuéla). Ducasse qui n'avait que 4 vaisseaux livra aux Anglais cinq combats les plus longs et les plus terribles dont les annales maritimes aient gardé la mémoire (30 août 7 septembre 1702). Dans le dernier, il attaqua lui-même le vaisseau de Benlow qui fut gravement blessé. Presque tous les vaisseaux anglais furent mirent hors de combat. Ducasse continua sa route et arriva à Carthagène le 15 septembre.
— D'Hamecourt, p. 686.

son carosse, nous disant que nous luy fissions l'honneur de passer quelques jours avec luy, et nous emena. Le premier jour il ne me parla de rien ; et le landemain, au lever, il me fit apporter par un jeune commis qu'il avoit à à gages deux sacs de papiers du procès qu'il avoit à rapporter et débuta : « Vous qui estes de Normandie debvez estre au fait des affaires ; je vous prie de m'aider. » Je luy dits : « Je n'y suis pas plus savant que vous ; j'ay esté en mer dès ma tendre jeunesse et ne me suis attaché qu'à la navigation. » Il me répartit : « Vous savez sy bien lire et écrire, peut-estre comprendez-vous le fort de cette affaire. » Et pour le contenter j'examiné les écritures du premier sac. Je trouvois que cette partye avoit grande raison dans ses demandes. Et quelques jours après que j'eus veu les pièces du deffendeur, je trouvois qu'il avoit encore plus de raison. Mr Gottreau se prend à rire et dire : « Qui diable a donc plus de raison ? Parbleu, je say bien pour me débarasser ce que j'ay à faire. » Je demande : « Hé quoy, mon amy ? » Il m'est venu une bonne pensée. J'ay toujours ouy dire que la justice avoit des balences en main et les yeux bandés, je les ay bien puisque je ne vois goute en cet affaire, ma foy je vais peser les deux sacs et celuy qui pèsera le plus je luy donne le gain de sa cause avec dépends. » Et je ne peus m'empescher de rire tout mon saoul. Il dits : « Riez sy vous voulez, je ne saurois mieux me tirer de cet affaire que par là, M^{rs} mes confrères me l'ont remise pour se moquer de moy et je me moqueray d'eux. Tout ce qui en peut arriver est que le perdant pourra en appeler au conseil de Paris, et il se passera plus d'un an avant que l'on sache rien, et dont je vous prie de me garder le secret. » Ce que je luy promis et tenu. Après avoir pesé, il fut question de dresser le raport, et il m'en pria. Je luy dits n'y entendre rien non plus et il fut chercher un raport qui avoit esté rendu pour luy au subjet de sa succession ; nous travaillâsmes dessus, à changer quelques termes avec les noms des parties, et luy dits de le faire copier pour que mon écriture ne parut pas, ce qu'il fit par son comis, et il demeura content et le porta dès la première audience, et le perdant ne manqua pas d'en appeler, et on apris depuis que son jugement fut aprouvé au conssel de Paris, et il en fut sy aize qu'il divulgua comme il avoit fait, et on a pris à proverbe sur les affaires embarrassantes ; il faut faire un jugement à la Gottreau.

Je ne peut trouver de passage que sur le mois de février 1703 que Mr de Morville ayant apris qu'au Petit Goave il y avoit un moyen navire de 12 canons de la Rochelle, le capitaine Billoteau qui s'aprestoit à partir et que luy et son équipage devoient passer et je fus par terre trouver le dit capitaine et arrestay mon passage et du religieux pour chacun 50 écus et que nous embarquerions des volailles et rafraichissements, et ce navire fut retardé de 2 mois et demye par une voye d'eau qu'ils eurent paine à trouver et l'étancher, et ne peumes partir qu'à la fin de juin avec un petit navire aussy de la Rochelle nomé la *Biche*, et nous débousquasmes pour l'isle de Sainct-Thomé, et faisant nos routes jusqu'à la hauteur des isles de Bermudes que nous vismes étant à 7 lieux de nous. Et lorsque nous les eusmes dépassés d'environ 60 lieux nous fusmes frappés d'une rude tempeste, en ouragan et dont un rude coup de mer nous renversa entièrement sur le costé de babord, quoyque nous n'eussions que notre seulle grande voille déployée et les mâts d'hune abaissés, nous nous creumes tous péris et je sautay avec un bon matelot sur le haut costé de nostre navire pour éviter un peu le dernier moment de vie. Je pris mon couteau et coupois les ris des grands haubans. Je dits à ce matelot nomé André d'en faire autant et ce qu'il fit avec agilité ; cela fit rompre notre grand mât, lequel tomba sur celuy de Misenne quy tomba aussy sur le mât de Bauprey, lesquels cassèrent tout, et le navire se redressa. Nous coupasmes le mât d'artimon, ainssy nous nous trouvasmes sans aucun mat ny vergues. L'on courut aux pompes et ne trouvasmes que trois pieds d'eau dans notre calle qui y avoit entré par nos mortes œuvres lorsque le navire fut empenché sur le costé. et nos mats qui étoient retenus le long de nous par leurs cordages qui les y arestoient, et nuitament sans pouvoir se servir de lanternes et à tastons nous coupasmes tous les cordages qui les arestoient et heureusement un segond rude coup de mer nous frapa et nous fit passer pardessus, ce qui nous en dégagea. Mais ce dernier coup de mer nous cassa nostre timon dans la mortoise du gouvernail, lequel donnoit de si grandes secousses aux ferrures du gouvernail que nous étions dans les frayeurs qu'il n'évantat ou emportats l'étambot. Cependant je trouvay un expédient d'arester ce débat et de faire saisir d'un bord notre gouvernail et sans secousse, et notre pauvre navire arriva vent arrière sans mâts ny sentiment du dit gouvernail, et se mit sur l'autre costé à travers au vent, et il se tourmentoit extrêmement à rouler à faute du soutient des mâts. Je fits jeter à la mer dix de nos canons pour le soulager, après quoy je creüs pouvoir changer d'une chemise et d'habit, mais aucun de nous n'eurent un filet de sec. On me donna un verre d'eau-de-vie et Mr de Morville ainssy que tous en général dirent : « Après Dieu, voilà notre sauveur. » Et je fus caressé on ne le peut plus. Nous trouvasmes six de nos hommes de moins et tout notre pain et biscuit mouillé et gasté ainssy que nos légumes, toutes nos volailles emportées et nos moutons, cochons et canards. Nous trouvasmes une cage avec dix dindes noyées, que nous salasmes par quartiers et une truye noyée arestée soubs notre chaloupe. Nous épluchasmes nostre biscuit qui n'étoit point mouillé ou peu que nous mismes seicher au soleil et puis nous le partageames également du petit au grand à chacun trois onces par jour pendant 20 jours. La tempeste dura trois fois 24 heures et la mer étoit épouvantable ; les vagues estoient en feu et plus hautes que des hautes montagnes, et nous fusmes pendant ces espaces à la dérive au gré des temps, et lorsque cela fut apaisé nous tinsmes conseil pour nous réquiper de notre mieux, et de quel costé nous pouvions faire une relasche. Les uns étoient d'aler chercher Plaisance (1) en Terre Neuve et les autres pour la Martinique. Je remontray que Plaisance étoit plus éloigné de nous et que les gros vents et les brouillards y reignent souvent, et que de l'autre costé les temps y sont plus pacifiques et tous d'un commun accord adhérèrent à mes sentiments. Il se trouva dans notre entrepont un sapin de 18 pieds de long et gros de 9 à 10 pouces dont nous fismes un grand mat, l'ayant renforcé par des quartiers de planches que ny avions reliez ; notre timon de gouvernail fut ralongé et renférer par deux pinces de fer ; nous déclouâmes les ourlets et lisses de nos plats bords

---

(1) Plaisanse. Baie de l'Amérique anglaise du Nord, sur la côte sud de l'île de Terre-Neuve, avec un beau port. La pêche des morues y est abondante.

que nous reliasmes ensemble comme un fagot et en fismes un mât de misenne, et nous attachasmes trois avirons de chaloupe pour faire un mât de beaupré, et de la gaule d'enseigne en fismes le mât d'artimon, ainsy nous fismes des vergues de toutes menues pièces avec des barres de cabestan, et de nos menues voiles d'étay et des perroquets nous fismes des voilles légères à proportion des mastures. Et nous faisions 16 à 18 lieux quelquefois 20 par 24 heures. Il y avoit pour l'équipage un peu de bœuf et du lard salé, mais échaufé et détrempé à l'eau de mer. Je dits à quelques matelots de nous atraper des rats, et que je les payerois bien. Ils firent des attrapes et j'en payé deux 30 sols. Cela anima les autres à en prendre, et il n'en manque pas aux navires qui sont chargés de sucre. Ceux qui s'étoient raillées de moy pour les rats y prirent du goût, et nous les firent enchérir jusqu'à un écu la pièce étant devenus plus rares. Et au bout de 21 jours, nous mettions des morceaux de cuir en poil à la détrempe; nous en fimes bouillir, cela venoit en colle et très puante, mais grillés sur les charbons nous en servions et apaisions notre grande faim. Nous souhaitions fort d'estre encontrés de quelques navires ennemy qui nous peut prendre; les médecins n'ont jamais ordonné pareil régime. Et la 26e journée de route après, ce torrent nous conduit en vue de l'isle de Sainct-Eustache habitée par les Holandois. Plusieurs de nous disoient de nous y aler rendre. Je mits opposay et fit connoistre à Mr de Morville et au capitaine Biloteau qu'il n'y avoit pas de sens à nous mettre prisonniers. Et que avant la nuit nous attraperions l'isle de Saint-Thomé appartenant aux Danois avec lesquels nous étions en paix. J'en feu creut, et le lendemain après 27 jours de cette marche nous y entrasmes dans un bon port, où rien ne nous manqua sitôt que j'eus salué le gouverneur Danois, lequel me dits de nous adresser au directeur du comptoir de Brandebourg qui avoit de bons magasins. Je fus le saluer avec notre capitaine, et après luy avoir raconté notre désastre il nous dit : « Voilà un navire proche du vostre qui est à peu près de mesme grandeur, qui est une prise faite sur les Anglois par Mr de Beaumont (1) comandant une frégatte de 24 canons pour le Roy

---

(1) Voyez la note n° 3, page 136

de France et il m'a délaissé cette prize pour la vendre s'il en trouve l'occasion. Le corps du navire a esté jugé incapable de pouvoir retourner en Europe et il en a pris dans sa frégate le chargement, la masture et les agrès vous seront propres ; je vous vendray le tout, voyez ce que vous men voulez donner. » Billoteau demanda du temps pour répondre et voulut s'informer s'il se trouveroit pas des mats du pays a bon compte. Je luy fis connoistre que non et où trouveroit-il des haubans, étais et autres manœuvres, mâts d'hune et vergues et voiles, et il me pria le lendemain d'aler arrester le prix de toutes choses, et qu'il m'aprouveroit, Je fus au directeur lequel me dit : « Je ne vendray rien en particulier, il faut que vous achetiez tout ou rien. » Il en vouloit cinq mille livres et nous tombasmes d'accord pour trois mil deux cents cinquante livres. Je retournay à nostre bord en rendre compte, et on fut avec raison bien contents. Mr de Morville me demanda sy je comptois encore me hasarder avec le navire du dit Billoteau après ce qui nous étoit arrivé. Je dits que c'en estoit la raison et que dans tout autre que nous n'aurions pas échapé. Il me dits : « Pour moy ny mes officiers ny équipage ne nous y embarquerons pas, je vais affretter un bateau du pays pour nous porter à la Martinique, sy vous voulez venir, il ne vous en coutera rien ny à votre moine. » Je le remerciay et luy représentay qu'à la Martinique l'on couroit risque d'estre attaqués de la maladie de Siam (1) et que nous serions aussy prets à partir de ce port que luy arrivé à la Martinique et étions au débarquement et il se fascha de ce que je ne le voulut pas suivre, et trois jours après il partit dans le bateau. Je donnay les soins de faire faire le biscuit pendant que Billoteau accrocha son navire contre la prise et se ramasta entièrement à des vergues, cordages, et de huit canons et de deux ancres et cables et ne laissa que la carcasse de la dite prise. L'on fit des eaux et du bois ; nous fismes bonnes provisions de bestiaux et volailles étant à meilleur compte que dans nos isles et deux bariques de vin, et partismes le 9e septembre 1702 de ce port : nous débouquasmes le mesme jour et continuasmes

---

(1) Le *mal de Siam* des anciens historiens des Antilles, le *vomito negro* des Espagnols, le *typhus d'Amérique* ou la *fièvre jaune*.

nostre route pour France jusqu'au 15 octobre n'estant qu'à trente lieux de Belle isle nous fusmes encore frapés d'une très rude tempeste où nous pensasmes encore périr, notre capitaine voulut faire couper le grand mat et m'y oposay, et deux braves hommes montèrent à la hune et coupèrent le mat d'hune qui tomba à la mer et le navire en fut soulagé et nous étions sans aucune voile nous sentant proche de la terre. et qu'il y avoit plus de 8 jours que nous n'avions pu observer la hauteur. Sur les dix heures de nuit il calma et nous sondasmes et y trouvasmes 37 brasses d'eau, nous mismes à la cape jusqu'au jour que nous poussasmes à toute voile excepté le grand hunier dont nous avions coupé le mat, et sur les deux heures après midy nous reconnusmes la terre par la baie de Marmoutier, le capitaine Billoteau voulut reprendre au large pour regagner la Rochelle, je luy représentay que le temps étoit tout disposé à nous redonner une segonde tempeste au soleil couchant, et que n'ayant plus de grand hunier pour soutenir au vent et que nous péririons tous. Son pilote et son équipage se mirent de mon costé, et je conseillay d'entrer dans la rivière de Nantes d'ou nous n'étions plus qu'à 3 lieux et nous attrapasmes à cinq heures à l'ancre devant St-Nazère. Il vint à notre bord une chaloupe du dit lieu, je m'y embarqué et le moine et quatre autres passagers et nous ne fusmes pas sitôts débarqués de la chaloupe que la tempeste recomença; on ne pouvoit se tenir dans les rues par les ardoises, qui tomboient des maisons et de l'église, et le lendemain il se trouva perdu et échoué à la coste plus de 4 batiments. Billoteau y pensa périr sy la tempeste avoit un peu duré. Nous affrétames une chaloupe pour nous porter à Nantes, où je débarquay sur les trois heures; les négossiants s'estoient assemblés à la bourse s'informant des navires qui avoient péry le jour précédent, et il y en eut qui me reconneurent et me firent de grands accueils me conviant à souper, et entr'autres Mr René Montaudouin et M^r le Prieur me demandant d'où je venois. Je leurs dits et donnay des lettres au dit sieur de Montaudouin. Il m'embrassa et me dit : « Je suis intéressé de plus de 6 mil livres sur ce navire; j'ay receu des lettres dès son départ de Sainct-Domingue et par le long temps je l'ay creu péry, car s'il avoit esté pris j'en apris les nouvelles et hier je voulut donner 80 pour cent pour que l'on m'assura et n'ay pas trouvé qu'il le voulut. Je me deffendis de souper étant fatigué et à cause du moine, et le lendemain Mr de Montaudouin receu une lettre de son capitaine Billoteau qui luy marquoit sy nous sommes en vie et arrivés au bon port nous le devons par deux fois après Dieu à Mr Doublet que nous avons nomé notre Rédempteur, et vous ne debvez luy faire payer son passage. Mr de Montaudouin fit lecture de la lettre devant la Bourse, après quoy il vint avec son frère Bertiere à mon auberge me prier d'aler disner et ne peut m'en dispenser, et à la fin du repas il me leut sa lettre et me dit : « Vous ne m'aviez dit, et j'aurois pris votre passage mais je vous l'aurois envoyé sy vous aviez party et, loin d'en prendre, acceptées ce petit présent, je say que vous n'avez pas gagné dans votre voyage. » Et il me donna 25 louis d'or malgré mes refus, et deux jours après je pris la route de venir chez moy avec mon religieux Espagnol et nous restasmes bien 15 jours à nous rétablir.

Et ce religieux me prioit d'aler l'acompagner à Paris et luy servir de conducteur par mes amis pour se présenter aux pieds du Roy, représenter l'injustice de M^{rs} ses lieutenants contre les ordres de sa Majesté tant pour luy que pour le sieur Ramos. Je luy dis que je ne voulois plus faire de poursuites à mes dépends, et que je ne voyois pas jour de pouvoir rien obtenir, et que ces messieurs qui avoient eu le plus fort du butin des forbants nous joueroient toujours, et il me pria sy fortement et qu'il me défrayeroit avec mon épouse de l'aler et du séjour à Paris et de notre besoin chez nous et nous nous laissasmes gagner. J'avois aussy en vue quelqu'entreprise. Nous y fusmes dans une auberge plus d'un mois sans pouvoir obtenir d'audience et pouvoir le faire aprocher de sa Majesté. J'eus recours à M^r le mareschal duc de Harcourt (1) dont j'avois eu l'honneur d'estre bien voulu étant à Dunkerque, et il nous promit qu'en peu s'il nous présentoit pas qu'il le feroit par quelqu'autre seigneur, et au bout de huipt jours il me fit advertir de

---

(1) Henri d'Harcourt, marquis de Beuvron, né en 1654. Colonel d'infanterie en 1675 ; brigadier en 1683, maréchal de camp en 1688, lieutenant-général en 1693 ; maréchal de France en 1703 ; il mourut en 1718. Le marquisat de Beuvron fut érigé en duché d'Harcourt au mois de novembre 1700.

nous rendre à Versailles le trouver, où il nous dits d'aller de sa part à Mʳ le mareschal duc de Duras (1) qui étoit de garde. Ce seigneur nous receut bien et nous dits de nous trouver le lendemain dans la grande galerie avant que le Roy fut à la messe et nous n'y manquasmes pas. Mʳ de Duras nous présenta à Sa Majesté. Le religieux avoit son placet tout prêt, se jetta à genoux et le Roy luy dits en bon Espagnol : « Levez-vous, Père, je vais expédier votre placet que vous redemanderez à Mʳ de Pont Chartrain (2). Et nous nous retirasmes. Le Père étoit bien content et je ne l'étois pas. Car je savois que les deux lieutenants du Roy étoient ses créatures, mais coment le dire au Roy. Mʳ de Pontchartrain nous détint plus de quinze jours sans nous expédier, et il nous dits : « Que prétendez-vous ? que les lieutenants du Roy payent pour des forbans qui se sont échapés, j'en ay des nouvelles, revenez demain. » Nous y fusmes et il nous délivra un paquet bien cacheté disant : » Tenez, voilà les dernières ordres du Roy. » Et puis il me demanda : « Et vous ? retournez-vous aussi à Sainct-Domingue. » Je dits : « Non, Monseigneur, j'y ay perdu mon temps et n'espère pas en rien retirer. » Il sourit et ne dit rien. J'en tiray mauvaise augure et nous retournasmes à notre auberge à Paris de la part de Mʳ D'Argenson (3). Et dès le lendemain vint nous trouver deux religieux du grand couvent des Augustins (4) nous dirent que leur supérieur ne pouvoit souffrir un de l'ordre en auberge, et qu'ils avoient une chambre à luy donner et l'enlevèrent au grand couvent où il se dit docteur en médecine, et un jeune moine adroit le proclamoit habile de tous costés, et il eut beaucoup de gens de

---

(1) Jacques-Henri de Durfort de Duras, né en 1626, capitaine des gardes du corps en 1671 ; maréchal de France en 1675 ; chevalier des ordres en 1688 ; chevalier de Saint-Louis en 1693. Il mourut à Paris le 12 octobre 1704. Le marquisat de Duras fut érigé en duché par lettres de février 1689.

(2) Jérôme de Phélipeaux, comte de Pontchartain, né en 1674, conseiller au Parlement de Paris, conserva le département de la maison du Roi et de la marine du 6 septembre 1699 au 1ᵉʳ septembre 1715.

(3) Marc-René de Voyer, comte d'Argenson, né en 1652, lieutenant-général de la police à Paris.

(4) Le couvent des grands Augustins était établi sur l'emplacement actuel du marché de la Vallée, sur la rive gauche de la Seine. C'était dans la chapelle de ce couvent qu'avait été faite, en 1578, la première promotion des chevaliers du Saint-Esprit ; Philippe de Commines y était inhumé ainsi que le poète Remy Belleau. On sait que les Etats-Généraux se réunirent plusieurs fois aux Grands Augustins.

considération qui tomboient dans ce panneau et s'en faisoit traiter et en bonne foy il ne savoit pas son rudimen et atrapa bien des sots. Je voulois m'en revenir avec mon épouse, il nous pria sy fort et nous défrayoit jusqu'aux carosses dont nous nous servions.

Je pensois à mes affaires, et un jour vers le mois de mars 1703 que j'étois en visite chez Mʳ Ducas (1) qui venoit d'estre fait Grand d'Espagne et lieutenant général des armées navales, et après que je l'eus complimenté, il me demanda ce que je faisois et que c'étoit domage que j'avois quitté le service du Roy, et que je serois fort advancé, je luy dits que je n'ay quitté que lorsque je n'avois plus de patrons. Sur cela il me dit : « Voulez-vous comander un vaisseau du Roy pour notre compagnie de la Siento (2) ? Je luy répondit qu'il me fera bien de l'honneur et du plaisir, et il m'en assura et me dits que dans quinzaine je fus le trouver a l'assemblée au grand bureau, où je ne manquay pas de m'y trouver, et lorsque ces Mʳˢ firent assemblée on me fit entrer et Mʳ Ducas dits : « Messieurs, voilà un homme dont je connois fort les capacités au fait de marine et qui a du service sur les vaisseaux du Roy, vous ne pouvez mieux à qui donner le commandement d'un des vaisseaux. » Et je fus agréé, et l'on me dits que le lendemain j'eus à me rendre chez Mʳ Pasquier, directeur général de cette Compagnie Royale, pour faire avec luy mes conditions d'engagement, ce qui fut arresté, et Mʳ Pasquier me donna congé pour un mois pour reconduire mon épouse et pour disposer de mes affaires domestiques, et après ce terme expiré ordre de me rendre à Paris pour y recevoir mes derniers ordres, lesquels portoient de me rendre incessament à Rochefort pour faire le radoub du vaisseau du Roy nomé l'*Avenant* et de ne l'armer que de 36 canons et 160 hommes d'équipage et que toute chose me seroit fournie à l'arsenal touchant ce qui concernait le radoub et l'armement quant aux vituailles et dépences ; pour les engagements des équipages la comppgnie fourniroit le nécessaire par Mʳ Du Casse, directeur à Rochefort, et à la

---

(1) Voyez plus haut, page 238, note 2.
(2) Il s'agit de l'*Assiento*, compagnie de traite à laquelle le gouvernement espagnol avrit octroyé le droit d'importer des nègres dans ses colonies. Ce monopole fut accordé à la compagnie française des côtes de Guinée par Philippe V. en 1701. Celle-ci ne tarda pas à en être dépossédée par l'Angleterre qui fit de ce privilège l'une des clauses expresses du traité d'Utrecht (4 mai 1713).

Rochelle par Mʳ Herault père et fils. J'arrivé à Rochefort au comencement d'octobre. Après avoir salué Mʳ Begon (1) intendant et Mʳ Du Magnou (2) et marquis de Villette pour lors comandant, je fus chez Mʳˢ les officiers du port, dont j'étois fort connu et nous travaillasmes de concert au devis de ce qu'il y avoit à faire au vaisseau, après quoy me restoit les soins d'y faire travailler, ce que je fis avec beaucoup d'exactitude. La Compagnie nomma Mʳ de Fondat pour capitaine de la frégatte la *Badinne* et le sʳ Barnaban pour capitaine du vaisseau le *Faucon* de chacun 30 canons et le sieur Desmonts capitaine de la frégatte le *Marin* montée de 26 canons et chaque de 130 hommes. L'on travailla au radoub des quatre à la fois, et aussy Mʳ Marin (3) capitaine de brulot pour comander la frégatte l'*Hermione* de 30 canons pour porter aux isles de l'Amérique Mʳ Deslandes (4) intendant à Sainct-Domingue et directeur général dans toute l'Amérique pour cette royale compagnie. Nos frégattes et vaisseaux ne furent aprestés qu'à la my de février 1704 que nous sortismes la rivière de Rochefort et fusmes à la rade de l'isle d'Aix huipt jours pour y recevoir nos rechanges et les poudres et munitions ensuite nous fusmes en la rade de chef de Bois pour recevoir les marchandises pour la traitte des neigres ainsy que les vituailles, et la Compagnie m'honora de me donner le commandement sur l'escadre de nos quatre vaisseaux. Le sieur de Fondat voulut prétendre commander disant qu'il étoit mon ancien dans le service de cette compagnie, ayant fait un voyage dans une de leurs frégattes. Mʳ Du Casse, lieutenant général des armées du Roy, qui avoit toute direction, luy demanda combien de campagnes il avoit fait au service de Sa Majesté, ne sachant que répondre il luy dit de m'obéir ou d'estre démonté et le tout fut apaisé. Et Mʳ Du Coudray Guymont (5)

---

(1) Voyez la note n° 2, page 134.

(2) Guérusseau Du Magnou, fait lieutenant de vaisseau en 1662 et capitaine de vaisseau en 1666, fut condamné à mort pour avoir perdu le vaisseau le *Rouen*. Rétabli dans grade en 1672, il fut nommé chef d'escadre le 1ᵉʳ janvier 1693 et mourut à Rochefort le 10 mai 1706.

(3) Capitaine de flûte le 1ᵉʳ janvier 1691; capitaine de brûlot le 1ᵉʳ janvier 1703. Mort à Brest le 28 mai 1719.

(4) Commissaire ordinaire de la marine le 21 avril 1703. Commissaire ordonnateur le 28 décembre 1703. Faisant fonctions d'intendant de justice, police et finances de l'île de la Tortue et côte de Saint-Domingue, 1708.

(5) René Guimont du Coudray, garde, écrivain de la marine en 1693; sous-lieutenant et

arriva aussi en rade du chef de Bois avec le vaisseau du Roy l'*Alcion* de 52 canons et plusieurs frégattes et navires marchands pour l'Amérique et nous composant d'une flotte de 46 batiments dont le sieur Du Coudray étoit commandant jusqu'à notre séparation et nous partismes le 26 de mars de cette rade de chef de Bois, et fusmes tous ensemble à 120 lieux ouest des caps sans rencontre d'ennemis, et nous nous séparasmes, et je repris le commandement sur nos quatre vaisseaux [1].

lieutenant et capitaine d'artillerie de 1692 à 1701. Fait capitaine de vaisseau le 1er novembre 1705. Chevalier de St-Louis le 28 juin 1715. Mort à Rochefort le 13 novembre 1745.

(1) Sur un des vaisseaux que Doublet commandait se trouvait en qualité de major le chevalier Des Marchais. On a de cet officier un *Voyage en Guinée et aux îles voisines*, imprimé à Paris en 1730 par les soins du P Labat. Le chevalier Des Marchais y fait allusion au voyage qu'il effectua avec Doublet.

CHAPITRE X

Voyage aux côtes d'Afrique. — Prise de dix navires. — Traite des nègres à Whydah. — Construction d'un fort. — Coutumes du pays. — Incendie de l'*Avenant*. — Arrivée à la Grenade, à Saint-Domingue. — Maladie de Doublet. — Il séjourne à la Havane. — Il y défend le consulat de France. — Retour en Europe. — Entrevue avec M. de Pontchartrain. — Doublet reçoit le commandement d'un vaisseau de 40 canons. — Il se prépare à un voyage dans les mers du Sud. — Il défend Toulon contre les Anglais. — Conclusion.

Nous fismes nos routes pour nous rendre aux costes de Guinée et lieu de destination à Spada, et la première terre de ceste coste que nous aprochasmes fut le cap de Mesurade (1) où nous prismes quelque peu d'eau et de bois et nous y trouvasmes quelques nègres qui nous vendirent un peu de ris, et en passant en vue du cap de Monte le sieur de Fondat sur la *Badine* s'en étant aproché plus que nous y aperceut un navire à l'ancre et nous fit des signaux d'aller avec luy ce que nous fismes. Et l'ayant aproché nous le reconnusmes estre anglois et nous le canonasmes. Ils coupèrent leurs câbles et échouèrent en costes plutôt que de se rendre à nous. Nous envoyasmes des chaloupes bien équipées avec nos officiers qui le sauvèrent et mirent à flot, et nous descendismes à terre où nous trouvasmes une grande baraque faite avec facinnes dont

---

(1) Les navires en campagne de traite mouillaient ordinairement au cap Mesurado, sur la côte des Graines (Guinée supérieure), pour faire de l'eau et du bois ; ils venaient ensuite découvrir le cap des Palmes.
La traite commençait au cap Blanc pour finir à la rivière du Congo, mais elle était particulièrement abondante en or et en noirs depuis le cap des Trois-Pointes jusqu'à la rivière de la Volta.

les nègres du pays s'en étoient mis en possession et pilloient tout ce qui étoit dedans, ayant peur de nous se sauvoient dans les bois avec chacun leur charge, de bassins d'étain et des petites canivettes pleines de liqueurs composées d'eau-de-vie de grains et avoient enlevé les Anglois dans le haut du pays rempli de marais et rivières qui inonde beaucoup de ce pays. Nous rapatriasmes de ces naturels du pays qui étoient très farouches et pour les amener à nous on leur présentoit des raisins et canivettes et pots d'étain qu'ils n'avoient encore enlevés ils les recevoient à longueur des bras et nous les arachoient et fuyoient. A la fin leur chef nous présenta à nous capitaines chacun un petit bateau de roseau qui est le signal de paix et beurent en mesmes les flacons et sumanisèrent avec nous par des signes d'amitié ny ayant aucuns de nous qui entendissent leur langue ny eux la nostre, et par signes montrant le navire anglois et la baraque nous leur fismes entendre de nous amener les gens, et ils députèrent deux des leurs qui sur le soir nous amenèrent deux hommes et dont il y avoit un françois nomé Pierre Roche, de Bourdeaux, qui nous dits avoir esté pris par ce mesme navire à la hauteur de Madère chargé de vins et affecté pour la Martinique et que luy dit Roche étoit le capitaine du navire et que l'Anglois l'avoit envoyé son dit navire et les gens à la Barbade, et luy retenu sur ce navire anglois, nomé l'*Archiduc* avec trois de ces gens, mais que sy nous n'avons pas de compassion des autres qui ont esté enlevés qu'indubitablement ils seront tous mangés par les Barbares qui sont antropophages, et qu'ils avoient un des quartiers d'hommes pendus à des crocs et qu'on leur fit entendre que lorsque les quartiers seroient mangés on leur en feroit autant, et qu'on le fit boire dans un crane où la chaire étoit encore fraîche. Et sur cette déposition nous nous saisismes du chef et de dix autres leur faisant entendre de nous renvoyer les autres. Il députa les deux mesmes qui avoient amené le dit Roche et le lendemain nous ramenèrent le capitaine Anglois et reste de son équipage, excepté un jeune homme nepveu du dit capitaine qui fut mangé en sa présence la nuit précédente dont il étoit fort afligé. Ils traitoient du bois en bûche très jaune et busche de bois de campesche et puis nous en alasmes avec ceste prise où il n'y avait presque plus rien dedans et nous laissasmes les bois en buscher, et poursuivismes nos routes, et cinq jours après étant éloignés viron à trente lieux au large de Sestre, la *Badinne* aperceut un navire sur lequel elle donna la chasse, et nous tira du canon pour nous appeler, l'ayant reconnu navire Holandois et mesme Mr Fondat le fut ataquer, mais n'osoit l'aborder le croyant aussy fort que luy, ce qui m'obligea d'y aller. Et étant à portée du dit Holandois je luy envoyay deux bordées de canons et il se rendit et nous l'amarinasmes. Le capitaine nomé Simon Roux fut blessé à la cuisse et au jaret, dont il se guérit longtemps après. Je fis amariner par mes gens et officiers cette prise qui étoit une flutte de 350 thonnaux et 24 canons, 70 hommes d'équipage et nomée la *Rachel d'Amsterdam* destinée pour le fort de Mina où est le comptoir de Holande, et étoit chargé de beaucoup de bons effets pour la traitte des neigres, et nos officiers et équipages de nostre petite escadre ne manquèrent pas de piller beaucoup de choses, quelques soins que je peus aporter à les en empescher, et tout ce qui fut emporté dans mon bord de marchandises je fis prendre un état par notre écrivain du Roy et par nos commis préposés de la Compagnie et les fit enfermer dans une de nos sontes qui avoit esté vidée de biscuits, promettant à tous nos officiers que lorsque nous arriverons à un port de l'Amérique soit Cartagesne ou Portobello où il s'y doibt trouver un directeur de la compagnie que nous luy déclarerions tous les susdits effets provenant des prises, et que ce qu'il nous adjugera estre pour nous que j'en feray faire les partages entre nous afin de n'avoir des reproches de la Compagnie. Mais cela m'attira autant d'ennemis qui vouloient posséder chacun leur part pour les trafiques aux costes de Guinées, ce qui nous étoit bien défendu par nos engagements en fin d'une bonne paix que nous vivions, ce me fut autant d'ennemis. Et continuasmes nos routes et fismes encore quelques prises de trois brigandins anglois et de cinq brigandins portugois de peu de valleur et dont nous en redonnasmes quatre à nos prisonniers pour les reconduire ou bon leur sembleroit. Nous fusmes devant le fort d'Acra où est deux comptoirs, l'un Holandois et l'autre pour le Roy de Dannemarc dont le lieutenant vint à mon bord savoir sy je voudrois traiter quelques effets de la prise Holandoise. Je luy dits ne le pouvoir faire et mes officiers demandoient leur part des pillages que je ne voulus leur acorder, ce qui redoubla la haine contre moy, jusqu'à nostre aumonier qui étoit le pis de tous et à les animer. Enfin le 27 de septembre 1704 nous arivasmes à la rade de Juida (1), lieu de destination où étoit nostre comptoir sous la direction du sieur Gommets. Il fallut débarquer au rivage pour l'aler trouver à deux lieus dans les terres où ets le Roy en la ville de Xavier qui nets qu'un hameau de cabanes en forme du dessus d'un colombier, les murs d'argille et couverte de roseaux. Et estant advertis qu'il est dangereux aux Europiers d'estre mouillés particulièrement au ventre, l'on enfonce dans un baril ce qu'on a de bonnes hardes pour échanger sitôt que l'on est débarqué et on at sur soy simplement que veste et culotte et bas, car on ne peut débarquer que très rarement sans estre mouillé des flots, en premier lieu partant d'abord dans les chaloupes lorsqu'on aproche de la barre. Il faut mouiller l'ancre de la chaloupe et se tenir au dehors des brisans de la dite bare, puis deux ou quatre nègres s'embarquent dans un canot et viennent vous recevoir et ce que vous avez repassent par dessus la dite barre, qui est toujours fort agitée et qu'il est presque impossible d'éviter d'estre mouillé, et à l'abord du rivage sont plusieurs neigres préparés à vous débarquer promptement et échouer le dit canot, et au cas qu'il soit comblé d'eau en passant la barre, ils vous repeschent, mais il en périt quelquefois des nostres, et lorsqu'on a repris les hardes du baril, on change sans estre à couvert, puis on vous présente un hamac attaché à une bonne perche par les deux bouts du dit hamac, et vous couchées de vostre long, et deux forts neigres le chargent sur leurs épaules et vous portent jusqu'au comptoir parce qu'il y a plusieurs étangs pleins d'eaux à passer sur cette route, ce qui en fait leurs fortifications, et il n'y a d'eau que jusqu'à la ceinture d'un homme de bonne taille. Etant arrivés, M⁰ Gomat et autres comis nous re-

(2) La ville de Ouiddah ou Whydah fait partie du royaume de Dahomey. On l'aperçoit de la mer, dont elle est distante d'environ 3 milles. Une lagune ou lac, d'une largeur de 1 mille environ et d'une profondeur de 2 à 6 pieds anglais, s'étend entre elle et la mer. Son aspect est très pittoresque. Whydah et Badagry étaient les deux grands ports de traite du golfe de Benin.

çoivent civilement, et nous présentent bien à manger, et après estre reposés jusque sur les 3 à 4 heures, il me conduit avec un ministre d'Estat avec nos présents.

L'on y entre par une basse cour quarrée, entourée de basses maisons, les murs d'argile et couverte de rozeaux, et la dite basse cour sans pavés. A l'entrée est un corps de garde gardé par dix ou douze noirs avec leurs fusils apuyées contre le mur, et à l'entrée de la salle est un sentinelle sans armes et la dite salle sans porte, où à l'entrée est tendu du haut en bas une étamine comme d'un pavillon de nos navires par careaux rouges et blancs. Le ministre de la marine nomé le capitaine Asson, homme très bien de taille et d'esprit quoyque noir laissa ses gardes à l'entrée de la cour de ce magnifique palais, et lorsqu'il nous conduit proche le rideau sans couler il se mit à marcher par dessoubs sur ses genoüils et ses mains passant par dessoub le dit pavillon comme une beste jusquà estre à portée de parler au Roy, et luy annoncer notre venue pour avoir son audience. Et il revint sur ses pas en la mesme posture, le cul en arrière jusqu'à dépasser le dit pavillon, et puis il se dressa en nous disant d'entrer et de nous seoir sur les tabourets qui étoient en la dite salle. C'étoit des sièges d'une masse d'argille qui ne peuvent estre remuez, et il nous suivit sur les quatres pattes ainsy dire, et en cette figure s'aprocha du cabinet Royal situé dans le milieu de la salle contre le mur qui est un petit enclos de cannes de roseaux où ce roy noir des plus noirs étoit couché sur une natte sur le costé apuyé sur son coude et fumant une pipe de tabac, et du costé de sa teste est une ouverture à cete alcôve, et aux pieds où étoit une négresse qui tenoit un bassin de cuivre très salle pour luy servir de pot de comodité, et luy emplissoit une autre pipe pour fumer et vis-à-vis son estomac étoit une plus jeune noire assise sur ces talons tenant un vase de fayence où le dit Roy crachoit affin qu'à nuit fermante, au son du tambour, on enteroit ces Reliques, etc. A son audience il me fit dire par son ministre, capitaine Asson, qui parloit françois sans avoir sorty du pays, l'ayant apris dans notre comptoir. Il témoigna sa joye de notre arrivée, et qu'il m'invitoit avec les autres capitaines de mon escadre au lendemain à disner, et nous présenta un petit verre d'au-de-vie et puis nous retirasmes au comptoir où fusmes souper et coucher.

Au lendemain, nous fusmes sur les unze heures introduits par le mesme ministre pour le disner. Ce fut la mesme sérémonie à notre entrée, et une table fut dressée au milieu de douze tabourets d'argille immuable, et je fus placé à celuy plus proche de l'ouverture de l'alcôve pour que le Roy me fit entendre ces discours par un autre interprète, veu que le capitaine Asson étoit à table avec nous pour représenter sa place. Et l'on nous servit du riz avec des poulles et force poisure, puis du bœuf, du cabrit et des poules en abondance, rôties, à demy bruslées, les cuisses et les ailles sans brochettes, tirant des bottes de chaque costé. Le pain et le vin ayant esté fourny et les serviettes par Mr Gomet, et aux deux boute de la salle qui n'est planchée ny voutée, voyant les lattes et roseaux et quelques lézards et couleuvres coure au travers, à ces deux bouts étoient grand nombre de femmes et filles du sérail que chantoient à gorge déployées et d'autres jouent avec des cornes de bouc parées et d'espèces de cilintres de fer où il y avoit des bagues de laiton, d'autres de courges et calbasses ornées de cordes, et des bassins de cuivre sur lesquels on changeoit différents tons faisoient cacafonie au lieu d'harmonie, ce fut l'opéra dont j'aurois voulu en estre bien éloigné. Le Roy me fit l'honneur de boire deux fois de l'eau-de-vie à ma santé et du Roy notre Maistre.

Mr Gomet me prévint de demander à sa Majesté la permission de faire bastir un fort au delà du passage des eaux affin d'y reporter les effects de la compagnie que l'on débarqueroit venant de leurs vaisseaux qui ne pouvoient de mesme jour estre transportées au comptoir, et que les neigres en voloient grande partie pendant les nuits, et il nous accorda nostre demande. Mr Gommet m'en pria et mes confrères, et je demanday au Roy 200 hommes et femmes pour bescher les fossés, et de la mesme terre qui est toute argille la faire humecter et pétrir par ces gens pour en dresser nos murs tant de la fortification que des logements, ce qui nous fut accordé. Après quoy nous visitasmes le lieu plus convenable et en dressay un plan en forme d'une citadelle à quatre bastions et six demye lunes, savoir: une entre deux bastions et deux aux costez de l'entrée du pont levis, et puis les logemens et magasins que je tracey. Après quoy le Roy nous envoya plus de 400 personnes hommes et femmes, lesquels creusèrent leurs fossées sur les alignemens que j'avois marqués de 24 pieds de large sur douze de profondeur, et des mesmes terres du fossé les nègres et négresses au nombre de 50 la pilloient avec leurs pieds pendant que d'autres y jettoient de l'eau et formoient comme une dance ronde s'entretenant par dessoubs les bras, pendant que deux femmes chantoient une cadence au milieu, puis les autres aportoient cette terre détrempée sur les alignments du bord du fossey venant en dedans du fort, en largeur, pour fondemens de 22 pieds et sur la première toise d'élévation réduit à 18 pieds, et à la seconde thoise sur 16 et à la demie thoise sur 12 pieds, formant un rempart couvert en dehors d'un parapet de 5 pieds à la base, et sur 4 pieds de hauteur deux pieds d'épaisseur avec des créneaux de 4 pieds de distance, ainsy les bastions à proportion avec six embrasures à canons chaque et creneaux entre iceux, et à l'entrée de la porte étoient soubs le terrain du rempart deux corps de garde celuy de la droite à costé de l'entrée, et celuy de la gauche un peu plus en dedans de la place, et y fismes un bon puits qui à douze pieds de profonds fournissoit de l'eau abondament. Nous condannasmes la prise holandoise à estre depièçée; nous coupasmes ses ponts par quartiers pour servir de plate forme soubs les canons des bastions et montasmes les 24 canons. Nous fismes double porte et le pont levis des mesmes tillacs de ce navire et les herces du pont levis des plus forts barots avec les chaisnes de fer destinées pour leurs vergues. Et puis je fits arborer le grand mât d'hune avec un autre mâts ajusté par dessus pour y arborer un grand pavillon blanc sur le bastion du costé de la mer que l'on voyoit de plus de trois lieux, et pour la première feis on célébra une grande messe et puis les canons du fort tirèrent et nos vaissaux y répondirent.

La saison nous pressoit à partir, nous laissâmes à Mr Gommet de faire ses logements à son loisir, et travailla pour expédier notre chargement et à celuy de la *Badinne*, et il nous délivra 560 nègres et à la *Badinne* 450 et des vivres et rafraichissements du pays. Nous avions mis nos eaux et nos bois dans la prise angloise l'*Archiduc* et aussy dans un gros brigandin portuguais pour venir avec nous, et laissasmes les vaisseaux le *Faucon* et le *Marin* à cause qu'il n'y avoit pas suffisamment de noirs pour leurs chargements, et partismes de Juida au 15 de novembre 1704. Et avant de quitter ce pays j'en diray succinctement de leur Religion et police.

Ils sont tous païens et idolâtres de différentes choses à leur fantaisie quoiqu'ils aient un grand marabout et d'autres inférieurs. Le grand marabout étoit le frère de ce capitaine Asson qui un jour me convia à disner. Et attendant qu'il fut apresté, l'envie d'aller aux commoditez me prit et il m'enseigna un cabinet où m'étant mis sur le siège j'aperçeu sur le mur vis-à-vis de moy un serpent vivant gros comme le bas de ma jambe et qui me regardoit fixement J'eus frayeur et m'enfuit la culotte en la main et dits au capitaine Asson sy c'étoit pour me jouer pièce qu'il m'avoit envoyé au cabinet au serpent. Il se prit à rire et à le dire à son frère Marabout, lequel y alla et aporta sur ces bras ceste hideuse beste qu'il caressoit. Je m'en éloignay, et il me dit : « N'ayez pas peur cest notre fétisse » qui veut dire leur Dieu. Et ils luy donnèrent du pain de mahis et le reportèrent. Les uns adorent des cayemants, autres des lézards, autres des chauves souris qui sont gros comme des pigeons, les autres des arbres, des marmousets faits de terre et plusieurs choses, cependant sont tous circoncis et ont du judaïsme et du mahométisme, et ceux qui sont convaincus de crimes sont vendus esclaves ainsy que les prisonniers de guerre qu'ils font sur leurs ennemis et ils ont autant de femmes qu'ils en peuvent entretenir.

Quant à leur police, ils sont six Ministres, qui pour distinction portent une peau de veau et dont les extrémitées en sont ostées, et la pend avec un cordon de cuir du bout où étoit la queue pendue à leur col, le poil en dehors trainant de l'épaule gauche au genouil, et lorsqu'ils passent par les chemins les peuples se croupissent sur leurs talons et joignent leurs mains qu'ils frappent l'une contre l'autre très doucement en baissant la teste et se relèvent lorsque ce ministre les a dépascées. Le premier est pour la perception des droits du Roy et pour le règlement de la justice et pour mettre à prix les denrées pour les subsistances, aux marchées, qu'il change de lune en lune. Il est habillé de thoile de coton rayées de blanc et bleu ayant sur la teste un chapeau de longue forme pointue et garny sur les bords de petits rubans de diverses couleurs comme nos païsans aux nopces, et il monte sur une bourique grise ayant pour selle un tapis de thoille de coton rayé et sans étriées et un mors de bride d'un os de cabrit, et sortant du palais Royal il dit : « Il faut aler à un tel ou tel village, et une femme porte sur sa teste une grande caisse de tambour ayant derière elle une autre femme qui avec ces deux mains frape toujours une cadence à leur mode, et bien du peuple qui les suive. Et lorsqu'ils sont arrivés au hameau ce Ministre étant monté tournoye autour de tout ce qui est expose en vente et en dit le prix qu'on doibt les vendre, on troque d'autres choses n'ayant autres espèces de monnoye que des petits coquillages nommées des bouges et lorsqu'il a fixé les prix il dit : « A l'autre lune ce marché se tiendra à un tel hameau. » Puis il dessend à plat cul, s'asiet sur l'herbe et on luy présente beaucoup de plats de viande cuittes et des fruits du pays qu'il mange assées sobrement, et en donne à ses tambourineresses et gens de la suitte, puis il laisse ses restans à la populace. Cette politique est pour ameilliorer et faire valoir chaque hameau et puis il retourne comme il ets venu (1).

L'autre ministre ets pour la discipline des Guerres ; l'autre est pour despescher et recevoir les couriers qui sont toujours de pied, ne sachant écrire.

L'autre est nostre capitaine Asson pour la Marinne, mais un des plus beaux noirs que l'on puisse voir ayant de beaux traits, un nées bien fait, point les lèvres grosses, grands yeux et un beau front, d'une taille de cinq pieds 8 pouces et bien proportionné de corps et très poly et gracieux, parlant joliment françois et généreux. Son frère n'est pas sy bien fait ny poly quoyque grand ma-

---

(1) Le ms (p. 123) contient une longue note marginale relative à une révolte des noirs embarqués à bord de la *Badine*. Cinq hommes de l'équipage furent tués ; le conseil de guerre qui se réunit condamna à mort deux des principaux meneurs de la révolte : l'un fut coupé en quatre morceaux, le second fut pendu à la grande vergue.

rabou, et nous n'avons pas de missionnaires dans tous ces vastes pays où il y a tant de royaumes divizées qui se font la guerre pour avoir des esclaves et ont différentes mœurs et religions quoyqu'elles tiennent toutes de Mahomet.

Nous reprenons notre route pour nous rendre au cap de Lopès, à 2 degrés au sud de la ligne équinocxiale, pour y prendre des eaux et du bois avant que d'entreprendre le trajet de passer à l'Amérique et nous y arivasmes au 1er de décembre 1704 avec la *Badinne* et nos deux prises, et nous envoyasmes nos chaloupes avec bien du monde pour nos expéditions de bois et eaux. On me raporta qu'il y avoit plusieurs buschers de bois coupé à vendre à très bon compte, et qu'il y avoit 5 ou 6 neigres pour le débiter et entr'autres un qui se disoit le Roy du pays. J'ordonné d'achepter tous les dits bois coupés, tant pour faire une prompte expédition que pour conserver nos équipages, sur ce que ce païs est très mal sein pour nos Européens. Et ce Roy se fit aporter à mon bord, ayant le corps enveloppé d'une pagne ou coton rayé bleu et blanc. C'étoit un grand homme bien fait, pouvoit estre âgé d'une soixantaine d'anées, ayant au menton une barbe longue de 4 à 5 doibs et fourchue. Il avoit à son col une médaille de plomb doré qui lui tomboit sur le creux de l'estomac, qu'il avoit eue d'un Holandois qui luy fit acroire que le prince d'Orange étoit son cousin et luy avoit envoyées et en faisoit beaucoup de cas. Je luy fits présent de mon manteau écarlate, galonné d'or, au nom du Roy Louis de France ; et nos gens qui s'étoient cabanées à terre pour diligenter notre travail m'aprirent que ce Roy et ces gens avoient pour couchure un grabat sur 4 fourches eslevées de 2 à 3 pieds sans autre chose que des bastons de cannes de rozeaux proche les uns des autres luy servant de paillasse et matelats, et qu'avant de se coucher ces gens luy amassoient des fagots de haziers où il métoit le feu et lors que tout estoit bien bruslé il poussoient les cendres et petits charbons tout chauds dessoubs et les étendoient de toute la grandeur de ce lit et puis il se couchoit à nud dessus pour consserver sa santé. Et quelques des nostres furent à la chasse des buffes, et nous en aportèrent plusieurs quartiers que l'on ne trouvoit pas pas de mauvois goût excepté que la viande en étoit brune et un peu dure, et ceux qui furent à cette chasse on me les raporta très malades ayant leurs esprits très égarées. Je n'avois pour lors qu'un malade dans mon bord qui étoit le sieur Auber, nostre enseigne et mon parent, et dont il n'y avoit plus d'espoir de vie étant aténué depuis plus de 3 mois des fièvres et dyssenteries. Nos travaux étoient fort advancées le 7 décembre au soir, que je dits à notre aumosnier que je le priois de se préparer à nous dire la messe de bon matin pour la faire entendre à nos équipages à cause de la feste de la Vierge avant qu'ils reprissent leur travail, L'aumosnier dressa l'autel dès les cinq heures du mattin et entendit quelqu'un de confesse, et pendant ce temps les comis de la calle disposoient pour le déjeuner des équipages. Je faisois donner à chacun un grand verre d'eau-de-vie. Ils furent à deux pour en tirer d'une pièce qui étoit en perce et ostèrent la chandelle de leur fanal contre toutes nos déffences et aprochèrent cette lumière de la bonde de la dite pièce, que par atraction, la lumière se communiniqua dans l'eau-de-vie et le malheureux comis nomé Corbin, courut pour avoir de l'eau pour éteindre le feu, au lieu de boucher la bonde de quelque nipes ou de s'assoir dessus, et en peu la pièce défonssa et fit un bruit sourd, comme un coup souterrain : J'étois proche l'aumosnier qui n'avoit que la chasuble à mettre ; nous fusmes épouvantées. Je courus pour m'informer et l'on cria au feu et toute l'équipage émues se jettoient dans les chaloupes. Je ne pouvois les obliger de rentrer ; je pris un sabre et me jetay dans la chaloupe et frappay dessus et j'en blessay plusieurs et fis prendre les sceaux d'eau ; mais le feu gagna en plusieurs endroits et dans les cordages des mats, dont les vergues tombèrent à bas, et alors je me vis entièrement abandonné de tous. Je m'exposay encore à tirer le sieur Auber de sa chambre et ne peut se tenir debout ; le feu l'embraza, et avec bien de la paine, je gagné en avant du navire et courut sur le beaupré où je trouvé une petite chaloupe d'une de nos prises, avec 6 de nos hommes. Je me glissey le long d'une corde et ils me receurent, et je les fis ramer droit en avant et nous n'étions à portée d'un pistolet, que tous nos canons chargées et échauffées du feu tiroient des deux bords, qui obligèrent ceux de la *Badinne* de couper les câbles pour se tirer des coups, et en mesme temps le feu prit à nos grandes poudres, qui étoient en bonne quantité, et le vaisseau sauta en morceaux, avec un bruit épouvantable, et il tomba sur les reins d'un des nostres dans notre petite chaloupe une pièce de bois qui écrasa ce pauvre homme, et sans sa rencontre nous aurions esté coulées au fonds ; c'étoit une choze épouvantable de voir des noirs et neigresses nager sur l'eau quoyque plusieurs avoient les fers aux pieds, et les requiens en grand grand nombre les dévoroient, nos chaloupes couroient de tous costés et en sauvèrent environ une centaine, dont la plupart estoient endomagées par le feu, et je me retiray au bord de la *Badinne* presque tout nud, sans perruque ny souliers, n'ayant que des calssons de thoile et la chemise, et des bas de fil a étrier. Le capitaine avec lequel j'avois eu quelque froideur me receut sans compassion, cependant il me fit donner la chambrette de son segond. Et le chagrain s'étant emparé de moy je fus saisy d'une grosse fièvre et mal de teste, et me survint une dissenterie lientérique, et comme mon équipage partye sauvées dans ce navire et les noirs il falut retrancher les vivres ayant un trajet de plus de quinze cents lieues à faire avant de pouvoir recevoir aucun secours, lorsqu'on pesa tout le biscuit et il s'en trouva pour deux mois à chacun quatre onces par jour pour chaque homme, et d'abondant pour les officiers de la chambre à chacun deux moyens verres de vin, qui étoit tourné à demy aigre et des viandes de bœufs et lards corrompues, ce qui étoit très contraire à ma dissenterie et fièvre continue. J'acheptay de quelques matelots huipt testes d'ail, et dont j'en mettois trois à quatre gousses dans un petit pot avec la moitié de ma ration d'eau avec deux onces de mon biscuit que je faisois mitonner et y répandois une cuillerée de très méchante huile, c'étoit en lieu de bouillon chaque jour ; peut-on plus souffrir sans mourir ! Et en 50 jours dans cette traversée nous atrapasmes à Lisle de Grenade, où je me fits debarquer avec un petit mousse pour me servir. Je loué une petite loge sur le bord du port, et my reposois sur un matelas très mince et dur allant des cinquante fois à la selle par jour, jettant le sanc et du puts. M^r De Bouloc étoit gouverneur et Mr Gilbert, lieutenant de Roy, qui ne donnoient aucun secours. Mais un Père Capucin, nommé le Père

Jean-Marie qui servoit de curé m'asista de quelques poules et d'œufs et de ces visites dont je luy ay eu obligation.

Un mois après arriva aussy nos deux autres navires, que nous avions laissés à la coste de Guinées. Je présentay une requeste à tous les capitaines et au gouverneur de m'octroyer le comandement de notre prise l'*Archiduc* avec un ou deux de mes officiers pour nous faire gagner des gages pour nous recupérer d'une partie de nos malheurs : et nous fusmes refusées, disant que ce seroit faire affront de destituer le lieutenant qu'ils y avoient pozé, et qui n'avoit d'expérience que de deux voyages sur mer. Après ce refus, je demandey le commandement de nostre autre prise, le brigandin portuguais qui étoit tout désagrée de maneuvres et voilles uzées, faisant mesme une voye d'eau, affin de me conduire dessus à Sainct-Domingue y trouver Mr Deslandes, Intendant et Directeur pour luy rendre compte du malheur arivé et me procurer passage pour France, et ils aimoient mieux abandonner le dit Brigantin dans le port dont le Gouverneur voulut en profiter et le disoient incapable de pouvoir naviger, mais comme le sieur Griel mon lieutenant et moy protestasmes que nous nous obligions de le conduire à Sainct-Domingue, où il seroit vendu au profit de la compagnie on ne peut plus nous le refuser. Et dans cet intervale ariva Mr Guérin, nepveu de Mr Saupin, avec un vaisseau du Roy de 52 canons qui venoit de prendre le fort de Sarelione en Guinée sur les Anglois, et il eut compassion de mon pitoyable état, et m'offrit le passage et sa table. Mais comme il ne devoit sitôt faire son retour en France et devoit aller à Cartagesme et ailleurs, je le remerciay et le priay de m'assister de quoy réquiper mon brigantin, ce qu'il fit obligeamment, et il m'envoya un matelas et traversain et une courte pointe. et il me presta cent cinquante piastres que depuis je luy ay rendues avec bien des remerciements.

Enfin après deux mois de séjour à nos trois vaisseaux et s'estre bien rafreschis et repris des vivres d'eux, savoir : le *Marin* et l'*Archiduc* suivirent leur destination pour Laguaire coste Espagnole. La *Badinne* qui avoit embarqué mes officiers et équipages et les capitaines de nos prises, faisant la route pous Cartagesne, fut nuitamment s'échouer à toutes voilles sur un banc de rochers où tous périrent excepté le capitaine Sr Frondat, et 7 à 8 hommes qui s'échapèrent dans un canot sur une ille voisine inhabitée où ils n'y trouvèrent que quelques lézards et tortues qu'ils faisoient cuire au soleil, et un bateau de Cartagesne les sauva par hazard. Le *Faucon* fut très heureusement à Portobello, et y avoit quelques de mes gens.

Le Sieur Griel et Vattier mon nepveu avec dix de nos matelots caresnèrent notre brigandin, étanchèrent sa voye d'eau. Nous le réquipasmes de notre mieux et de mon argent nous le ravitaillasmes et nous partismes de la Grenade (avril 1705) et en huipt jours nous arrivasmes au Cap François de Saint-Domingue, où je présentay mon rapport que j'avois fait devant le juge de la Grenade, vérifié des écrivains du Roy de notre Escadre, présenté à M. Fontaine Directeur, ainssy luy remit le Brigantin qu'il fit vendre neuf mil livres, et Mr Fontaine me dits qu'il me faloit aler trouver Mr Deslandes, Intendant et Directeur général, qui demeuroit au Leogane à 70 lieux par terre pour luy présenter mon raport et justifications. Et ne se trouvant pas de navire pour aler au Leogane, quoyque toujours dans l'infirmité de ma maladie, j'achepté un cheval pour me porter par terre et louay un nègre pour me conduire et porter des vivres, car il n'y a pas de maisons ny ou coucher que dans les bois jusqu'à Artibonnite, à 20 lieux de Leogane, où j'arivey la 5e journée et n'en pouvant plus, et un habitant charitable, nommé Mr Rossignol, que j'avois connu il y avoit près de 30 ans fort à son aise à L'ille de Sainct-Cristofe fut dépouillé de tous ses biens par les Anglois et s'est venu établir en ce lieu, et m'y a retenu 4 jours à me procurer tous les soulagements qu'il peut et renvoya mon nègre conducteur pour m'épargner et m'en donna un autre pour me conduire au Leogane où j'arivey sur la fin d'apvril chez M. Deslandes Intendant, lequel me receut d'un air froid, me disant bien compatir à mes paines et misères que j'ay soufertes et à soufrir sur ce que j'avois bien des ennemis à combatre qu'une aussy grande compagnie, et que des gens de mon équipage avoient bien fait de mauvaises déclarations contre moy, je luy présentay mon raport et luy demandey sa protection. Il me dits de le garder pour mes justifications lorsque je serois en France, et qu'il me nuiroit plus en voulant servir veu que la compagnie a esté toujours persuadé qu'il étoit de mes amis et que sans paroistre pour moy, il me rendra des meilleurs services et par ses amis. Il me fit donner une chambre chez luy et un petit nègre pour me servir et or donna à son maître d'hostel d'avoir soin de moy et que rien ne me manquats, Le chagrain s'empara de mon esprit et je retombay plus mal que cy-devant. Et bien un mois après M. Duquesnot, Procureur général du consseil, étoit venu voir M. l'Intendant, et puis demanda à me voir, et il me fit bien des amittiez me conssolant sur mes malheurs et m'offrant de l'argent et des services, et me pria d'aller demeurer chez luy jusqu'à l'ocasion de pouvoir m'embarquer pour France, disant que l'air étoit meilleur chez luy et que M^r l'Intendant n'ayant pas de femme, je n'étois pas bien soigné et que Madame son épouse avoit tous les soins possible, et en fut dire autant à M. l'Intendant lequel consentit que j'alat chez Mr Duquesnot, et fit disposer son carosse pour my porter. Et effectivement la bonne dame Duquesnot eut de grandes atentions pour me soulager et plus d'un mois après ariva un vaisseau du Roy de 50 canons nomé le *François* commandé par M^r De Corbon-Blenac (1), qui m'avoit promis mon passage, mais ma maladie redoubla, que lorsqu'il étoit prêt à partir pour France je receu mes derniers sacrements. Et ayant fait mon testament, et puis je tombay dans une létargie pendant plus de six heures et sans aucune connoissance, ny pouls ny mouvement de vie. L'on me posa une glace sur la bouche sans y apercevoir d'aleine, et pour plus de seureté le chirurgien m'ouvrit la veine au pied dont il n'en sorty aucun sang. L'on me creut mort et l'on l'envoya dire à M^r l'Intendant, qui le manda dans ces lettres à M^r De Pontchartrain par le vaisseau le *François* qui partoit pour France. L'on demande le carosse de mon dit S. Intendant pour porter mon corps à l'église de l'Ester, à une bonne lieux du logis et où l'on avoit fait creuser ma fosse. L'on m'avoit jetté en bas du lit dans la place et l'on m'enssevelissoit que c'estoit presque finy,

---

(1) Le chevalier François de Courbon-Blenac, enseigne en 1673. Fait lieutenant de vaisseau en 1679; capitaine de vaisseau le 1er novembre 1689. Retiré le 8 novembre 1712.

lorsqu'un débordement du cerveau me débonda par le nez par un éternüement jetant et par la bouche un sang noir et pourry. L'on s'écria en disant : « Il n'est pas mort. » L'on me décousit et délia aussytots, et l'on me remit sur un matelat, où l'on s'aperceut que mon pied saignoit et qu'on n'y avoit pas mis de ligature. Madame Duquesnot fit venir du vin qu'on verssa dans un bassin d'argent et trempa son mouchoir avec une dentelle et m'essuya le nez et la bouche m'arosant les tempes. Mes yeux s'ouvrirent, revenant de mon entousiasme (1) je revins en connoissance, et l'on me fit prendre un cordial et du bouillon qui me fortifièrent, et l'on me fit le récit de tout ce contenu, et puis M^r l'Intendant eut la bonté de me venir voir et m'encourager ainsy que beaucoup d'honnestes gens, mais j'étois dans des grandes faiblesses. Et les Pères de la Charité de Sainct-Jean de Dieu m'étant venus voir me sollicitèrent d'aller chez eux y demeurer. Et voyant que j'y avois répugnance ils me représentèrent que tous les officiers du Roy qui étoient malades n'en faisoient aucunes dificultées, ce qui m'engagea d'y aller. Et effectivement leurs bons traitements et bons soins me rétablirent mes forces, à la diarée prêt, dont ils ne peurent me garantir non plus que d'une fièvre lente. Mais cependant au bout de deux mois je me trouvois en un état de pouvoir m'exposer de repasser en France à la première ocasion.

Et il survint chez les bons religieux de la Charité un nomé Rouleau, marchand et intéressé sur un navire de trente canons nomé le *Duc de Bretagne*, de Bourdeaux, lequel sieur Rouleau disna avec ces bons Pères et moy. Et il nous comptoit son chagrain qu'il voyoit un voyage ruineux pour luy et sa société, que la plupart de ces vins s'estoient gastées et qu'il luy restoit encore bien des effets en balots de thoile blanchies dont il ne pouvoit avoir débit. Je pris la parolle : « Vous voyez que ces marchandises ne sont que peu de débit. Je say ou vous pourriez vous en deffaire avec advantage. » Et il ouvrit les yeux. Je luy dits. « Il vous faudroit aler à la Havane Isle Espagnolle, à 150 lieux d'icy, où j'ay un bon amy et parent qui est directeur de la compagnie de

---

(1) Le texte est bien *entousiasme*; le mot propre serait syncope en léthargie.

Lassiento et commissaire de marine pour le Roy, et il nets pas permis aux navires françois d'y négossier mais bien d'y relascher au cas de nécessitées, et pour y parvenir il faudra faire une voye d'eau au navire lorsque que l'on sera prets du port et faire bien pomper lorsque les officiers du port viendront avec une chaloupe visiter ce qui vous engage de venir. Vous demanderez le secours de pouvoir entrer pour étancher votre navire et estant entrées vous ne manquerez de vous deffaire de tout ce qui vous reste. Il trouva l'advis si bon qu'il partit sur champ et fut l'annoncer à son capitaine nomé Javelot, et le lendemain tous deux me vindre trouver et me dire que puisque je devois m'en retourner en France que j'acceptasse mon passage sur les vaisseaux et qu'ils me donneroient leurs tables et un lit dans leur chambre et que n'avois que faire de provisions et que j'avois comme eux le tout grastis et qu'ils partiroient aussitots que je le voudrois. Je leurs dis de s'aprester et qu'il me faloit bien une huitaine pour aler remercier et prendre congé de plusieurs honnestes gens auxquels j'avois bien des obligations, et ils dirent : « Nous serons tous prets pour ce mesme temps. » Je fus chez M. l'intendant luy communiquer la choze et le prier de m'estre favorable, lequel me dits : « Je viens de recevoir des lettres de M. Miton, intendant de la Martinique, lequel me mande que sept à huit hommes de votre équipage luy ont fait des plaintes criantes contre vous, et particulièrement votre aumonier et un pilote de votre pays, lesquels ont suscité les autres contre vous que, dans l'incendie de votre navire vous vous sauvastes le premier et emportastes une malle où il y avoit plus de cinquante livres de poudre d'or. Et qu'étant à l'isle Grenade vous n'avez daigné les secourir d'aliments ny d'habits. Je répondits à M^r l'intendant qu'il pouvoit connoistre par le raport la fausseté et malice de ces gens là, que l'aumosnier avoit ce venin contre moy depuis que je leurs mis aux arets pour ces mauvais déportemens en blasphèmes et avec nos négresses ; que ce pillote je l'avois fait capitaine d'une prise dont il falut le déposséder par ces friponneries avérées, et que m'étant sauvé le dernier et par dessus le beaupré en chemise et calsons, il n'étoit pas probable que j'eus rien sauvé non plus que cette quantité d'or, puisque en toute la coste de Juida il n'y en a aucunement. Et sur ces articles il me dits : « Je vois bien des malices qui vous seront advantageuses, car Mr Miton me marque que les autres n'ont voulu signer disant n'avoir connoissance que de ne les avoir voulu norir à la Grenade au cabaret ; leurs ayant dit d'aller à bord des vaisseaux de la compagnie. Je dits : « Monsieur, je sorts du tombeau, et j'ay eu le temps de pensser à ma dernière fin ; j'ay fait mon testament qui ets chez le greffier, je n'y aurois obmis de marquer mes volontés comme je les ay faites sy j'avois eu quelque mouvant à disposer ; j'y ay marqué ceux de quy j'ay emprunté pour que mon épouze leurs rende. Obligez-moy en grâce d'en faire tirer un extrait et de l'envoyer à la compagnie et vous me soulagerez mon innocence et justification. » Et il me le promit en m'embrassant tendrement, et me dits : « Vous aurez fort à combattre envers tant de testes qui se laisse éprendre sur des raports faux ou vrais lorsqu'il s'agit d'intérests. » Je luy dits : « Dieu est juste et que sa volonté sois faite. » Puis il me dits : « La compagnie a fait des pertes très considérables. Voilà mon vaisseau péry qui étoit d'importance puis la *Badinne* et l'*Archiduc* qu'on avoit richement chargé pour France que les Anglois ont repris. Le *Marin* est condamné incapable de retourner. L'*Hermionne* qui m'at apporté a aussy péri. Il nets resté que le *Faucon*. » Je luy dits que j'avois apris que tous ceux qui font comerce des nègres ne profitent jamais, et que cest mon malheur d'y avoir entré, je pris congé.

Je fut adverty par Mr Rouleau de me rendre au Petit Goüave où étoit le vaisseau à 14 lieux de Leogane. J'y fut et fut reçeu par Mr de Choupède-Salampart (1), lieutenant de vaisseau et lieutenant du Roy au Petit Goüave où je fus 5 jours. Un marchand de Nantes nomé Le François, habitant en ce quartier, me proposa de recevoir de luy deux balots de thoile dont il ne pouvoit se deffaire et me pria de luy en procurer la vente lorsque je seray à la Havane et qu'il les metoit sur le prix du premier achapt, et

---

(1) Marie-Gobert Salampart de Chouppes. Nouveau garde-marine le 1er janvier 1699, enseigne le 20 octobre 1703. Investi des fonctions de major au Petit-Goave le 21 octobre 1703. Capitaine en pied à St-Domingue, le 20 avril 1706. Mort le 2 août 1717.

qu'après avoir son principal il me donnoit la moitié du profit, et que ce qui luy reviendra je le délivrerois à ces amis dont il m'avoit donné le mémoire. Je demandey la permission de les embarquer à M' Rouleau et capitaine Javelot qui me le permirent gratis, et nous partismes du Petit Goüave pour passer au sud de l'isle de Cuba, où deux jours après au grand matin étant éloignés de plus de 4 lieux de terre nous nous trouvasmes engagés dans rochers qu'on nomme Cayes presque à fleur d'eau et d'une ou deux brasses en dessoubs que nous creusmes ne pouvoir échaper de vies, mais notre capitaine en segond nomée Ozée Baudouin monta au haut du grand mât et commandoit avec dextérité au timonier tantots tribord et puis babord et puis droit, comme cela il nous faisoit passer quelquefois entre quelques de ces cayes qu'il n'y avoit qu'un peut plus que la grosseur de notre navire, pendant une heure et demye et plus de 3 lieux de ce mauvois passage que les cheveux en dressoient à la teste, et heureusement nous échapasmes, et les fièvres me quittèrent pendant plus d'un mois, dont j'en atribué la cause à la frayeur du péril ou nous fusmes exposés. Le 13ᵉ décembre 1705, nous arivasmes devant le port de la Havane, M' Rouleau s'embarqua dans le canot pour aler demander la permission d'entrer pour étancher l'eau que faisoit son navire, et je luy donnay une lettre pour M' Jonchées où je luy donnois advis de notre manège, et que sy l'on refusoit l'entrée à nostre vaisseau qu'il couroit risque de couler au fonds, et que tout au moins il obtienne la permission de me débarquer pour pouvoir rétablir ma santé, et il mena le sieur Rouleau chez le gouverneur et les magistrats, lisant et interprétant ma lettre comme il l'entendoit. L'on fit quelques difficultés sur ce qu'il nets pas permis de recevoir aucuns navires étrangers excepté ceux de la Royale compagnie de Lassiento, mais comme étant commissaire du Roy il leur protesta que s'il arivoit du mal à ce navire qu'il en écriroit aux deux Roys de France et d'Espagne, ce qui les intimida et accordèrent l'entrée, et nous envoyèrent une chaloupe avec deux officiers pour visiter notre navire savoir s'il faisoit de l'eau comme nous le disions, et dès lors que nous aperceumes cette chaloupe venir ayant un pavillon Espagnol nous fismes un trou et laissasmes entrer l'eau, et l'on faisoit jouer les deux pompes, et nos gens contrefoisoient estre bien fatigués, et l'on nous dits d'entrer. Et Mʳ Jonchée vint au-devant de nous dans son canot couvert d'une tente pour m'amener chez luy et advertit le capitaine Javelot comme il devoit se comporter, et le navire entra toujours jouant les pompes et avec empressement l'on demanda un magasin à louer pour y débarquer ce qui étoit dans le navire afin de pouvoir trouver son eau, et l'on enfonssa dedans des futailles vides toutes les marchandises que l'on porta dans le dit magasin parmi les futailles des vivres. Et après quoy le navire ne faisoit plus d'eau dont on marqua bien de la joye par les pavillons, et nuitamment on enleva toutes les marchandises chez les achepteurs et elles furent vendues advantageusement et dont Mʳ Javelot et Rouleau se contentoient de m'en remercier sur mes bons conseils et furent dix à douze jours sans me voir ny me témoigner d'autres reconnaissances dont Mʳ Jonchée me dits : « Monsieur, je n'ai fait ces choses qu'à votre seule considération et vous avez procuré un grand bonheur à ces gens là qui seroient ruinées sans vous. Je vois que ce sont des ingrats et qui vous fuye, mais je veux qu'il vous en revienne tout au moins plus de deux cents pistoles et vous méritez bien plus. » Je le priay de ne leur en pas parler, et il répondit : « Cest une bagatelle pour eux. Ce sont des vilains, sans vous ils auroient reporté ces marchandises en France, et je leur en ai procuré la décharge et la vente où ils ont profité de plus de 120 pour cent de leur adveu, Laissées moy faire, me dit-il, parbleu, vous estes ruiné de votre voyage et de votre peu de santé, vous vous estes endepté, hé ! combien vous en a-t-il couté pour vous rendre à Paris chez vous ? Laissées les venir, je les veray » Enfin ils se disposoient pour partir et il ariva deux vaisseaux du Roy pour la compagnie de la Siento, ayant chaque 50 canons commadées par Mʳ de Vaulezard et Leroux, officiers de la marinne, puis une frégatte de 24 canons par le sieur Cosny, tous les trois capitaines bien de mes amis qui compatissoient à mes malheurs, et m'offroient leurs bourses. Et Mʳ Rouleau vint trouver Mʳ Jonchée le prier qu'un de ses commis travaillats à lever leurs expéditions pour partir pour France. Mʳ

Jonchée leurs dits : « Rien ne vous presse, et je ne vous laisseray partir qu'avec ces trois navires lorsque je les aurey espédiez, car sy malheureusement vous estes pris au sortir d'icy où sont toujours des navires de guerre anglois, votre équipage ne manqueroit de dire aux ennemis que ces trois navires sont icy et les atendrois au débarquement, cela est trop de conséquence et j'en serois blasmé des deux cours. Et je trouverois une bonne occasion à vous dédommager de votre retardement par un bon fret que je vous donnerois en chargeant vostre navire, mais vous estes des mengeurs de lard puant et des vilains qui ne meritez pas mes atentions. Ne me devez-vous la commission d'avoir vendu si bien vos effects et vous ne m'en parlez pas. Ne la devriez-vous pas à tout autre et auroit-il peuy réussir ? Vous me prenez donc pour votre valet. Et vous estes sy vilains de ne pas reconnoistre les advis salutaires de mon pauvre parent qui a tout perdu et qui est infirme, et qu'à sa seule considération je vous ay rendu d'aussi bons services. » Les capitaines du Roy y etoient présents lesquels dirent qu'effectivement ils estoient des ingrats et que du moins ils auroient deub me présenter mil piastres. Et Mr Jonchée dits : « Il m'a prié de ne rien demander », — parlant de moy — « mais je suis piqué. » Là dessus Rouleau et Javelot dits : « Il est vray que nous avons manqué en luy et en nous, vostre commission vous est légitimement deub et à Mr Doublet nous luy donnons 500 piastres. » Mr de Vaulezard et Le Roux dirent : « C'est trop peu. » Mais M. Jonchée dits : « C'est assées, car mesme il ne vouloit pas que j'en parlats, » Et sur cela M. Jonchée leur dits : « Alées préparer votre navire pour recevoir des poches de tabac en poudre et cela vous produira un fret de plus de 40,000 livres et partirez dans un mois avec ces messieurs que je vais expédier en mesme temps. »

1706. Et il fallut caresner le vaisseau La *Renomée* comandé par M^r Le Roux, et l'on avoit pozé des sentinelles Espagnols sur le quay près de ce vaisseau pour garder qu'on ne débarque pas des marchandizes, parmy les agréez du dit vaisseau, et un sentinelle s'aviza mal a propos de repousser du bout de son fusil un enseigne de la *Renomée* nomé Mr Langlois, qui se sentant mal à propos frapé tira son épée et culbutta le sentinelle sur le careau, ce qui causa une révolte entre nos gens et ceux de la ville qui s'assembloient en grand nombre en armes criant : « Tue, tue les François. » Et le gouverneur du chasteau très imprudent fit tirer un coup de canon et soner le tocssain pour alarme et s'enferma avec sa garnison, que c'étoit un désordre dans la ville où autant de nos matelots qu'ils rencontroient autant de tuées. Et Mr Jonchée fut manqué de deux coups de fusil alant pour apaizer le tumulte, et sa maison où j'étois fut incontinent investie. Je fit fermer et baricader la porte de la rue et fit faire un retranchement en dedans de tous les bois d'un buscher pour en empescher l'entrée dans la basse cour voyant qu'ils enfonssoient la porte à coups de haches. Je fits dresser quatre périers en batterye et bien chargés à mitraille batant à la porte au cas qu'il eusse ouverte pour en tuer une partye. Et il y avoit une grande galerie en dedans autour du logis où il y avoit deux escaliers que j'avois pourvus au haut d'une quantité de grosses pierres pour jetter au besoin et j'enfoncey la porte du cabinet de Mr Jonchées pour y prendre des menues armes, poudres et munitions. Le cuisinier s'étoit muni de ses broches à rotir et les Espagnols ayant aperceu nos préparatifs par un trou qu'ils avoient faits à la grande porte se retapirent. Le contrôleur de la compagnie nomé Mr Galeux, fut sy effrayé quand je luy présentay deux pistolets pour nous défendre, qu'il ne fut par maistre de son ventre, qu'il gasta toutes ses culottes et nous penssa empoisonner. Un enseigne de Mr Vaulezard dont je tairay le nom à cauze qu'il est gentilhomme et fils d'un brave capitaine des vaissaux du Roy en fit autant que le controlleur, et se cacha soubs le lit de Mr Jonchée et une flandrine nomée dame Catherine. économe de la maison, prits les deux pistolets et me dits. « Monsieur je ne vous abandonneray pas. Il faut deffendre notre vie. » Elle vint avec moy bien à temps sur la terasse dont j'aperceut quatre échelles contre la muraille et des hommes qui y montoient pour piller le trésor de la compagnie qui estoit à costé, elle et moy renversasmes une des échelles avec les gens qui y estoient et ils abandonnèrent les deux autres que nous atirasmes avec agilité sur la terasse et les jetasmes dans nostre basse cour malgré plus de vingt mousquetades et des cailloux qui nous furent tirées. Je futs dans un balcon donnant sur la rüe au-dessus de la grande porte et criay en langue Espagnolle : « Messieurs, que voulez-vous ? et que nous vous avons fait. » Un coup de mousquet partit et la balle perça le bord de mon chapeau, et on me cria : « Ouvre la porte ; nous te le dirons. » Je fits deffensse à Caterine de tirer sur aucuns pour ne les pas iriter davantage, mais je leurs dits ; « Ouvrez la porte et vous verrez comme nous vous recevrons. » Et dans le moment j'aperceut le gouverneur à la teste d'une trentaine de soldats, et Don Leaureano Dastorès qui venoit gouverneur de Chaillacola, et Mr Jonchée tout ensanglanté qu'ils amenoient tous d'un visage guay et me dirent d'ouvrir la porte et faisoient évader tous les assiégeants. Je fus faire ouvrir la porte et fus embrassé de tous et postèrent corps de garde soubs notre grande porte en disant ! « Vous estes par votre vigilance en vie et seureté. » Et admirèrent les précautions que j'avois prise pour résister. Je demandé à Mr Jonchée ou il étoit blessé voyant autant de sang sur son habit, et il me dits. « Cest qu'ils ont asasiné un malheureux jeune homme entre mes bras et ils m'ont manqué par deux fois de coups de mousquets. Et je vous prie que Catherinne nous fasse donner à disner, car je meurs de faim. » — « J'en suis comme vous, luy dis-je et on a pas fait de feu à la cuisine, mangeons du pain et buvons du vin et ce soir nous souperons mieux. Mais votre controlleur et l'ensseigne de Vaulezard sont sy saouls que le premier a défonscé sa culotte, et on crève auprès de luy de sa bonne odeur ; l'autre est couché dessoubs votre lit. » Mr Jonchée prit le sérieux et dit : Parbleu ! cest bien mal se comporter dans une pareille ocasion. » Et les fut trouver croyant les gronder, mais ils luy firent adveu de la faiblesse de nature qui les avoit maitrizées, puis ils vint me dire : « Pardié, vous me l'avez donnée belle ; j'alois les gronder, mais ils m'ont fait pitié et mon dit que vous estes un intrépide. » Je dis : « Ils n'en ont pas veu la moitié, songées à fermer votre cabinet que j'ay forcé la porte pour avoir des armes et munissions. » Et il m'embrassa très tendrement, et nous eumes trente deux hommes massacrés et 7 à 8 bien blessés, sans que nos pauvres gens fissent résistance, et il est certain que sy cela avait duré encore un quart d'heure que M. de Vaulezard avoit disposé les quatre vaisseaux à canoner la ville et chasteaux et les auroient bouleversées, ce qui auroit cauzé de fascheuses suites et un grand domage, étant une très jolie ville et le plus beau port et plus comode qu'il y aye, je puis dire, au monde.

Le six février ensuivaant entra en ce port cinq vaisseaux du Roy partye de l'escadre de Mʳ d'Hiberville (1) dont cette partye étoit comandée par le frère de mon dit sieur d'Hiberville nomé Mʳ de Sérigy (2), lesquels revenoient d'avoir fait descente et pillé sur les Anglois les isles de Nieve et Antigue et prirent le prétexte de relascher à la Havane pour y racomoder leurs vaisseaux et y vendirent à la sourdine pour plus d'un 1/2 million de piastres de leurs pillages et s'en alèrent ensuite en France avant nous. Les deux balots que m'avoit confiées Mʳ le François au Petit-Goave me produirent, pour ma moitié du profit, 427 piastres et à luy autant avec son capital que j'ay bien payé en France au sieur Pomenié suivant l'ordre que j'en avois, et avec les 500 piastres des sieurs Rouleau et Javelot cela me fit un grand plaisir, et nous partismes ensemble 4 navires soubs le commandement de Mʳ de Vaulezard (3) dans le vaisseau l'*Indien* et il me fit rembarquer avec luy où il m'a traité comme luy mesme.

Nostre départ fut au 10ᵉ mars 1706 et avons esté trente huit jours à nous rendre à Chef de Boys, rade de la Rochelle, sans mauvaise rencontre que au dehors des pertuis nous rencontrasmes trois navires de guerre anglois qui nous vouloient taster nos forces. Mais nous fismes figure d'aler à eux et ils se retirèrent. Je débarqué à la Rochelle le 19 may et y fut quatre jours pour obtenir une place au carosse de Paris. Je m'étois chargé du soin d'y faire voiturer une grande cage où étoit 30 perdrix de la Havanne qui ont la teste bleue et les yeux bordées d'un grand cercle

---

(1) Pierre Le Moine d'Iberville, promu capitaine de fregate au mois de février 1692, fut nommé capitaine de vaisseau le 1ᵉʳ juillet 1702. Il mourut à la Havane le 9 juillet 1706 sur le vaisseau le *Juste* qu'il commandait.

(2) Joseph Le Moine de Sérigny, fut fait enseigne de vaisseau le 1ᵉʳ janvier 1692 ; lieutenant de vaisseau le 1ᵉʳ janvier 1696 ; capitaine de vaisseau le 1ᵉʳ février 1720. Mort le 12 septembre 1734.

(3) Juchereau de Vaulezard, nouveau garde-marine le 15 mars 1693. Fait enseigne et capitaine à la Louisiane en 1703. Retiré et passé à St-Domingue en 1713. Mort dans cette île en 1729.

rouge et devant leur poitrail un émail noir et blanc, et aussy une autre cage remplie de petits oizeaux curieux nomées maryposa (1 et azulettes que Mr Jonchée envoyoit à son Altesse, M^r le comte de Briosne, fils aisné de M^r d'Armagnac, grand écuyer et en survivance (2). Et étant arrivé à Paris, je me fit porter avec les cages à l'hostel d'Armagnac, où je fus bien receut de son Altesse qui étoit avec Madame la comtesse d'Arcos (3) favorite de M^r l'Electeur de Bavière qui eut sa part des petits oizeaux.

Je présentay à son Altesse les lettres de Mr Jonchées, où j'étois recomandé à l'honneur de sa protection pour me présenter à M de Pontchartrain dont je craignois l'abord, sur ce qu'on l'avoit à faux informé contre moy, et lorsque ce prince eut leu ces lettres il me dits : « Reposées-vous », Et me fit servir proprement à manger, car il avoit disné et me dits : « Dans deux jours je vous meneray à Versailles et vous présenteray au Ministre ». Madame d'Arcos luy demanda pourquoy, il luy dits le subjet et elle le pria de m'y servir. Il me demanda où j'avois laissé mes hardes, je luy dits : « Mon prince, elle ne consiste que dans une petite malle que j'ay laissée au carosse ». Et il l'envoya quérir et la fit porter dans une de ses chambres, où il me dit d'y rester pour aler à Versailles avec luy. Et au bout de deux jours il m'y mena dans son carosse quoyque j'étois très mal habillé. Il fut droit descendre au pied de l'escalier du Ministre et m'ayant introduit dans l'antichambre, il entra au cabinet et parla bien une demie heure à Mr de Pont Chartrain et luy représenta mon malheur et innocence

---

(1) Le *mariposa* est un oiseau du genre bengali ; c'est le pinson de la Louisiane que les créoles nomment le *pape*.

(2) Louis de Lorraine, comte d'Armagnac, de Brionne, vicomte de Marsan, grand écuyer de France, chevalier des ordres du roi, gouverneur d'Anjou, né en 1641, mourut le 13 juin 1718. Il était fils de Louis de Lorraine, comte d'Armagnac, grand écuyer, sénéchal de Bourgogne et gouverneur d'Anjou, décédé en 1666.

(3) « Mme d'Arco, dit Saint-Simon, mourut à Paris (1717) où elle donnoit à jouer tant qu'elle pouvoit. Elle s'appeloit étant fille Mlle Popuel, étoit fort belle, et avoit été longtemps maîtresse déclarée, en Flandre, de l'électeur de Bavière. » — « Cette comtesse d'Arco, ajoute Dangeau, est une fille de Flandre, ancienne maîtresse de l'électeur, dont il a eu le chevalier puis comte de Bavière, et qu'il maria au frère du général de ses troupes, que chez lui on appeloit le maréchal d'Arco. Madame d'Arco est morte à Paris où elle faisoit une grande dépense. Son fils a été avancé dans le service et à la fin a été fait grand d'Espagne. »

Mémoires de St-Simon, t. XIV, p. 171. *Journal de Dangeau*, t. VIII, p. 97 et 98.

que Mʳ Jonchée luy avoit marquées et l'on me fit entrer. Et le ministre comença par dire : « Quoy, vous voilà ! Mʳ Deslandes m'a écrit il y a plus de six mois que vous étiez enterré à Lester ». « Il l'a creu, Monseigneur, puisqu'il presta son carosse pour porter mon cadavre étant déjà enssevely ». — « Et coment avez-vous échapé ? — « Par un débordement du cerveau qui fit connoistre que j'avois encore vie après six heures d'une léthargie, et l'on me débarrassa du cercueil, puis le sang paru à la veine de mon pied qui n'avoit pas esté lié, et peu à peu j'ay repris le peu de forces que Votre Grandeur me voit ». Il se mit à rire et dits : « Elles ne sont pas grandes ; taschez à vous rétablir. Cependant vous avez de grands ennemis qui m'ont fait écrire par Mʳ Miton (1) bien des choses contre vous ». Je dits : « Monseigneur, vous avez tous les jours des exemples que dans les malheurs les chefs sont chargés et accablés par des mécontents qu'on a reprimés dans leurs fautes et que l'on a chastiées, et trouvent les occasions de se venger par des faussetez. » Il dits : « Cela arive fort souvent : tranquilisez-vous, et pensées à vous restablir. » Et je prits congé et Mʳ de Briosne me ramena chez luy au pavillon de la grande écurye, et fut chez le Roy. Et il ne revint que sur les deux heures pour disner, et comme j'étois faible ne pouvant atendre sy tard, j'avois mangé. Il me dits d'aler disner avec luy, je le remerciay et luy dits estre pourvu et qu'il me permis d'aler à Paris voir Mʳˢ les directeurs de la compagnie, et auprès desquels je prévoyois avoir autant besoin de l'honneur de sa protection qu'en celle du Ministre, et qu'ils le pouvoient faire changer de sentiments, et il me dits : « Alées et ne manquez de m'informer de tout ce qui pourra vous arriver. » Je le remerciay humblement de ces grandes bontées, et fut louer une chaise pour me porter à Paris, et le lendemain je fus trouver Mʳ Pasquier, directeur général, qui me receut froidement et doucement car c'est un bon et honneste homme. Il me montra les dépositions

---

(1) Jean-Jacques Mithon, chevalier, seigneur de Senneville, originaire d'Orléans. Ecrivain de la marine de 1690 à 1692. Commissaire à la Martinique de 1697 à 1708. Subdélégué intendant, commissaire général et intendant à Saint-Domingue de 1713 à 1718 Intendant à Toulon en 1720. Mort en congé, à Paris, le 30 juin 1737.

que l'on luy avoit envoyées contre moy. Je luy dits que je venois d'estre hier présenté au Ministre qui m'en dits à peu près autant et m'avoit dit de penser à restablir ma santé, mais ce qui me surpris le plus cets les fausses déclarations qu'avoit données un homme de mon pays et auquel j'avois cherché à faire plaisir à son advancement et mesme qui n'étoit présent lorsque le malheur de l'incendie arriva et m'ayant creu mort par le bruit qui en courut disoit que j'étois heureux dans notre ville que d'avoir finy mes jours, et que sy j'en étois revenu que j'aurois mal finy, et plusieurs calomnies, et je ne fut pas sitot revenu au pays qu'il vint m'en témoigner sa joie avec bien des honnestetez. Ce que cest que le monde !

Mr Pasquier m'envoyoit chez Mr de Salabery (1) et Mr de Fontanieu qui présidoient dans cette compagnie, l'un pour le Roy et l'autre pour le Roy d'Espagne. J'y alois de cinq à six fois sans les pouvoir parler et cela me fatiguoit et causoit du chagrain et dépense. M^r et Madame Du Casse eurent la bonté de les parler de moy, et ils dirent que puisque le ministre m'avoit renvoyé de la sorte que j'euts à me tranquiliser et ne m'inquiéteroient pas, ayant reconneu bien de la passion et faussetez dans les dépositions. Et un nommé Paupin qui étoit intéressé dans cette compagnie qui avoit esté toujours de mes amis ayant creu comme mes ennemis luy avoient raporté que j'avois sauvé bien de l'or, et quant je le fus voir il me receut d'un aizé me faisant seoir proche de luy, il me disoit en riant : « Quoyque vous ayez bien sauvé de l'or, comme j'en suis bien informé, il auroit aussy bien péry qu'autre chose, et il vous est bien acquis. Vous savez que j'ay épousé une demoiselle proche parente de Monseigneur de Pont Chartrain, mais autre bien que de la protection il faut que vous luy donniez huipt à dix livres de poudre d'or. Et elle vous mettra à l'abry de tout. Croyez-moy et ne me déguisez pas. » Sy homme fut jamais surpris à ces discours ce fut moy, et demeuray tout étonné, puis me prenant la main, disant : « Ouy, ouy, mon capitaine, et mon

---

(1) Charles d'Irumberry-de-Sallaberry, né en 1659, fut maître des Comptes en 1690 et président en la même Chambre en 1710.

amy, il faut que vous donniez cela à Madame où cest fait de vous ; je say ce qui s'ets passé et qu'il n'y aye qdue nous eux qui sache cet affaire. » Je fut sy surpris encore une fois qu'à peine je fut à mon auberge que j'en tombay rudement malade de chagrain. Ma dissenterye et la fièvre me radoubla et ensuite une fluxion sur la poitrine, et une fièvre continue avec redoublement, et dans une auberge, à un 4° étage, ayant une garde 35 sols par jour qui avoit plus de soing de prendre mes bouillons qu'à me les donner. Je fus visité par Mr Duhangar, médecin de M^r le premier Président du Harlay, lequel me fit saigner huipt fois et me réduit à une tisanne et bouillons au poulet pendant trois semaines et j'écrits à mon épouse de venir me voir pour la dernière fois. Elle vint en poste dans une chaize en un jour et demy. me consola et avec ces bons soins elle m'aida à me rétablir et mon médecin m'ordonna de changer de demeure pour estre à portée de prendre du lait d'anesse. Et je futs dans l'ille de St-Louis, chez M^r et Madame Léger, bon marchand de vin et bon amy ainsy que son épouze. Enfin je me rétablit, mais toujours l'esprit très préoccupé de ce Mr Paupin et d'estre dégagé des poursuites de la compagnie que je fus trouver à un jour de leurs assemblées au grand bureau, et ils me dirent tous : « Alées chez vous et ne vous inquiétez pas ; nous sommes bien informées et ne vous demandons rien. Le Ministre nous a dit de vous en assurer », mais Paupin qui étoit un tonnelier de profession qui avoit fait une grosse fortune dans l'arcenail de Brest, et que pour apaiser l'erreur de ces comptes épouza la demoiselle parente du Seigneur, il dit comme je sortois : « Je ne le tiens pas quitte, moy, pour mon intérets. » Et l'on me dits : « Alées, alées mon bon homme, chez vous et ne le craignez pas. » Et nous partismes dans une chaize à deux et futs chez moy jusqu'au mois de juin 1707.

Mr Morel du Mein Président à la cour des Aides, et beau-frère de Mr de Salaber, m'écrivit une lettre que sy je me sentois bien rétably que j'eus à aller le trouver et qu'il me proposeroit le commandement d'un bon vaisseau pour un voyage qui me feroit oublier mes peines du précédent. Je party trois jours après luy avoir fait une réponce, et que j'alois le trouver, et il me proposa que sy je pouvois partir dans huit à dix jours par la diligence de Lion pour me rendre à Marseille qu'il m'y feroit comander un bon vaisseau de quarante canons pour le voyage de la mer du Sud. Je luy demandey 15 jours pour mettre chez moy mes affaires en état, et sy je finissois plutots que je me rendrois chez luy pour recevoir ses ordres. Et l'envie de faire un sy beau voyage me fit cacher une fièvre lente que je couvois sans me plaindre à mon épouse. Le 14 juillet je m'étois rendu chez Mr Morel qui me donna seulement une lettre pour la délivrer à Mr Jean-Baptiste Bruny et qui devoit armer le vaisseau en question, et la diligence partoit le 15 et heureusement j'y trouvay une place vacante et arivey à Marseille le 23e juillet, où je fus bien receu et commenssay à faire radouber le vaisseau le *Levrier* depuis fut nomé le *St-Jean-Baptiste*.

Et pendant que j'étois à cette occupation, l'armée navalle d'Angleterre vint prendre les illes d'Hières proche de Toulon, où ils atendirent d'avoir les nouvelles que M^r le duc de Savoie euts fait passer son armée le passage du Var (1) pour assiéger par terre la ville de Toulon et le port par l'armée Angloise, et toute la Provence estoit en grande alarme étant presque sans deffence n'étant prévenue; nos troupes y accoururent soubs Mr de Thessé (2) et M. de St-Pair (3), l'on coula à l'entrée du port le vaisseau le *St-Philipe* où l'on fit une baterye de 90 canons. Mon travail cessa. Je fus offrir mes services à M. de Vauvrey (4) Inten-

---

(1) Les côtes de Provence furent envahies par le duc de Savoie et le prince Eugène au mois d'août 1707; leurs troupes passèrent le Var le 11 août tandis que la flotte ennemie s'était avancée pour favoriser le passage.

(2) René, sire de Fronlay et comte de Tessé, né en 1651, fut aide-de-camp du maréchal de Créqui en 1669 et devint colonel de dragons en 1684, brigadier en 1678, gouverneur du Maine en 1680, mestre de camp général des dragons en 1684, maréchal-de-camp et chevalier du Saint-Esprit en 1688, lieutenant-général en 1691, maréchal de France en 1703, général des galères en 1712. Il mourut en 1725. —Pinard, *chron. hist. mil.*, t. III, p. 141-151.

(3) Jacques Le Coutelier, marquis de Saint-Pater, page du roi en 1676, lieutenant au régiment Dauphin-Infanterie 1677 et colonel du régiment d'infanterie du Vivarais en 1685, devint brigadier en 1695; maréchal de camp en 1704 et lieutenant général en 1706. Il fut nommé pour commander à Toulon le 19 juin 1707. — Pinard, *chron. hist. mil.* t. IV, p. 621.

(4) Louis Girardin, chevalier, seigneur de Vauvré, enseigne en 1665, commissaire ordinaire de la marine en 1670; commissaire général en 1673; ordonnateur au Havre en 1675; intendant à Toulon en 1680; maître d'hôtel ordinaire du roi et conseiller

dant, où étoit pour lors M. Combe (1), commissaire de l'artille-
rye, et me prits par le bras, disant : « Bon acteur, j'ay de quoy
vous occuper ». Et il me donna deux pièces de canon de douze
livres de boulet à comander vers la porte de Ste-Catherine. Les
ennemis bombardaient par terre. Et les troupes de M. de Savoye
s'aprochèrent à portée d'un moyen canon de Ste-Catherine ; l'on
fit plusieurs sorties qui repoussèrent les ennemis et la troisiesme
journée fut presque sans actions de part et d'autres, et l'on appris
depuis que M. de Savoye envoya dire à l'admiral Anglois que
ces troupes étoient à portée et toute prestes à donner l'assaut,
mais qu'elles vouloient avant tout recevoir la paye que l'Angleterre avoit promise, ce qui fut payé par les Anglois, et la nuitée
se passa tranquille comme le jour. L'armée angloise s'étoit aprochée près du fort de Ste-Marguerite dont ils s'étoient rendus les
maistres (2) et espéroient au petit jour bombarder lorsqu'ils ver-
roient les signaux de l'assaut prétendu, mais ils furent bien étonnés que à 8 et 9 heures ils n'apercevoient aucuns mouvements et
aprirent que M. de Savoye avoit fait décamper la nuit son armée
et sans bruit, et la ville fut délivrée. On auroit bien peu par des
embuscades dans les bois hárceler et tuer des hommes de M.
de Savoye sy l'on avoit voulu les suivre. Mais à son ennemy qui
fuit il luy faut faire pont d'or. Et l'on a creu que ce prince étoit
d'intelligence avec le Roy pour luy laisser Toulon comme on luy
fit Turin. Mais les Anglois en furent les dupes, sans faire aucun
mal à cette ville se sont retirées. Et je retournay à Marseille suivre l'armement. Je fus un peu blasmé par M. Bruny qui me dits
que l'on ne m'avoit pas fait venir pour Toulon. — Et je finis mes
discours jusqu'à présent en me raportant au journal ensuivant de

d'Etat en 1700. A passé pour un des plus grands intendants que la marine ait eus,
(Deschard, p. 93).

(1) De Combes, fut nommé enseigne de vaisseau le 7 août 1677 ; lieutenant de vaisseau
le 2 mars 1680 ; capitaine de galiote le 16 janvier 1684, capitaine de vaisseau le 1er janvier 1689 ; commissaire général d'artillerie le 1er janvier 1703. Mort à Brest le 25 novembre 1717.
(2) Les assiégeants s'attachèrent principalement au fort Sainte-Marguerite, à celui de
Saint-Louis et à la Grosse-Tour. Le fort Ste-Marguerite se rendit le 16 août 1707.
Quelques jours plus tard, le 22, les Impériaux levèrent le siège de Toulon. — Voyez la
Gazette 30 juillet, 6, 13, 27 août, 3 et 10 septembre 1707.

mon voyage de la mer du Sud où j'y ay insséré plus corectement toutes les particularitez et mesme le plans des places où j'ay passé jusqu'à mon retour en France au Port-Louis au 22 avril 1711, où j'ay terminé de ne plus retourner sur la mer où j'ay comencé d'aler en février de l'anée 1663 (1). — Dieu veuille que ce que j'ay à vivre soit pour sa gloire et pour mon salut. Finis.

(1) Le voyage de Doublet dans les mers du sud dura 42 mois; il en avait conservé le journal. Voyez à ce sujet l'introduction § III.

FIN

PIÈCES JUSTIFICATIVES

I

Coppie de la concession des Iles de la Magdelaine, St-Jean, Brion et aux Oisseaux, faitte au sieur Doublet.

Du 19 janvier 1663.

La compagnie de la Nouvelle France assemblée avec celle de Miscou et de son consentement. à tous présens et à venir, salut. Désirant aider ceux qui peuvent travailler à la colonie du pays, sur la demande à nous faitte par le sieur Doublet, capitaine de navire, des isles de la Magdeleine, St-Jean, aux Oiseaux et de Brion dans le golfe de St-Laurens, pour y faire colonie et y envoyer navire nécessaires, et pour y faire toutes sortes de pesches aux environs et sur les bastures desdites isles, desfricher et cultiver lesdites terres. Sur quoy délibération se seroit ensuivie suivant le pouvoir à elle donné par Sa Majesté, a audit sieur Doublet donné, concédé et accordé lesdites isles de la Magdelaine, St-Jean, aux Oiseaux, Brion, en toute propriété et redevance de vasselage de notre dite compagnie de Miscou, et chargée vers elle de cinquante livres par chacun an pour toutte redevance qui sera payée pendant les trois premières années, sans pourtant que ledit sieur Doublet puisse traitter aucunes peaux ni pelleteries dans l'estendue desdits lieux ni ailleurs. En tesmoing de quoy nous avons fait apposer le scel de notre compagnie. Fait au Bureau de notre compagnie de la Nouvelle France, le 19e janvier 1663.

Extrait des délbérations de la compagnie de la Nouvelle France pair moy A. Cheffaut secrétaire, avec paraphe.

J'ay l'original, J.-B. de Brévedent.

Arch. de la Marine, Colonies, Amérique du Nord, vol. 1er, 1661-1693. Cf. *Mémoires des commissaires du Roi*, t. II, p. 521.

II

Association formée entre François Doublet et Philippe Gaignard, pour l'exploitation des îles de la Madeleine dans le golfe de Saint-Laurent.

23 avril 1663.

Je François Doublet, maistre en propriette et conducteur du navire nommé le *Saint-Michel* du port de deux cents thonneaux ou viron, de présent en ce port et havre prest à partir pour faire, Dieu aidant, le voyage de Canada aux Illes de la Magdelaine scituez dans le golfe de Saint-Laurens et autres lieux de la coste que besoing sera pour faire la pesche des morues ordinaires dudict lieu, et ausdites Illes à moy propriettairement appartenant suivant la concession qui m'en a esté octroyée par le Roy notre sire, establir une colonye pour la demeurer et faire desfricher les terres en sorte que l'on puisse rendre à l'advenir lesdites Illes commodément habitables, confesse avoir pacté avec M. Philippes Gaignard affin de demeurer aux dites illes pendant trois ans consecutifs à commencer du jour de notre arrivée au dict lieu en qualité de lieutenant auquel j'ay donné pouvoir de commander et faire travailler les habitantz aux choses nécessaires pour l'utilité et accroissement de l'habitation ; Et pour faire en temps et saison la pesche des loups marins aux lieux où il jugera à propos et iceux estre réduitz en huilles, mesme aussy faire la pesche des morues et icelles aprester soit en vert ou en sec comme et autant que faire se pourra ; pour les gaiges duquel je consentz et accorde que les choses cy-après soient entièrement gardez et observez, ascavoir :

Que du nombre desdites marchandises tant huilles que morues ainsi aprestez à ladite terre ensemble celles qui le seront année présente dans mon dict vaisseau soient partagez par tiers, deux desquels vertiront au profit des armateurs de la colonye et sur le dernier tiers seront levez les loyers qu'il conviendra payer aux hommes qui habiteront les dites Illes et matelots dudict vesseau ; le restant duquel tiers sera derechef partagé encore par tiers l'un desquels tiers au bénéfice seul dudit Gaignard et les deux autres restant à mon proficst pour aucunnement me rescompenser des frais et advancs que j'ay faictz à l'établissement de ladicte colonye par ce que en cas où il y auroit quelques pertes ou moins de proficst pour payer suffisamment les loyers desdicts habitantz et matelotz ledict Gaignard a promis contribuer de sa part à l'entière perfection de touttes choses, à quoy il s'est comme moy obligé par corps et biens et à l'entretien de tout ce que dessus. Faict à Honfleur ce jourd'huy vingt-troisiesme jour d'april, mil six cent-soixante et trois, présence.

Doublet.   Gaignard.

Minutes du tabellionnage de Roncheville à la date du 9 may 1665.

III

Acte de mariage de Jean-François Doublet.

(14 octobre 1692)

Nous soussigné Pierre de la Cornillère, prestre, chanoine de l'église cathédrale et paroissiale de St-Malo, certifions avoir administré ce présent jour, dans ladite église, les bénédictions nuptiales à noble homme Jan-François Doublet, natif de la ville de Honfleur, paroisse de St-Catherine, au diocèze de Lizieux, fils de deffunt le sieur François Doublet et de Demoiselle Magdeleine Fontaine; et à Demoiselle Françoise Fossard, de cette dite ville de St-Malo, fille de deffunt Pierre Fossard, sieur Des Maretz et de Demoiselle Janne Laisné; et ce ensuite du consentement de noble et discrepte personne M. Louis Desnos aussi chanoine et vicaire perpétuel de ladite église cathédrale et paroissialle dudit St-Malo en datte du jour d'hyer, ledit consentement faisant mention du premier banc et publication faite dimanche dernier douziesme jour du courant des promesses du futur mariage entre les susdites parties sans que personne y ait formé opposition, comme aussi ensuite de la dispense du second et troisiesme banc des susdites promesses du futur mariage entre lesdites parties en datte aussi du jour d'hyer, leur accordée par Monseigneur Symon, vicaire général de Monseigneur l'illustrissime et révérendissime Sébastien Du Quemandeuc, évesque dudit St-Malo, et insinuée pareillement ledit jour d'hyer sur le registre des insinuations ecclésiastiques de ce diocèze, au feuillet seiziesme, et finalement ensuitte d'un certificat en attestation de M. Michel du Tertre, prestre curé de ladite paroisse de Ste-Catherine, de Robert Hounet, aussi prestre, vicaire d'icelle paroisse et de plusieurs personnes dignes de foy, en datte du mercredy huitiesme jour du courant, passée devant le tabellion royal de ladite ville de Honfleur, vicomté d'Auge, et son adjoinct, par laquelle il conste que ledit sieur Jean-François Doublet n'est promis ny engagé dans le sacrement de mariage; ladite dispance et attestation à nous apparüe et rendüe à mondit sieur le vicaire perpétuel de St-Malo qui s'en est resaisi, fin lesdites bénédictions nuptiales administrées en présence de ladite Demoiselle Janne Laisné, mère de ladite Demoiselle espousée; du sieur Jan Fossard, frère de ladite Demoiselle espousée; de Nicolas Lhostelier, sieur des Naudierres; de Thomas Lhostelier, sieur des Landelles, frère dudit sieur des Naudierres, et de plusieurs autres. Et ont signé les susdits dénommez audit Saint-Malo, le quatorziesme jour du mois d'octobre de l'an mil six cent nonante deux.

Signé, Jean-François Doublet, Françoise Fossard, Jeanne Lesnée, Lhostelier, Jean Fossard, Lhostelier, Nicolas Lhostelier le jeune, Perronne et Pierre de La Cornillère.

Arch. de St-Malo, reg. de l'état civil.

IV

Lettre de M. Le Bigot des Gastines, commissaire ordinaire de la marine, à Louis Phelypeaxu, comte de Pontchartrain.

A Saint-Malo, ce 15 aoust 1694.

Vous aurés appris par le Port-Louis, Mgr, la prise et l'arrivée d'un navire de guerre anglois, garde de coste d'Irlande, de 30 canons et de 142 hommes d'équipage. C'est le sieur Doublet de cette ville, comandant le *Comte de Revel* qui a faict, Mgr, cette iolie action (1). Vous avès accoustumé d'accorder quelque récompense et honeurs aux capitaines qui enlevent aux ennemis de leurs vaisseaux de guerre, ie vous la demande d'autant plus volontiers, Mgr, pour ledit sieur Doublet que c'est d'ailleurs un honneste homme et très bon navigateur, capable d'entreprendre tout ce que vous lui ordonnerés pour le service du Roy, dont vous redoublerès le courage et l'émulation par la moindre petite récompense d'honeur. Mais ie vous demande en mesme temps, Mgr, de marquer par quelque punition au sieur Creton du Pignonvert, capitaine de l'*Estoille*, combien vous estes mal satisfaict du peu de courage qu'il a faict paroistre en cette occasion. Je ioins icy un petit récit sommaire de cette action...

Arch. de la marine, service général.

DE GASTINES.

(1) *En marge de la main du ministre :* J'ay appris cette action par le Port Louis et par Brest, elle m'a fait bien du plaisir.

V

Relation de la prise d'un navire de guerre anglois garde coste d'Irlande de nouvelle fabrique par le sieur Doublet de Honfleur, capitaine du *comte de Revel*.

 Le sieur Doublet, comandant le *Comte de Revel*, ayant trouvé à la mer le sieur Creton du Pignonvert, capitaine de l'*Estoille*, tous deux corsaires de Saint-Malo, firent société ensemble pour aller de compagnie croiser dans le Nord où ledit sieur Doublet est extrêmement pratitien et bon pilote.
 Le 28e juillet dernier, estans par le travers de l'isle de Forre en Irlande, à 15 lieux de Londondery, l'*Estoille* fist signal à 4 heures du matin qu'il voyoit un bastiment soubz le vent. Ils arrivèrent tous deux dessus. Ce navire fist d'abord le fier se tenant soubz ses deux huniers à mi-mâts, mais voyant que ces deux navires approchaient il fist servir ses basses voiles et hisser ses huniers tout hauts pour gaigner pays, mais le *comte de Revel* qui alloit mieux que luy arriva tout court par la pouppe et luy demanda en anglois d'où estoit le navire, à quoy il répondist de Londres et qu'il alloit au destroit. Ledit sieur Doublet fist arborer son pavillon blanc et tirer son canon et la mousqueterie. L'anglois en fist de mesme et couppa au dit sieur Doublet le poing de sa misaine et le bras et faux bras du vent du petit hunier Le sieur Doublet couppa à l'Anglois la drisse de son grand hunier qui faute d'avoir une fausse drisse vint à bas et embarrassa toute sa voilure; comme il ventoit assez frais le sieur Doublet dépassa bien viste l'Anglois. Il croyoit estre suivy par l'*Estoille* qui en donnant seulement quelque bordée de canon luy donneroit le temps de revirer sur l'ennemi pour l'achever. Mais il fust bien étoné de voir que le sieur Creton du Pignonvert, capitaine dudit navire l'*Estoille* avoit mis le vent sur ses voiles d'avant pour ne pas aprocher trop près de ce navire, et que se tenant ainsy à la portée du canon il se contentoit de tirer quelques volées de loin. Il racomoda promptement ses bras et faux bras et ayant mis ses voiles d'avant sur le mast pour culer, il se trouva bientost en parallèle de l'anglois et recommença à luy faire tirer du canon et de la mousque-

terie. Le capitaine et maistre anglois furent tués dans cette décharge et quelques autres ensuite ce qui obligea le reste d'amener le pavillon et de se rendre. Nous n'avons perdu que 2 matelots en cette occasion quoyque le *Comte de Revel* y aye receu 3 coups de canon à l'eau et une infinité dans ses œuvres mortes, qui estoient chargées de paquets de mitraille de 12 à 15 pouces de long et d'un pouce 1/2 quarré. Le sieur Doublet a mis tout cet équipage à la coste d'Irlande à l'exception du lieutenant et de 8 à 9 autres qui sont restés dans le navire qui a esté mené au Port-Louis.

Fait à St-Malo, ce 15e aoust 1694.

De Gastines

Arch. de la Marine, *Campagnes*.

VI

Lettre de M. Clairambault, ordonnateur de la marine, à M. de Pontchartrain.

A Lorient, le 22 avril 1711.

Il vient d'arriver au Port Louis, Monseigneur, un vaisseau de Marseille, nommé le *st-Jeanbatiste*, de 36 canons, commandé par le sieur Doublet, venant de la mer du Sud, dont le principal armateur est M. Croizat, j'ay l'honneur de vous envoyer la déclaration qu'il ma faite des matières d'or et d'argent aportées dans ce vaisseau montant à la somme de 635,000 piastres, et m'a dit avoir envoyé le surplus par un navire de St-Malo qui y est arrivé il y a quelques mois. Il a fait sa soumission de les porter aux hotels de Monnayes, et en attendant qu'il vous plaise de m'honorer de vos ordres au sujet de ces vaisseaux particuliers qui arriveront désormais de cette mer du Sud j'ay ordonné au sieur Doublet d'empescher qu'il soit débarqué de son vaisseau aucune matière d'or et d'argent sous quelque prétexte que ce puisse estre sans de nouveaux ordres de Sa Majesté, à quoy il a promis de se conformer exactement. Je vous supplie de me marquer le plutôt qu'il se pourra si vous luy permettez de les débarquer.

A l'égard des vaisseaux le *St-Antoine* et le *Solide*, ledit sieur Doublet dit que ledit vaisseau le *Solide* après avoir fait sa traitte à la mer du Sud est allé à la Chine et que ledit vaisseau le *St-Antoine* pourra arriver icy de cette mer du Sud dans deux mois avec les vaisseaux armés par le sieur de Benac et son vaisseau malouin commandée par le sieur Noël.

J'ay, Monseigneur, l'honneur de vous envoyer cy-joint quatre pacquets de lettres qui m'ont esté remis par ledit sieur Doublet.

Je suis avec un très profond respect, etc.

CLAIRAMBAULT.

Arch. de la Marine. Serv. général.

VII

Déclaration du capitaine du *St-Jean-Baptiste* de Marseille.

Je soussigné capitaine commandant le vaisseau le *St-Jean-Batiste* de Marseille venant de la mer du Sud, déclare avoir dans mon vaisseau tant en pignes, barres que piastres la quantité de cent-soixante-dix mil piastres pour le compte des armateurs du vaisseau, ci........ 170,000 piastres.
Sur laquelle somme je suis obligé suivant les conventions faites à Marseille de payer quarante-sept à quarante-huit mil piastres pour les salaires des équipages en piastres effectives.

Et pour la pacotille ne le pouvant pas savoir je juge qu'elle pourra monter de quarante-cinq à cinquante mil piastres, cy.. 50,000 piastres.

Plus de divers français et espagnols passagers quatre cents dix à quatre cens quinze mil piastres, ou diverses espèces d'or et d'argent, cy.......................... 415,000 piastres.

Total................... 635,000 piastres.

Et je promets pour ce qui me concerne de les faire porter dans les hotels des Monnoyes du Royaume et d'en raporter les acquits. Fait au Port Louis dans mondit vaisseau, le 22e avril 1711, jour de mon arrivée. Signé, Doublet.

Pour copie, Clairambault.

Arch. de la Marine, serv. général.

VIII

Lettres portant nomination de Jean-François Doublet à la charge de capitaine-exempt des Cent-Suisses du duc d'Orléans.

5 septembre 1711.

Nous, Louis-Jacques-Aimé-Théodore de Dreux, marquis de Nancré (1), capitaine colonel de la compagnie des Gardes-Suisses du corps de Son Altesse Royale Monseigneur Philippe d'Orléans, petit-fils de France, duc d'Orléans, à tous ceux qui ces présentes lettres, verront, salut. Scavoir faisons que sur le bon et fidelle rapport qui nous a esté fait des bonnes vie

---

(1) Fils de Claude de Dreux et d'Aimée-Thérèse de Montgommery, ambassadeur en Espagne; capitaine des Cent-Suisses duc d'Orléans : mort en 1719.

et mœurs du sieur Jean-François Doublet, de la profession qu'il fait de la religion catholique, apostolique et romaine, de sa capacité et expérience au fait des armées, de la bonne affection qu'il a au service du Roy et que nous espérons qu'il continuera en celuy de Monseigneur le duc d'Orléans, nous, pour ces causes et autres à ce nous mourants avons donné et octroyé, donnons et octroyons par ces présentes au dit sieur Jean-François Doublet la charge de capitaine exempt des suisses de nostre compagnie vacante par la mort du sieur Mathieu Bruslé pour jouir des gages, honneurs, préeminences, privilèges, exemptions, droits, fruits, proffits, revenus et esmoluments atribuez à ladite charge. Sy donnons en comandement aux lieutenants, enseignes, exempts et autres officiers de nostre dite compagnie de faire et laisser jouir ledit sieur Doublet de ladite charge plainement et paisiblement et à toujours, de luy payer les gages atribuez (1) à la charge, de prester par luy en nos mains le serment de fidélité en tel cas requis et accoustumé. En foy de quoy nous luy avons fait expédier ces présentes signées de nostre main et contresignées par le secrétaire de la compagnie, auquel nous avons fait apposer le scel du cachet ordinaire de nos armes. Fait à Paris le cinquiesme septembre mil six cents onze. Signé. de Nancré, et scellé d'uu scel de cire rouge.

(Délib. munic. de Honfleur, reg. n° 73).

(1) Ces gages étaient de 612 livres.

TABLE DES CHAPITRES

Introduction.. 5

Au lecteur... 25

Chapitre I (1663-1672). — Colonisation des îles Brion. Voyages au Canada. — Destruction de la colonie. — Voyage à Québec; excursions chez les Iroquois. — Voyages à Terre-Neuve, naufrage. — Promenade à Londres. — Doublet est pris par un corsaire d'Ostende. — Voyage au Sénégal. — Entrevue avec le duc d'Yorck. — Autres voyages................ 27

Chapitre II (1673-1681). — Doublet embarque sur l'escadre de M. Panetié. — Il enseigne les principes de la navigation à son commandant. — Prise de 22 navires chargés de blés. — Doublet passe second lieutenant sur l'*Alcyon* comandé par Jean Bart. — Son éloge par M. Panetié. Son séjour à l'école d'hydrographie de Dieppe. Il est reçu pilote. — Il commande la *Diligente*; combats prise et blessure. — Lettre de M. Engil de Ruyter. — Croisières. — Voyages en Portugal. — Les pirates de Salé.................... 52

Chapitre III (1681-1684). — Voyages aux Açores. — Explosion d'un volcan. — Les pirates d'Alger. — Voyages à Madère. — Découvertes d'un banc de rochers. — Naufrage. — Voyage à Ténériffe; excursions dans l'île. — Voyages à la côte de Barbarie. — Supplice d'un juif. — Doublet résiste aux séductions de Madame Thierry. — Autres voyages à Ste-Croix de Barbarie. — Les maures attaquent Mazagan. — Retour à Cadix puis en France. 70

Chapitre IV (1684-1688). — Doublet arme en course. — Croisières et prises. — Razzia opérée à Ténériffe. — Croisières. — Retour en France. — Voyage à Madère. — Pluie d'insectes. — Aventures avec le gouvernement de Madère. — Rencontre d'un monstre marin. — Retour au Havre. — Autre voyage aux Açores; naufrage. — Retour à Lisbonne. — Combat contre un Saletin. — Retour à la Rochelle. — Amours de Doublet. — Débarquement de Jacques II à Ambleteuse. — Croisières............................... 98

CHAPITRE V (1688-1690). — Prise d'un navire hollandois dans un port d'Angleterre. — Croisières dans la Manche — Naufrage à Cherbourg. — Doublet est presenté à M. de Seignelay. — Il prend le commandement de deux barques longues. — Son arrivée à Brest. — Il découvre la flotte de Tourville. — Enlèvement d'un percepteur anglais. — Croisières. — Prise d'un navire anglais. — Naufrage. — Autres prises.................... ... 126

CHAPITRE VI (1691-1692). — Expédition en Ecosse. — Les pommes de reinette. — Entrevue de Doublet et de l'intendant de Dunkerque. — Amours de Doublet. — Il est nommé lieutenant de frégate. — Il reçoit le commandement de deux corsaires. — Combat. — Prise de trois navires. — Mission à Elseneur. — Passage du Sund. — Arrivée à Copenhague ; à Dantzick. — Prise à l'abordage d'un navire anglais. — Naufrage devant Dunkerque. — Voyage à Versailles. — Aventures avec le sieur Pletz............... 152

CHAPITRE VII (1692-1693). — Croisières et voyages dans la mer du Nord. — Aventure [avec l'abbé d'Oliva. — Démêlés avec les Anglais. — Doublet comparaît devant le sénat de Copenhague ; il est acquitté. — Présents qu'il reçoit. — Il force les hollandais à saluer son pavillon. — Retour à Brest avec des fournitures pour l'arsenal. — Mariage de Doublet. — Il refuse d'embarquer avec Duguay-Trouin. — Il arme en course. — Voyage aux Açores. — Combat. — Retour à Brest. — Nouvelles croisières. — Prise du *Scarborough*......... 178

CHAPITRE VIII (1693-1697). — Bombardement de St-Malo. — Visite de Vauban. — Voyage à Bourgneuf. — Second bombardement de St-Malo. — Croisières. — Excursion en Irlande. — Superstition de Doublet. — Voyage aux Açores. — Lutte contre les Anglais. — Séjour de Doublet à Salé et à Saffi. — Il refuse le salut à deux vaisseaux espagnols. — Martyre de la fille de Dom Garcia. — Retour à Marseille....................... ... 201

CHAPITRE IX (1699-1704). Croisières sur les côtes d'Afrique — Relâche à Lisbonne. — Doublet est pris par les Anglais. — Retour à St-Malo et à Honfleur. — Voyages à Terre-Neuve. — Voyage à St-Domingue. — Historiette du sieur Gottreau qui pesait les sacs à procès. — Tempête. — Retour à St-Nazaire. — Voyage à Paris. — Doublet prend le commandement de quatre vaisseaux decompagnie.. 228

CHAPITRE X (1704-1707). — Voyage aux côtes d'Afrique. — Prise de dix navires. — Traite des nègres à Whydah. — Construction d'un fort. — Coutumes du pays. — Incendie de l'*Avenant*. — Arrivée à la Grenade ; à St-Domingue. — Maladie de Doublet. — Il séjourne à la Havane. — Il y défend le consulat de France. — Retour en Europe. — Entrevue avec M. de Pontchartrain. — Doublet reçoit le commandement d'un vaisseau de 40 canons. — Il se prépare à un voyage dans la mer du Sud. — Il défend Toulon contre les Anglais. — Conclusion............................... 250

ADDITIONS — Concession de îles de la Magdeleine, St-Jean, etc. au sieur Doublet..... 281

Association formée entre François Doublet et Ph. Gaignard pour l'exploitation des îles de la Madeleine..... 282

Acte de mariage de Doublet..... 284

Lettre de M. des Gastines à M. de Pontchartrain..... 286

Relation de la prise d'un navire de guerre anglais..... 287

Lettre de M. Clairambault, à M. de Pontchartrain..... 289

Déclaration de Doublet commandant le *St-Jean-Baptiste*..... 290

Lettre portant nomination de Jean-François Doublet à la charge de capitaine-exempt des Cent-Suisses du duc d'Orléans..... 291

Table des noms cités..... 294

TABLE DES NOMS CITÉS

(Les noms de navires sont en caractères italiques.)

A

Acher (le capitaine) du Havre, p. 49.
Alcion (l'), p. 55, 56, 249.
Amblimont (d'), chef d'escadre, p. 178.
Amitié (l'), p. 195.
Archiduc (l'), p. 251, 257, 262.

Arco (la comtesse d'), p. 274.
Argenson (Marc René de Voyer, comte d'), p. 246.
Auber (famille), p. 7, 11.
Auber (sieur de la Chesnée), p. 34.
Avenant (l') p. 247, 260, 261.

B

Badine (la), p. 248, 250, 252, 256, 257, 260, 261, 262.
Bart (Cornil), p. 65.
Bart (Jean), p. 55, 56, 57, 58, 63, 64, 65, 159, 172, 174.
Bart (Piter). p. 169, 170.
Beaumont (le chevalier de) capitaine de vaisseau, p. 136, 137.
Begon (Michel), intendant, p. 134, 248.
Benlow (John) amiral anglais, p. 238.
Béranger (Jean), p. 28, 30, 49,

149.
Biche (la), p. 241.
Bielck (l'amiral), p. 168, 186, 188.
Bigot des Gastines (le), intendant, p. 208, 209, 286, 288.
Boisseret (Jean de), marquis de Sainte-Marie. p. 96.
Bougard, pilote, p. 39, 76.
Boulard (Jean) de Bayonne, p. 78, 94.
Brionne (Louis de Lorraine, comte de), p. 274.

C

Caire, frères, marchands marseillais, p. 99, 108, 109, 112, 113.
Camus (le), écrivain de marine, p. 202.
Cantorbéry (le), p. 230.
Castel-Rodrigue (le), p. 43.
Catalan, consul à Cadix, p. 93, 94.
César (le), p. 117.
Chabot, prêtre, p. 38.
Chalons (de), capitaine de vaisseau, p. 95, 96.
Charter, maire d'Edimbourg, p. 156, 157, 180.
Chasseur (le), p. 44, 48, 50.
Chaulnes (Albert d'Ailly, duc de), p. 204.
Chaumonot (le P.), p. 36.
Chevalier, p. 45.

Clairambault, p. 22, 289, 290.
Colbert de Saint-Mars (François), p. 42.
Combe (de), ingénieur, p. 133.
Combes (de), capitaine de vaisseau, p. 279.
Comte de Revel (le), p. 192, 200, 204, 205, 211, 286, 287.
Conquérant (le), p. 141, 143.
Cormaillon (de), p. 188.
Coudray (René Guimont du), p. 248.
Courbon-Blenac (François-de), p. 264.
Courcelles (Daniel de Remy de), p. 34.
Courtebourne (Charles de Calonne, marquis de), p. 48.
Creton (Pignon-Vert), de St-Malo, p. 198, 199, 286, 287.

D

Deslandes intendant, p. 248, 263, 275.
Delastre (le capitaine), p. 52, 53, 54, 55, 56, 58, 59, 66, 67.
Denis (l'abbé), hydrographe, p. 15, 58, 59, 60.
Denis (Nicolas), lieutenant général au Canada, p. 29, 31, 32.
Desclouseaux (Hubert de Champi), intendant, p. 143, 152, 192, 197.
Desgranges, p. 66, 67, 75, 109.
Des Marchais (le chevalier), p. 249.
Dieppoise (la), p. 166, 168, 169,
Diligente (la), p. 60.
Doublet (famille), p. 7.
Doublet (François), pages 6, 27, 281, 282, 284.

DUCASSE (Jean-Baptiste). chef d'escadre, p. 238, 247, 248, 276.
Duc de Bretagne (le), p. 265.
Duc de Chaulnes(le), p. 205.
DUGUAY-TROUIN, p. 192, 198.
DURAND (Nicolas-Jacques), corsaire. p. 134, 135.
DURAS (Jacques Henri de Durfort de), p. 246.
DUPATY, p. 236.
DUQUESNOT, procureur général à St-Domingue, p. 264, 265.

E

Ecueil (l'), p. 172.
Etoile (l') p 198, 199, 286, 287.
ESNEVAL (Robert le Roux, baron d') ambassadeur, p. 183.
Estrées (l'abbé d'), p. 117.
ESTRÉES (Victor-Marie, duc d'), p. 138, 192.

F

FEYRO DE FOSSA (don Manuel), p. 22.
Faucon (le), p. 248, 257.
Florissant (le), p. 48, 49.
FONTAINE (Madeleine), pages, 5, 6, 284.
FONTENAY (Hervé le Berçeur, marquis de), p. 131, 132, 133
FOSSARD, SIEUR DESMARETS, (Pierre), p. 284.
FOSSARD DE SAINT-MALO, p. 214, 215, 216, 219, 221, 222, 223, 224, 225.
FOSSARD-DESMARETS, corsaire, p. 161, 162, 205, 206, 211, 213.
FOSSARD (Françoise), page, 8, 162, 284.
Français (le), p. 198, 264.

G

GAIGNARD (Philippe), chirurgien, p, 30, 282.
GALIFFET (de), p. 235.
GARCIA (don Antonio de), p. 224.
GÉRALDIN (André de), capitaine de vaisseau, p. 133, 153, 154.
GODEFROY DE LA ROCHELLE, p. 117, 119, 120, 123.
GOISLARD (la belle) de la Rochelle, p. 120, 125.
GOMET (le sieur) directeur à la

côte d'Afrique, p. 253, 254, 255.
GON, SIEUR DE QUINCÉ (François), p. 31.
GORDON-ONEILL (duc de), p. 153, 154, 155,
GOUIN DE BEAUCHÊNE (Jacques), p. 194.
GOTTREAU (le sieur) de la Rochelle, p. 238, 239.
Grand Henry (le), p. 178.
GRAVENSON (le capitaine), p. 42.
GRAVILLE (Malet de), p. 96.
Grenadin (le), p. 28.
GRIGNON, ARMATEUR DE LA ROCHELLE, p. 36.
GYLDENLOEVE (Ulric, comte de), p. 168, 180.

H

HARCOURT (Henri d'), marquis de Beuvron, p. 173, 245.
Hardi (le), p. 49.
HAREL (Pierre), p. 133.
HAUTEFORT, capitaine de vaisseau, p. 209.
Hermione (l'), p. 248.
HOGUETTE (Charles Fortin, marquis de la), p. 136.

I

Indien (l'), p. 273.

J

JACQUES II, roi d'Angleterre, p. 47, 48, 123.
JONCHÉE, consul à la Havane, p. 269, 270, 271, 272, 274.
Justice (la), p. 43.

K

KERHOUENT (Louise de), duchesse de Portsmouth, p. 41.
KEROAL (la comtesse de), p. 41.
KEYSER (Charles), lieutenant de vaisseau, p. 161, 164, 165.

L

Laitière d'Amsterdam (la) p. 171.
Laloet (Nicolas) de Dieppe, p. 46.
Landemare (Claude de), p. 31
Langeron (le marquis de), lieutenant-général, p. 104, 197, 208.
Laroque (de), p. 49, 50.
Las Minas (marquis de), p. 68, 74, 75.
Leblanc, p. 45.
Le Gendre (Thomas) de Rouen, p. 87, 222.
Legoux de la Jannaye, p. 195.
Le Moine d'Iberville (Pierre), capitaine de vaisseau, p. 273.
Le Moine de Sérigny (Joseph), capitaine de vaisseau, p. 273.
Le Roy de la Potterie, commissaire de marine, p. 143.
Lescole (Michel de), ingénieur, p. 68, 74.
Lévrier (le), p. 278.
Lévy (le chevalier de), capitaine de vaisseau, 138, 147.
Louvigny (Paul de), intendant, p. 135.

M

Maisonneuve (de), capitaine de vaisseau, p. 175.
Magnou (Guérusseau du), chef d'escadre, p. 248.
Makay (de), p. 154, 155, 156, 157, 158, 160.
Maret, chirurgien, p. 46, 47, 48.
Marin (le), p. 248, 257, 262.
Marin, capitaine de brûlot, p. 248.
Mars (le), p. 65.
Martangis (de), ambassadeur, p. 168, 186.
Matignon (Jacques Goyon, sire de), lieutenant-général en Normandie, p. 135, 136.
Maurville (Bidé de), p. 237, 240, 241, 242.
Merot, p. 45.
Mithon (Jean-Jacques), intendant, p. 266, 267.
Moinerie-Trochon (la), de St-Malo, p. 213, 214, 215, 218.
Montault (de), lieutenant de vaisseau, p. 175.
Montmort (Hubert de Fargis de), intendant, p. 226.
Moyencourt (de), capitaine de vaisseau, p. 141, 147.

N

Naguet (fami le de), p. 9, 11.
Nancré (de Dreux, marquis de), p. 291.
Naudy, capitaine de brûlot, p. 148.

Niels-Juel, amiral, p. 168, 186, 188.
Noailles (le chevalier de), p. 208.

O

Oliva (l'abbé d'), p. 182.

P

Pailletrie (le bailli de la), chef d'escadre, p. 208.
Palleul (le), p. 43.
Panetié, capitaine de vaisseau, p. 52, 54, 56, 57, 58, 60.
Patin (Constant), p. 96.
Patoulet (Jean-Baptiste), intendant, p. 133, 152.
Penderne (Jean), anglais, p. 83.
Perle (la), p. 99.
Perrinet (de), capitaine de vaisseau, p. 140.
Plets (le sieur), armateur, p. 175, 176.
Polastron (Denis, comte de), p. 207.
Pontchartrain (de), p. 174, 230, 246.
Postel (le capitaine), p. 166, 169.
Poulet (le capitaine) de Dieppe p. 33.
Princesse de Conti (la), p. 124
Prince Peerts (le), p. 65.
Profond (le), p. 175, 178, 192.
Prudent (le).

Q

Quillet (famille), p. 8, 11.

R

Rachel d'Amsterdam (la), p. 254.
RANCEY (de), p. 183, 184, 185.
RANTOT (de), p. 136.
RAYMONDIS (de), capitaine de vaisseau, p. 146, 147.

Renommée (la), p. 270.
Rosier d'Alger (le), p. 71.
RUYTER (l'amiral de), p. 40.
RUYTER (Engil de), p. 40, 41, 42, 43, 62, 161.

S

SAA (Don Roberto de), p. 71, 73, 74, 75, 76.
Saint-André (le), p. 113.
Saint-Antoine (le), p. 78, 195, 289.
Sainte-Claire (le), p. 224.
Saint-Jean-Baptiste (le), p. 17, 21, 22.
Saint-Jean-Baptisté (le), p. 278, 289, 290.
Saint-Michel (le), p. 28, 282.
SAINT-PATER (Jacques Le Coutelier marquis de), p. 278.
SALAMPART DE CHOUPPES (Marie-Gobert), p. 267.
SALLABERRY (Charles de), p. 276.
SAMSON (Jacques), p. 44, 48.
Sans-Peur (la), p. 134.
Scarborough (le), p. 199.
Soleil Royal (le), p. 139,
Sorcière (la), p. 56, 161, 163, 166.
SEIGNELAY (le marquis de), p. 132, 133, 138, 139, 140, 142, 144, 145.
Serpente (la), p. 56, 161, 163, 166, 174, 189.

T

TALON (Jean), intendant, p. 33, 34.
TESSÉ (René, sire de Fronlay, comte de), p. 278.
THIBERGE (Nicolas), pilote, p. 112.
THIERRY (Raphaël), de Rouen, p. 90, 91.

THOMAS (le capitaine) de la Rochelle, p. 232.
TINGRY (le prince de), p. 179.
TRACY (Alexandre de Pourville, marquis de), p. 34.
TOURVILLE (le chevalier de) p. 139, 140 144, 146, 147, 148.

U

Utile (l'), p. 135.

V

Valsemé (Guillaume de), p. 7.
Vauban (le maréchal de), p. 204.
Vaulezard (Juchereau de), p. 269, 273.
Vauvré (Louis Girardin de), intendant, p. 278,
Vaux-Mimars (de), p. 122, 123.
Venize (de), capitaine de vaisseau, 141, 142, 147, 148, 149, 115.
Ville de Rouen (la), p. 95.
Vipère (la), p. 53.
Vivonne (le duc de), p. 40.

Y

York (le duc d'), p. 47, 48, 123.

IMPRIMÉ

PAR

J. MAYET ET Cie

A

LONS-LE-SAUNIER